“十四五”职业教育国家规划教材

互联网+教育改革新理念教材

大学生就业与创业指导

主审　吴文勇

主编　吴　勇　毛建兰　吴　玫

教·学
资　源

航空工业出版社

北　京

内 容 提 要

本书从实用角度出发，契合了当前大学生就业与创业指导工作的客观需要，融入了编者多年的实践经验。全书分为三部分，共二十二个模块，内容包括职业生涯规划概述、职业生涯规划理论、学业认知、自我认知、职业认知、职业决策、职业生涯规划的设计、职业素养的培养、就业指导概述、就业信息准备、求职准备、求职择业的方式和技巧、职业角色转换、就业程序办理、就业权益维护、实习、创新与创业、创新能力培养、创业素质提升、创业团队建设、创业资源整合、创业计划书。

本书内容全面，通俗易懂，且配有丰富的案例和实践活动，集实用性、指导性、操作性于一体，可作为职业院校就业与创业指导课程的教材。

图书在版编目（CIP）数据

大学生就业与创业指导 / 吴勇，毛建兰，吴玫主编
. -- 北京 : 航空工业出版社，2021.8（2024.2 重印）
ISBN 978-7-5165-2701-6

Ⅰ. ①大… Ⅱ. ①吴… ②毛… ③吴… Ⅲ. ①大学生
—职业选择 Ⅳ. ①G647.38

中国版本图书馆 CIP 数据核字(2021)第 147134 号

大学生就业与创业指导
Daxuesheng Jiuye Yu Chuangye Zhidao

航空工业出版社出版发行
（北京市朝阳区京顺路 5 号曙光大厦 C 座四层 100028）
发行部电话：010-85672666 010-85672683

北京同文印刷有限责任公司印刷 全国各地新华书店经售
2021 年 8 月第 1 版 2024 年 2 月第 5 次印刷
开本：787×1092 1/16 字数：387 千字
印张：16.75 定价：45.00 元

PREFACE

前言

当今社会，竞争激烈，合理的职业生涯规划是就业争夺战中的重要利器。不管是刚迈进大学校门的新生，还是正奔波于各种招聘会的应届毕业生，对自己进行正确的职业定位，规划职业方向和确定职业目标，进而做出相应的努力，都是势在必行的。

目前，大学毕业生的就业形势越来越严峻，其主要原因是多方面的：一是社会对毕业生的要求越来越高；二是高等院校扩大招生规模，导致毕业人数总量明显增加；三是绝大多数企业更青睐、急需具有一定资历的专业型人才，大量接收毕业生的情况不复存在。因此，在日益严峻的就业形势面前，切实加强大学生职业发展教育、就业指导与创业基础训练，提升其职业能力，显得尤为重要。

基于此，我们编写了《大学生就业与创业指导》一书。本书系统地阐述了大学生职业发展及就业、创业知识，内容全面，通俗易懂，且配有丰富的案例和实践活动，集实用性、指导性、操作性于一体。

此外，为贯彻落实党的二十大精神，我们还结合大学生就业与创业指导课程的教学内容，进一步修订了本书。

具体而言，本书主要具有以下特点。

1. 立德育人，润物无声

本书努力实现知识传授、能力培养与价值引领的有机统一，在正文中设有“先锋人物”模块，以钱学森、魏红权和顾方舟等的事迹，树立榜样力量，引领大学生培养爱国精神、工匠精神、创新精神，不断修身立德，为祖国的建设和社会的发展贡献自己的力量。

2. 校企合作，职业引领

本书充分考虑了教学大纲要求与企业需求，拉近产业与教育、企业与学校的距离，重在提升教材的职业属性，强调内容的实用性和针对性，从而真正让学生学以致用。同时，本书立足解决职业院校大学生在职业规划、求职就业和创新创业中可能遇到的实际问题，以大量的案例、事例引导大学生合理规划职业，努力实现高质量就业、创业。

3. 体例新颖，实用为主

本书依据“行动导向法”“情景式探索活动法”等教学方法设计体例，每个模块均包含以下内容。

- 引导案例：每个模块均以典型案例入手，激发学生的学习兴趣。
- 教学目标：列举重要知识点和学生应掌握的操作技能，便于学生有目的地学习。

- 知识链接：重点讲解相关的理论知识。同时，配以相关图片，增强趣味性，便于学生学习和理解。
- 案例：每个模块内容讲解完，编排了典型案例，并对案例进行了分析，以强化学生对知识点的理解。
- 探索活动：根据所讲解的内容安排了探索活动，让学生在活动中感悟和体会，不断提升自己的职业能力。活动内容丰富、形式多样，包括小组讨论、情景模拟和访谈等。
- 拓展延伸：在立足于课本的基础上，增加课外知识，创设课外活动，以拓展学生的视野，训练学生的就业创业技能。
- 课后练习：每个模块后均设有课后练习题，帮助学生巩固所学知识。

此外，本书在每个部分结尾均设有“先锋人物”，旨在以榜样力量引领学生培养爱国精神、工匠精神和创新精神。

4. 结构合理，通俗易懂

本书系统地介绍了大学生职业生涯规划、就业指导及创新创业的基本理论与方法，结构编排合理，内容深入浅出，语言通俗易懂，集实用性、指导性和操作性于一体，便于学生更好地学习。

5. 随扫随看，“码”上学习

本书配置了“二维码”立体化学习资源，学生只需拿起智能手机“扫一扫”，丰富的学习资料就跃然眼前，能帮助学生更好地理解内容，增强学习的趣味性。

此外，本书配有优质的教学资源包，读者可以登录文旌综合教育平台“文旌课堂”（www.wenjingketang.com）下载；在学习过程中遇到疑问，也可登录该网站寻求帮助。

本书由吴文勇担任主审，吴勇、毛建兰、吴玫担任主编，邓念国、章六七、汪杰担任副主编。

在编写过程中，我们参阅了大量关于就业与创业的资料和教材，在此，对这些资料和教材的作者表示衷心的感谢！由于编者水平有限，书中存在的疏漏与不当之处，敬请广大读者批评指正。

CONTENTS

目 录

第一部分 职业发展

第二部分　就业指导

第三部分　创业指导

第一部分

职业发展

模 块 一

职业生涯规划概述

引导案例

小张毕业于某高职院校的会计专业，在校期间一直都成绩优秀。但她认为所学专业并不是自己喜欢的，也不清楚自己到底喜欢什么。毕业后，小张去一所小学当了两年教师。由于觉得工作没有动力，因此她辞去了教师这份工作，然后随大流报考了原专业的研究生，研究生毕业后进入某会计机构工作。在会计机构工作了两三年，小张觉得没有太大的成就感，并时常感到苦闷，于是想跳槽。一次，她看到一则招聘广告，就去应聘了。虽然顺利通过了面试，但她对所要进入的行业并没有太多的了解。

不久，进入一个新行业的新鲜感消失后，小张又开始怀疑自己的选择：这个职业到底适不适合我？在别人看来，小张的工作还算不错，但小张的内心总是会冒出一个声音：这不是我最想要的！不满足感常常困扰着她。直到后来，在看到一些有关职业生涯规划的资料后，小张才把这种困扰与职业生涯规划挂起钩来，并后悔以前没有树立职业生涯规划的意识。但她转念一想，如果不清楚自己想干什么，那么即便有职业生涯规划的意识，也无从规划。

如今，35 岁的小张有着很重的挫败感，她觉得现在开始规划职业生涯困难重重且有些力不从心。但她并没有灰心，而是选择勇敢地面对现实，开始分析、定位，认真做起职业生涯规划来。同时，她也非常想提醒那些尚未进入职场的大学生：不要随波逐流，一定要早点为自己的职业生涯做好规划。

点评：很多在校大学生认为，只有走出校园，开始工作了，才需要做职业生涯规划。其实，最早的职业生涯规划应该是高考选择专业甚至文理分班时就开始了。否则，选择了不适合自己的专业，在学校里或者进入职场后，就需要付出比别人多几倍的时间、精力及财力成本。而进入大学校园后开始做职业生涯规划仍然不晚，大学生应把握时间，及早准备，做好职业生涯规划，确保自己少走弯路。

教学目标

知识目标：了解职业生涯规划的相关概念和重要性；了解我国现阶段的职业生涯教育状况。

能力目标：正确认识影响职业生涯发展的因素。

知识链接

一、职业生涯的相关概念

（一）职业

职业是指人们为获取主要生活来源和满足社会需求而从事的相对稳定的、有经济收入的、具有一定社会职能的、专门类别的社会劳动。它是一个人社会地位的一般表征，是人们的生活方式、经济状况、文化水平、行为模式、思想情操及社会身份的综合反映，也是一个人权利、义务与职责的具体表现。

扫一扫

职业生涯规划助成长

（二）职业生涯

职业生涯就是一个人的职业经历。它是一个人一生中所有与职业相联系的行为与活动，以及相关的态度、价值观、愿望等连续性经历的过程，也是一个人一生中职业、职位的变迁及工作、理想的实现过程。简单地说，职业生涯就是一个人终生的工作经历。

（三）职业生涯规划

职业生涯规划是指在对职业生涯的主客观条件进行测定、分析、总结的基础上，对自己的兴趣、爱好、能力、价值观、职业素质等进行综合分析与权衡，确定最佳的职业奋斗目标，并为实现这一目标做出行之有效的安排。简单地说，职业生涯规划就是规划从开始工作到退休的整个职业历程。

二、影响职业生涯发展的因素

影响职业生涯发展的因素有很多，如个人因素、教育因素、家庭因素、机会因素等。

（一）个人因素

个人因素是进行职业生涯规划首先要考虑的因素，包括个性特征、职业兴趣、性别等。

1．个性特征

不同个性特征的人适合不同类别的工作，例如，性格外向的人比较适合做管理人员、记者、导游等，而不适合做过细的、单调的机械工作。如果做不符合自己个性特征的工作，就会觉得自己的活力被束缚，思想被禁锢。

2．职业兴趣

职业兴趣是指与职业选择有关的兴趣，不同职业兴趣的人应该选择不同的职业。例如，喜欢具体工作的人可选择从事室内设计、园林、美容、机械维修等方面的工作，而喜欢抽象和创造性工作的人可选择从事新产品开发、社会调查、科研等方面的工作。

3．性别

性别因素在职业发展中扮演着重要角色。因此，大学生在规划自己的职业生涯时，不可忽视性别差异。

（二）教育因素

大学生都经过了较长时间的专业教育和训练，具有一定的专业知识和技能，这是优势所在，也是大学生进行职业生涯规划的基本依据。

用人单位一般会首先选择具有专业特长的大学生，而大学生进入社会后的贡献也主要靠运用所学的专业知识来实现。如果大学生的职业生涯规划离开了所学专业，无形当中就为自己的择业增加了许多困难，因而不能尽快就业，个人的价值就难以实现。

例如，在各种招聘活动中，IT 行业招聘的软件开发工程师，都需要计算机应用或软件工程专业大专及以上学历，持有全国计算机等级考试二级及以上相关证书。

（三）家庭因素

家庭对大学生的职业生涯规划具有重要影响。

（1）父母的职业决定了孩子的生长环境，“子承父业”的现象并不鲜见。

（2）父母的价值观、人生观、教育方式和一言一行都会转化为孩子的价值标准。

（3）家庭的经济条件关系到子女职业能力和学习能力的训练与提高，高收入家庭可以在教育方面为子女提供很多资源，低收入家庭可能使孩子中途辍学。

（4）父母的社会地位与社会关系往往会影响子女的就业途径，父母对子女成功成才的不同期待会影响子女对职业的不同选择等。

（四）机会因素

机会也称机遇，是随机出现、又稍纵即逝的，非常难把握，但它却对个体的发展有着积极的作用。机会通常会表现为一个难得的职业、一个适合的岗位、一个偶然透露的商业机会等。机会的出现具有偶然性，只有善于抓住机会、把握机会的人才能拥有更多的有利于自己的新的发展机会，才有可能发现和创造更多的机会。

从某种意义上说，机会往往青睐于有准备的人，就如流传甚广的那句话：“机遇只偏爱有准备的头脑。”

三、职业生涯教育在我国的现状

（一）高校的职业生涯教育举措

经过几十年的发展，我国的高校职业生涯教育工作已基本完成起始阶段的主要任务，正稳步、健康发展，各高校基本都已经开展了相关教育工作，在基本框架搭建、师生大赛、社会关注和参与等方面也都取得了较大的进步，有效提升了高校职业生涯教育工作的发展水平。

1. 搭建基本框架

教育部及各地、各高校相继成立就业指导中心。2007 年，教育部办公厅印发了《大学生职业发展与就业指导课程教学要求》，明确高校要开设职业发展与就业指导课程，并作为必修课纳入教学计划。

2019 年，国务院印发的《国家职业教育改革实施方案》提出，从 2019 年开始，在职业院校、应用型本科高校启动“学历证书+若干职业技能等级证书”制度试点工作。到 2022 年，职业院校教学条件基本达标，一大批普通本科高等学校向应用型转变。经过 5—10 年时间，职业教育基本完成由政府举办为主向政府统筹管理、社会多元办学的格局转变，由追求规模扩张向提高质量转变，由参照普通教育办学模式向企业社会参与、专业特色鲜明的类型教育转变，大幅提升新时代职业教育现代化水平，为促进经济社会发展和提高国家竞争力提供优质人才资源支撑。

2020 年，教育部等九部门关于印发《职业教育提质培优行动计划（2020—2023 年）》的通知，明确坚持职业教育与普通教育不同类型、同等重要的战略定位，着力夯实基础、补齐短板，着力深化改革、激发活力，加快构建纵向贯通、横向融通的中国特色现代职业教育体系，大幅提升新时代职业教育现代化水平和服务能力，为促进经济社会持续发展和提高国家竞争力提供多层次高质量的技术技能人才支撑。

2. 积极推动职业教育活动

职业教育活动周于 2015 年经国务院批准设立，经过不断创新，活动越来越丰富，效果越来越显著，规模效益逐步显现，已经成为推动职业教育“长入”经济、“汇入”生活、“融入”文化、“渗入”人心、“进入”议程的重要抓手；成为社会了解职业教育、体验职业教育、共享职业教育发展成果的重要平台；成为学习贯彻党中央国务院关于职业教育的决策部署、凝聚改革共识、营造良好社会氛围的重要制度安排。

2021 年，职业教育活动周以“技能：让生活更美好”为主题，以职业院校学生为主体，创新活动形式内容，重点突出“技能成就出彩人生”“技能服务美好生活”“技能支撑强国战略”等内容。

3. 探索职业教育专业设置

教育部关于印发《普通高等学校高等职业教育（专科）专业设置管理办法》和《普通高等学校高等职业教育（专科）专业目录（2015 年）》的通知中，明确要引导高等职业学校科学合理设置专业，促进高等职业教育人才培养与经济社会发展实际需要更加吻合。

4. 吸引社会教育服务机构参与

职业生涯教育的蓬勃发展和社会需求催生了众多的社会教育服务机构，其组织的论坛、研讨会、讲座、大赛在国内省市和高校展开，利用媒体加大对职业生涯教育的宣传力度，促进了职业生涯教育理念的有效普及。

（二）高校职业生涯教育存在的问题

1. 整个社会缺乏浓厚的职业生涯教育氛围

社会各界关注大学生的是“就业”而非“生涯发展”，最突出的表现就是将职业生涯教育理解为就业指导。近些年高校职业生涯教育逐步受到重视，但诸多高校的就业工作的主要职能是制订毕业生就业工作实施办法、收集并及时发布毕业生需求信息、开展就业咨询与指导、负责毕业生的派遣事宜；而帮助学生规划职业生涯，进行成才辅导与教育成了微乎其微的功能。

目前我国职业生涯教育理论研究也是多把职业生涯规划简单地理解为职业规划，因此多数文章注重探讨国内就业形势、就业技能策略、高校就业指导的技术支持及就业中的政府行为研究等。

2. 学科建设还在起步和探索阶段

职业生涯教育水平参差不齐，课程开设和职业辅导等缺乏系统化、规范化和专业化的指导，成为制约职业生涯教育发展的瓶颈。高校的就业指导一般针对毕业年度的学生开设就业指导课或讲座，就业指导的目标在于协助个人做出职业选择，解决实际的就业问题。

部分高校开设职业生涯课程，也是以帮助大学生了解自己、了解职业世界，以及帮助大学生找到适合个性特点的工作岗位并适应职业生活为主要任务，很少关注学生终身的发展。课程的重要性还没有得到学校和同学们的认同，很多学校由于教学资源的限制，不得不采取大班上课、周末上课等形式，导致教学效果不尽如人意。

3．职业指导队伍建设亟须加强

到目前为止，中国高校没有设置职业指导本科教育专业，相应的研究生硕士、博士也没有这一专业，职业生涯教育专业化无从谈起。职业指导人员大多没有专业知识，没有心理咨询和系统的职业指导知识。职称评定、资格认证等问题没有得到制度上的规范与保障，职业生涯课程教师也没有纳入专业技术人才的系列。

许多高校职业指导工作人员流动过快，存在师资匮乏、业务不专业等问题。由于就业工作涉及的事情多，导致很多高校的职业指导人员大多执行的是事务性的、行政性的工作。缺乏专业交流和指导，对工作出现的问题也不能及时进行总结和反思，也就无法纠正出现的问题。尤其是在他们工作任务繁重、精力有限的时候，这一问题就会更加突出。由此可以看出，师资力量的更为专业化、精细化培养是促进这一工作的关键环节，否则还是停留在工作层面，缺少教育的呼唤。

4．中小学教育中职业生涯教育的缺失

生涯教育是一个循序渐进的过程，而基础教育普遍引导学生以考上大学为目标，教师、家长、学生关注的主要是分数，把分数作为学生学习的目标，导致学生从小学到大学习惯于理论知识的比拼，对职业生涯发展等问题产生迷茫和困惑现象，学习目标模糊、缺乏学习动力、自主学习能力缺失，如何帮助学生增强学习动力、激活思维、增强危机感和紧迫感、激发动力成为急需解决的问题。因此，从中小学开始唤醒学生的生涯意识将成为现实需求。

案　例

两个大学生的学习生活之路

李洋：茫然不知路在何方

李洋升入大学后，觉得完成了父母的心愿，大功告成，终于可以放松了。没有“束缚”的日子真是痛快，他置父母的嘱托、学校的要求于不顾，认为大学就是享受的时候，于是网吧、游戏厅成了他常常光顾的地方。大一结束时，他竟然有三门课不及格。然而，在网络游戏里游刃有余的成功感使他认识不到自己已经偏离了正常的学生生活轨迹。大二期间，他受到了两次学业警告；到大三上学期，他已经有多科学分不及格了。父母专程从外地赶来，苦苦相劝，才使他决心改正自己的错误。他通过重修，学习成绩达到毕业的标准。然而面临职业选择时，看着就业推荐表中获奖栏、荣誉栏、社会实践栏里的空白，他顿觉茫然，不知接下来的路该如何去走。

王聪：我很清楚自己要走的路

王聪一进入大学，就给自己制订了目标：向老师同学请教，尽快熟悉环境；了解本专业的就业情况，认真学习科学知识，逐步确定今后的职业发展目标；至少加入一个学生社团，组织一次活动，提升能力；积极参加社会活动。

下面是他三年的收获。

奖学金：校级奖学金一等奖2次、二等奖2次。

荣誉：省优秀学生干部1次，市优秀学生干部1次，校优秀学生干部2次，校优秀团干部1次。

担任职务：系学生会主席、学习部部长。

大三下学期，经过对专业发展的判断和对自己前途的规划，他选择了专升本，继续在专业上进行深造。他说，他很清楚自己要走的路。

探索活动

这是他们的职业吗？

活动目的：

正确认识职业的含义；正确认识职业生涯规划的意义。

活动要求：

仔细阅读下列案例材料，回答问题。

程先生是一名电工，同时他又是一名健身爱好者，他偶尔会在健身会所教授别人练健美操，并获得一些报酬；马老板是某地有名的富商，直到有一天，他被公安局抓走，人们才知道他一直从事地下“六合彩”活动。

请问：程先生是否从事了教练职业？而马老板是否从事营销职业？

教师点评：

程先生只是偶尔教授健美操，所获得的收入不是稳定的，所以我们只能说程先生的职业是一名电工。当然如果他经常从事健美操的教授，并获得稳定收入，我们可以说健美操教练是他的第二职业。

马老板从事的“六合彩”活动是非法活动，他的收入是非法所得，所以他的职业不是营销活动。

综上所述，只有具备了比较稳定的收入和活动合法这两个硬性条件，我们才能称之为职业。

小调查：

你对自己未来的发展、晋升是否有规划设计？

A．有明确规划设计

B．有初步规划设计

C．没有规划设计

拓展延伸

大学应该这样度过

“青年强，则国家强。当代中国青年生逢其时，施展才干的舞台无比广阔，实现梦想的前景无比光明。”“广大青年要坚定不移听党话、跟党走，怀抱梦想又脚踏实地，敢想敢为又善作善成，立志做有理想、敢担当、能吃苦、肯奋斗的新时代好青年，让青春在全面建设社会主义现代化国家的火热实践中绽放绚丽之花。”党的二十大报告对青年寄予厚望。那么，我们应该如何学好本领，做好生涯规划，担起时代使命，用奋斗实现青春梦想呢？

大学时光是人生最璀璨的年华，虽然只有短暂的几年，却是人生当中最为关键的黄金时期。在这美好而闪亮的岁月里，最有意义的收获不是毕业后的一纸文凭，而是获得的知识与成长。我们只有满载知识、羽翼丰满，在踏入社会时，才能够自信地微笑着对自己说：我能行！

希望每一位踏入大学校门的大学生都认真思考一下：大学应该如何度过？如果只是沉迷于网络、迷失于爱情、沉睡于课堂，那么毕业之时你就会感到几年大学好像一无所获。人生的道路虽然漫长，但紧要的常常只有几步，大学时光就是这关键的几步之一。至于大学具体该如何度过，有以下几点建议可供同学们参考。

（1）关于学习。

一要认真对待每门课程。凡有所学，皆成性格。一般来说，大学是人生中最后一次系统接受教育的机会，认真对待每一门课程，构建知识体系，不只是为了拿到学历，更重要的是接受每一门课程独特价值的影响，完善我们的人格。也许学与不学、认真与否一时看来并没有差别，个人也不会有什么明显变化。但无法否认的是，学到的知识总会在我们生命中的某个阶段以它们独特的方式回馈我们，这是更深层次的意义。

二要多读一些书。可能有人会说：“我读过很多书，但读完后，大部分都忘了，读书的意义是什么？”读书的意义，不在于我们读了什么，而在于它使我们变得更好。就如我们吃下的食物，让我们变得更强壮一样，读书给予我们营养，且这些营养已经融进我们的血液里。读书还要涉猎广泛，诸如读一些天文、地理、历史、经济、管理、哲学、文学等方面的书，这些书将来可能比“成功学”更有用。

（2）关于生活。

一要多参加校园活动。参加各种校园活动是大学学习生活十分重要的一部分内容，是一种自我历练与自我提升。在活动中能结识更多的朋友、能提升自己的交际能力、能发现自己潜在的特长等。

二要注意锻炼身体。身体是革命的本钱。没有健康的身体，什么理想、抱负都将是奢望。所以一定要注意锻炼身体，拥有一个强健的体魄。

（3）关于个人发展。

一要提前考虑好自己毕业后要干什么。是工作，还是继续求学？如果选择工作，那么就要及早做好自己的职业生涯规划。如果选择继续求学，那么就要提前做准备，对属于自己弱项的学科提前着手复习，这样才有可能胜券在握。提前考虑好、提前准备好，才能做到进可攻、退可守。

二要积极关注社会与时政。新时代的读书人不能“两耳不闻窗外事，一心只读圣贤书”。只有充分了解你所学专业的发展情况，以及国家的政策导向等，在步入社会的时候才能让青春在全面建设社会主义现代化国家的火热实践中绽放绚丽之花。

人生没有白走的路。生活，绝不会辜负每一个努力的人！愿大学生们都能以无比的热忱、朴实刚毅的精神和脚踏实地的努力，为充满挑战的人生做最完美的准备，让美好的大学时光成为自己一生最值得骄傲的经历和回忆。

课后练习

1．简述职业生涯规划的概念。
2．影响职业生涯发展的因素有哪些？

模块二

职业生涯规划理论

引导案例

李茗，一个性格外向，善于与人交流和沟通，乐于助人的女孩。她一直想从事会计职称考试培训工作，但不知自己是否适合，不知该怎么做。

在一次学校组织的职业规划讲座中，她主动向主讲教授请教了该问题，教授建议李茗一定要花时间系统学习相关知识，并争取到教育机构实习的机会，在工作中感受自己的特性是否与教育教学工作匹配，以证实自己是否适合从事这项工作，即“人”与“职”是否匹配。同时，教授还建议李茗做专业的个性和职业能力倾向性测试，为自己职业选择提供帮助。

之后，李茗按照教授的建议，做了专业的测试，显示她适合从事教育工作。为了进一步验证自己是否适合教育工作，她利用假期到教育机构实习，工作得到了机构负责人和学生的认可。通过专业测试和亲身体验，李茗找到了适合自己的理想职业。

点评：许多大学生在面对职业选择和职业发展时，总是一片茫然，无从入手，缺乏专业知识和方法。正确掌握职业生涯相关理论和使用方法，是大学生确定职业目标和方向的航标灯，能够帮助大学生找到适合自己的职业。

教学目标

知识目标：了解职业生涯规划的基本理论。

能力目标：掌握职业生涯规划相关理论的使用方法。

知识链接

一、帕森斯的特质因素理论

帕森斯的特质因素理论又称帕森斯的人职匹配理论，该理论是最早的职业辅导理论，是波士顿大学教授弗兰克·帕森斯于 1909 年提出的。其中，“特质”是指个人的人格特征，包括能力倾向、兴趣、价值观和人格等，这些都可以通过心理测量工具来加以衡量；“因素”则是指在工作上要取得成功所必须具备的条件或资格，这可以通过对工作的分析来了解。帕森斯认为，每个人都有自己独特的人格模式，每种人格模式的个人都有其相适应的职业类型。

帕森斯将选择职业的过程分为 3 步。

第一步是评价求职者的生理和心理特点。通过心理测量及其他测评手段获得求职者的身体状况、能力倾向、兴趣爱好、气质与性格等方面的个人资料，并通过会谈、调查等方法获得求职者的家庭背景、学业成绩、工作经历等情况，并对这些资料进行评价。

第二步是分析各种职业的要求，并向求职者提供有关的职业信息，包括：职业的性质、工资待遇、工作条件，以及求职的最低条件（如学历要求、能力要求、身体要求）等。

第三步是人职匹配。在了解求职者的特性和职业要求的各项指标的基础上，选择一种适合个人特点又有可能得到并能在职业上取得成功的职业。

二、霍兰德的职业兴趣理论

约翰·霍兰德是约翰·霍普金斯大学的心理学教授，著名的职业指导专家。霍兰德于 1959 年提出了具有广泛社会影响的职业兴趣理论。

职业兴趣理论认为，人格特质可以分为 6 种类型，即现实型（R）、研究型（I）、艺术型（A）、社会型（S）、企业型（E）和常规型（C）。为了便于描述，霍兰德将这六种人格类型放在一个正六角形的每一角，如图 1-2-1 所示。相邻人格类型的共同点较多，相隔人格类型的共同点较少，相对人格类型的共同点最少。

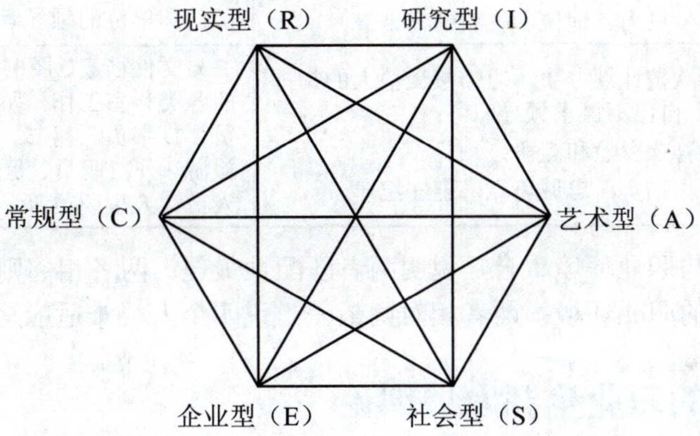

图 1-2-1　霍兰德六角模型

相应地，职业环境也可分为同样的 6 种类型，如表 1-2-1 所示。

表 1-2-1　人格特质与职业环境的匹配

人格特质	劳动者	职业环境
现实型	① 愿意使用工具从事操作性工作； ② 动手能力强，做事手脚灵活，动作协调； ③ 不善言辞，不善交际	各类工程技术工作、农业工作，通常需要一定体力，需要运用工具或操作机器，如工程师、技术员、机械操作工、矿工、木工、电工、鞋匠、司机、农民、牧民、渔民等
研究型	① 抽象思维能力强，求知欲强，肯动脑，善思考； ② 喜欢独立的和富有创造性的工作； ③ 知识渊博，有学识才能，不善于领导他人	科学研究和科学实验工作，如自然科学和社会科学方面的研究人员、专家，化学、冶金、电子、无线电、电视、飞机等方面的工程师、技术人员，飞机驾驶员、计算机操作员等

表 1-2-1（续）

人格特质	劳动者	职业环境
艺术型	① 喜欢以各种艺术形式的创作来表现自己的才能，实现自身的价值； ② 具有特殊艺术才能和个性； ③ 乐于创造新颖的、与众不同的艺术成果，渴望表现自己的个性	各类艺术创作工作，如音乐、舞蹈、戏剧等方面的演员、艺术家编导、教师；文学、艺术方面的评论员；广播节目的主持人、编辑、作者；绘画、书法、摄影家；艺术、家具、珠宝、房屋装饰等行业的设计师等
社会型	① 喜欢从事为他人服务和教育他人的工作； ② 喜欢参与解决人们共同关心的社会问题，渴望发挥自己的社会作用； ③ 比较看重社会义务和社会道德	各种直接为他人服务的工作，如教师、保育员、行政人员、医护人员、衣食住行服务行业的管理人员和服务人员等
企业型	① 精力充沛、自信、善交际，具有领导才能； ② 喜欢竞争，敢冒风险； ③ 喜爱权力、地位和物质财富	组织与影响他人共同完成组织目标的工作，如企业家、政府官员、商人、行业部门和单位的领导者、管理者等
常规型	① 喜欢按计划办事，习惯接受他人的指挥和领导，自己不谋求领导职务； ② 不喜欢冒险和竞争； ③ 工作踏实，忠诚可靠，遵守纪律	与文件档案、图书资料、统计报表相关的各类科室工作，如会计、出纳、统计人员、打字员、秘书、文书、图书管理员、旅游、外贸职员、保管员、邮递员、审计人员、人事职员等

如果人格特质与职业环境重合，说明两者匹配性最佳；两者相邻则次之，说明个人经过努力可以适应新的职业环境；两者相对则最差，说明个人很难适应这一职业环境。

三、金斯伯格的职业生涯发展理论

金斯伯格是著名的职业指导专家和职业生涯发展理论的先驱及代表人物，他研究的重点是从人类童年到青少年阶段的职业心理发展过程。金斯伯格将职业生涯的发展分为幻想期、尝试期和现实期 3 个阶段。

（一）幻想期（11 岁之前）

处于 11 岁之前的儿童对他们所看到或接触到的各类职业工作者（如父母、老师、军人、演员甚至动物园管理员等）都充满了好奇和向往，幻想着长大后成为他们那样的人、做他们所做的工作，甚至在装扮、语言和行为上进行模仿。

该时期职业需求的特点是：单凭自己的兴趣爱好选择职业，不考虑自身的条件、能力水平、社会需要与机遇，完全处于幻想之中。

（二）尝试期（11～17 岁）

尝试期是接受中等教育，由少年向青年过渡的时期。在这一时期，人的心理和生理均在迅速成长、发育和变化，逐渐出现独立的意识，产生基本的价值观，知识逐步累积，能力显著增强，初步获得社会生活经验。

该时期职业需求的特点是：注意自己的职业兴趣，开始客观地审视自身各方面的条件、能力和价值观，开始注意各种职业的社会地位，以及社会对该职业的需要。

（三）现实期（17 岁以后）

现实期的人们完成了中等教育，有一部分人即将步入社会劳动，此时他们能够客观地把自己的职业愿望或要求同自己的主观条件、能力，以及社会现实的职业需要密切联系和协调起来，寻找适合自己的职业角色。

该时期职业需求的特点是：已有具体的、现实的职业目标，讲求实际。

四、舒伯的生涯发展理论

舒伯于 1953 年提出“生涯”的概念，他把生涯发展看成一个持续渐进的过程，由童年时代开始一直伴随人的一生。

舒伯的生涯发展理论将生涯的过程分为成长阶段（0～14 岁）、探索阶段（15～24 岁）、建立阶段（25～44 岁）、维持阶段（45～65 岁）和衰退阶段（65 岁以上）。生涯发展的过程在每个阶段都有其独特的职责和角色及不同的发展任务，且前一阶段发展任务的完成情况会影响下一阶段的发展。

舒伯的生涯彩虹图将生涯规划立体化了，如图 1-2-2 所示。从长度上看，它包括了一个人从生到死的全部生命历程；从空间上看，该过程并不局限于对职业角色的关注，同样重视非职业角色对一个人生涯的影响。舒伯认为，持家者、公民、休闲者、学生、子女、配偶、退休者等角色和工作者的角色都是一个人自我概念的具体表现。所谓“自我概念”，就是指个人对自己的兴趣、能力、价值观及人格特征等方面的认识和主观评价。一个人的自我概念在青春期以前就开始形成，至青春期较为明朗，于成人期由自我概念转化为生涯概念。

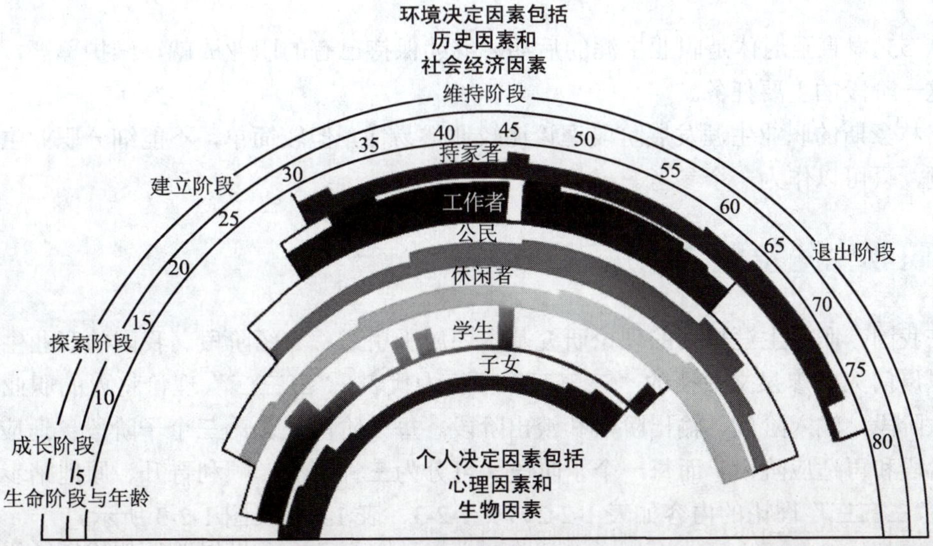

图 1-2-2　舒伯的生涯彩虹图

五、格林豪斯的职业生涯发展阶段理论

格林豪斯的职业生涯发展阶段理论研究人生不同年龄段职业发展的主要任务，并以此将职业生涯划分5个阶段。

（一）职业准备

职业准备期的典型年龄段为0～18岁，其主要任务是发展职业想象力，对职业进行评估和选择，接受必需的职业教育。

（二）查看组织

18～25岁为进入组织阶段，其主要任务是在一个理想的组织中获得一份工作，在获取足量信息的基础上，尽量选择一种合适的、较为满意的职业。

（三）职业生涯初期

处于职业生涯初期的典型年龄段为25～40岁，这一时期的主要任务是学习职业技术，提高工作能力，了解和学习组织纪律和规范，逐步适应职业工作，适应和融入组织，为未来的职业成功做好准备。

（四）职业生涯中期

40～55岁是职业生涯中期阶段，其主要任务是需要对早期职业生涯重新评估，强化或改变自己的职业理想；选定职业，努力工作，有所成就。

（五）职业生涯后期

从55岁直至退休是职业生涯的后期，继续保持已有的职业成就，维护尊严，准备引退是这一阶段的主要任务。

格林豪斯的职业生涯发展阶段理论比较通俗易懂，但较简单，不能细分职业生涯阶段和问题，只可以作为一个参考。

六、职业生涯发展“三三三”理论

在我国，职业生涯规划的理论研究基本还属于引进、介绍阶段。我国的职业生涯规划理论以厦门大学廖泉文教授的“三三三”理论为代表，“三三三”理论将人的职业生涯分为三大阶段：输入阶段、输出阶段和淡出阶段。每一阶段又分为三个子阶段：适应阶段、创新阶段和再适应阶段。而每一个子阶段又可分为三种情况：顺利晋升、原地踏步、降到波谷。“三三三”理论的内容如表1-2-2、表1-2-3、表1-2-4及图1-2-3所示。

表 1-2-2 职业生涯的“三三三”理论

阶段	输入阶段（从出生到从业前）	输出阶段（从就业到退休前）	淡出阶段（退休以后）
主要任务	输入信息、知识、经验、技能，为从业做重要准备；认识环境和社会，锻造自己的各种能力	输出自己的智慧、知识、服务、才干；进行知识的再输入、经验的再积累、能力的再锻造	精力渐衰，但阅历渐丰、经验渐多，逐步退出职业，适应角色的转换。该阶段是“夕阳无限好”阶段，有更加广阔的时间和空间实现以往的夙愿

表 1-2-3 输出阶段的三段论

阶段	子阶段	个人的工作状态	职业环境状态
输出阶段	适应阶段	订三个契约 对领导：我要服从你的领导； 对同事：我要与你协同工作； 对自己：我要使自己表现出色	适应工作软硬环境，个体与同事相互接受，进入职业状态
	创新阶段	独立承担工作任务； 努力做出创造性贡献； 向领导提出合理化建议	受到领导和群众认可，进入事业辉煌阶段
	再适应阶段	由于工作出色获得晋升； 由于发展空间小而原地踏步； 由于自身骄傲或工作差错受到批评	个体要调整心态，再适应变化了的环境；此时属于职业状态分化的阶段，领导和同事看法不一

表 1-2-4 再适应阶段的三段论

子阶段	一般情况	职业状况
再适应阶段	顺利晋升	面临着新的工作环境的挑战，新的工作技能的挑战，原同级同事的嫉妒，领导会提出新的要求，表面的风光隐藏着一定的职业风波
	原地踏步	此时会有倚老卖老、不求上进的状态出现，挂在嘴边的话是“此事我早已了解”或“我再熟悉不过了”，对同事的发展出现心理不平衡，此时作职业平移或变更更合适
	降到波谷	由于个体原因或客观原因，遭受上级批评，或受降级处分，工作状态进入波谷，此时如能重新振奋精神，有希望进入第二次“三三三”发展状态

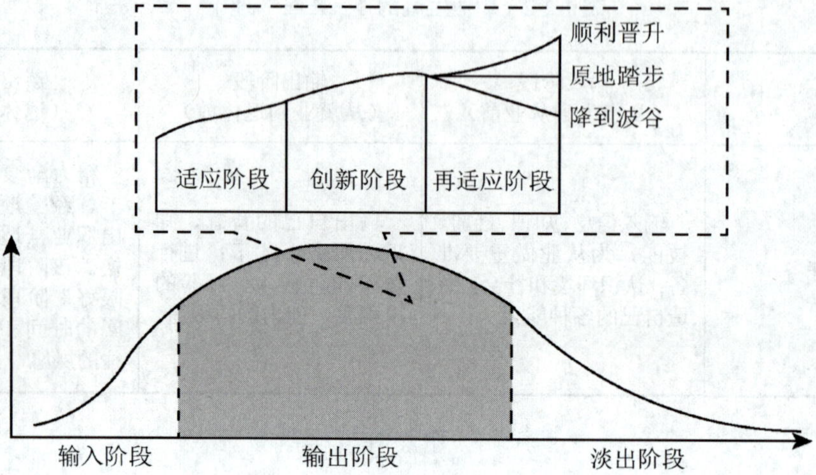

图 1-2-3 职业发展的“三三三”理论

案 例

八十一层楼

马三立有一个相声名段叫《八十一层楼》，说的是有两兄弟，他们住在一幢公寓楼里。一天，他们一起到郊外爬山。傍晚时分，等他们爬山回来回到公寓楼的时候，发现一件事：大厦停电了！这真是一件令人沮丧的事情。为什么呢？因为很不巧，这两兄弟是住在大厦的顶楼。那么，顶楼是几楼呢？那就更加不巧了，顶楼是八十楼。很恐怖吧。虽然两兄弟都背着大大的登山包，但看来，也是别无选择，于是，哥哥对弟弟说：“我们爬楼梯上去吧。”

于是，他们就背着一大包行李开始往上爬。到了 20 楼的时候，他们觉得累了。

于是弟弟提议说：“哥哥，行李太重了，不如这样吧，我们把它放在 20 楼，我们先上去，等大厦恢复电力，我们再坐电梯下来拿吧。”哥哥一听，觉得这主意不错：“好啊。弟弟，你真聪明呀。”于是，他们就把行李放在 20 楼，继续往上爬。卸下了沉重的包袱之后，两个人觉得轻松多了。他们一路有说有笑地往上爬。但好景不长，到了 40 楼，两人又觉得累了。想到只爬了一半，往上一看，竟然还有 40 楼要爬。两人就开始互相埋怨，指责对方不注意停电公告，才会落到如此下场。他们边吵边爬，就这样一路爬到了 60 楼。

到了 60 楼，两人筋疲力尽，累得连吵架的力气也没有了。哥哥对弟弟说：“算了，只剩下最后 20 楼，我们就不要再吵了。”于是，他们一路无言，安静地继续往上爬。终于，80 楼到了。到了家门口，哥哥长吁一口气，摆了一个很酷的姿势：“弟弟，拿钥匙来！”弟弟说：“有没有搞错？钥匙不是在你那里吗？”

好，大家猜猜发生了什么事？没错，钥匙还留在 20 楼的登山包里！

【案例点评】

这个故事反映我们一生的职业生涯发展是有阶段性的。80层楼象征人的一生，人活到80岁可以说职业生涯就圆满了。职业生涯的每一个阶段都是很重要的，每一个阶段都有不同的任务和目标，我们应该认真对待，特别是关键阶段我们更不能掉以轻心。否则到头来我们只能面对人生最大的悲哀：努力之后还找不到门！

探索活动

职业兴趣测试

活动目的：

了解自己的职业兴趣，对自身的职业生涯规划有初步认识。

活动要求：

请按下列要求，认真完成霍兰德职业兴趣倾向测试。

霍兰德职业兴趣倾向测试

1．选择你感兴趣的活动

对表1-2-5中列举的一系列活动，如果你喜欢某一种，就在“喜欢”栏内画“√”，如果不喜欢，则在“不喜欢”栏内画“√”。

表1-2-5　活动

R型活动	喜欢	不喜欢	I型活动	喜欢	不喜欢
电器维修			阅读自然科学的书籍和杂志		
汽车修理			实验室工作		
木工			自然科学的研究工作		
驾驶汽车			化学实验		
使用金属工具（如钳子等）			做数学难题		
摆弄收音机、自行车等			学习物理课		
操纵机器			学习几何课		
学习机械制图			学习生物课		
合计（次数）			合计（次数）		
A型活动	喜欢	不喜欢	S型活动	喜欢	不喜欢
绘画			与朋友通信		
阅读剧本和听歌剧			参加社交活动		
设计家具或住房			帮助别人解决困难		
弹奏乐器			照料儿童		
听音乐会			教育宣传活动		

表 1-2-5（续）

A 型活动	喜欢	不喜欢	S 型活动	喜欢	不喜欢
阅读通俗小说、诗歌			出席各种活动		
写作			结交朋友		
学习美术课程			参加体育比赛		
合计（次数）			合计（次数）		
E 型活动	喜欢	不喜欢	C 型活动	喜欢	不喜欢
管理工作人员			保持房间、书桌整洁		
售货			进行记账的四则运算		
讨论政治			收款记账		
以个人的意志影响别人的行动			整理文件档案		
参加会谈			校对材料		
会见重要人物			统计材料		
找人谈话			打算盘		
管理产品			练习打字		
合计（次数）			合计（次数）		

2．选择你喜欢的职业

对表 1-2-6 中列举的一系列职业，如果你喜欢某一种，就在“喜欢”栏内画“√”，如果不喜欢，则在“不喜欢”栏内画“√”。

表 1-2-6　职业

R 型职业	喜欢	不喜欢	I 型职业	喜欢	不喜欢
飞机机械师			气象学研究人员		
鱼类和野生动物专业人员			生物学研究人员		
自动化技师			天文学研究人员		
木工			药剂师		
机床工（车工、钳工等）			动物学研究人员		
电工			化学研究人员		
无线电报务员			科学报刊编辑		
长途公共汽车司机			地质学研究人员		
火车司机			植物学研究人员		
机械师			物理学研究人员		
合计（次数）			合计（次数）		

表 1-2-6（续）

A 型职业	喜欢	不喜欢	S 型职业	喜欢	不喜欢
诗人			社会学研究人员		
音乐家			青少年犯罪问题研究人员		
作家			演讲理论研究人员		
记者			校长		
歌唱家			社会科学教师		
作曲家			精神病学社会工作者		
编剧			咨询人员		
雕刻家			导游		
漫画家			青年管理主任		
乐队指挥			福利机构主任		
合计（次数）			合计（次数）		
E 型职业	喜欢	不喜欢	C 型职业	喜欢	不喜欢
销售经理			记账员		
进货员			会计员		
旅馆经理			银行出纳员		
推销员			法庭速记员		
饭店经理			成本估算员		
电视制作人员			统计师		
商品批发员			税务专家		
人事安排决策者			校对员		
广告宣传员			打字员		
调度员			办公室职员		
合计（次数）			合计（次数）		

3. 结果统计与解答

将表 1-2-5 和表 1-2-6 的统计结果填入表 1-2-7 中。

表 1-2-7　结果统计表

职业兴趣类型	活动（选择“喜欢”的次数）	职业（选择“喜欢”的次数）	合计
R 型			
I 型			
A 型			
S 型			
E 型			
C 型			

将合计次数一栏中最大的三个数字对应的职业兴趣类型（英文代号）填入空格内：最高次数（　　）、次高（　　）、再次（　　），这即是你的霍兰德代码。

根据你的霍兰德代码，在表 1-2-8 中找出相应的职业，例如，你的霍兰德代码是 RIA，那么牙科技术人员、陶工等是适合你兴趣的职业。然后，寻找与你的霍兰德代码相近的职业，如你的霍兰德代码是 RIA，那么，其他由三个字母组合成的代码（如 IRA、IAR、ARI 等）对应的职业，也较适合你的兴趣。

表 1-2-8　霍兰德代码职业信息检索表

代码	对应职业
RIA	牙科技术人员、陶工、建筑设计员、模型工、细木工、制作链条人员
RIS	厨师、林务员、跳水员、潜水员、染色员、电器修理工、眼镜制作工、电工、纺织机器装配工、服务员、装玻璃工人、发电厂工人、焊接工
RIE	建筑和桥梁工程师、环境工程师、航空工程师、公路工程师、电力工程师、信号工程师、电话工程师、一般机械工程师、自动工程师、矿业工程师、海洋工程师、交通工程技术人员、制图员、家政经济人员、计量员、农民、农场工人、农业机械操作工、清洁工、无线电修理工、汽车修理工、手表修理工、管工、线路装配工、工具仓库管理员
RIC	船上工作人员、接待员、杂志保管员、牙医助手、制帽工、磨坊工、石匠、机器制造工、机车（火车头）制造工、农业机器装配工、汽车装配工、缝纫机装配工、钟表装配和检验工、电动器具装配工、鞋匠、锁匠、货物检验员、电梯机修工、托儿所所长、钢琴调音员、装配工、印刷工、建筑钢铁工作人员、卡车司机
RAI	手工雕刻工、玻璃雕刻工、制作模型人员、家具木工、制作皮革品人员、手工绣花人员、手工钩针纺织人员、排字工作人员、印刷工作人员、图画雕刻工、装订工
RSE	消防员、交通巡警、警察、门卫、理发师、房间清洁工、屠夫、锻工、开凿工人、管道安装工、出租车司机、货物搬运工、送报员、勘探员、娱乐场所的服务员、起卸机操作工、灭害虫者、电梯操作工、厨房助手
RSI	纺织工、编织工、农业学校教师、某些职业课程教师（诸如艺术、商业、技术、工艺课程）、雨衣上胶工
REC	抄水表员、保姆、实验室动物饲养员、动物管理员
REI	轮船船长、航海领航员、大副、试管实验员
RES	旅馆服务员、家畜饲养员、渔民、渔网修补工、水手长、收割机操作工、搬运行李工人、公园服务员、救生员、登山导游、火车工程技术员、建筑工作人员、铺轨工人
RCI	测量员、勘测员、仪表操作者、农业工程技术员、化学工程技师、民用工程技师、石油工程技师、资料室管理员、探矿工、煅烧工、烧窑工、矿工、保养工、磨床工、取样工、样品检验员、纺纱工、炮手、漂洗工、电焊工、锯木工、刨床工、制帽工、手工缝纫工、油漆工、染色工、按摩工、木匠、农民建筑工作人员、电影放映员、勘测员助手
RCS	公共汽车司机、一等水手、游泳池服务员、裁缝、建筑工作人员、石匠、烟囱修建工、混凝土工、电话修理工、爆炸手、邮递员、矿工、裱糊工人、纺纱工
RCE	打井工、吊车司机、农场工人、邮件分类员、铲车司机、拖拉机司机
IAS	普通经济学家、农场经济学家、财政经济学家、国际贸易经济学家、实验心理学家、工程心理学家、心理学家、哲学家、内科医生、数学家
IAR	人类学家、天文学家、化学家、物理学家、医学病理学家、动物标本剥制者、化石修复者、艺术品管理者

表 1-2-8（续）

代码	对应职业
ISE	营养学家、饮食顾问、火灾检查员、邮政服务检查员
ISC	侦察员、电视播音室修理员、电视修理服务员、验尸室人员、编目录者、医学实验室技师、调查研究者
ISR	水生生物学者、昆虫学者、微生物学家、配镜师、矫正视力者、细菌学家、牙科医生、骨科医生
ISA	实验心理学家、普通心理学家、发展心理学家、教育心理学家、社会心理学家、临床心理学家、目标学家、皮肤病学家、精神病学家、妇产科医师、眼科医生、五官科医生、医学实验室技术专家、民航医务人员、护士
IES	细菌学家、生理学家、化学专家、地质专家、地理物理学专家、纺织技术专家、医院药剂师、工业药剂师、药房营业员
IEC	档案保管员、保险统计员
ICR	质量检验技术员、地质学技师、工程师、法官、图书馆技术辅导员、计算机操作员、医院听诊员、家禽检查员
IRA	地理学家、地质学家、声学物理学家、矿物学家、古生物学家、石油学家、地震学家、声学物理学家、原子和分子物理学家、电学和磁学物理学家、气象学家、设计审核员、人口统计学家、数学统计学家、外科医生、城市规划家、气象员
IRS	流体物理学家、物理海洋学家、等离子体物理学家、农业科学家、动物学家、食品科学家、园艺学家、植物学家、细菌学家、解剖学家、动物病理学家、作物病理学家、药物学家、生物化学家、生物物理学家、细胞生物学家、临床化学家、遗传学家、分子生物学家、质量控制工程师、地理学家、兽医、放射性治疗技师
IRE	化验员、化学工程师、纺织工程师、食品技师、渔业技术专家、材料和测试工程师、电气工程师、土木工程师、航空工程师、行政官员、冶金专家、原子核工程师、陶瓷工程师、地质工程师、电力工程量计算人员、口腔科医生、牙科医生
IRC	飞机领航员、飞行员、物理实验室技师、文献检查员、农业技术专家、动植物技术专家、生物技师、油管检查员、工商业规划者、矿藏安全检查员、纺织品检验员、照相机修理者、工程技术员、编计算程序者、工具设计者、仪器维修工
CRI	簿记员、会计、计时员、铸造机操作工、打字员、按键操作工、复印机操作工
IRC	飞机领航员、飞行员、物理实验室技师、文献检查员、农业技术专家、动植物技术专家、生物技师、油管检查员、工商业规划者、矿藏安全检查员、纺织品检验员、照相机修理者、工程技术员、编计算程序者、工具设计者、仪器维修工
CRI	簿记员、会计、计时员、铸造机操作工、打字员、按键操作工、复印机操作工
CRS	仓库保管员、档案管理员、缝纫工、讲述员、收银员
CRE	标价员、实验室工作者、广告管理员、自动打字机操作员、电动机装配工、缝纫机操作工
CIS	记账员、顾客服务员、报刊发行员、土地测量员、保险公司职员、会计师、估价员、邮政检查员、外贸检查员
CIE	打字员、统计员、支票记录员、订货员、校对员、办公室工作人员
CIR	校对员、工程职员、海底电报员、检修计划员、发报员
CSE	接待员、通讯员、电话接线员、卖票员、旅馆服务员、私人职员、商学教师、旅游办事员

表 1-2-8（续）

代码	对应职业
CSR	运货代理商、铁路职员、交通检查员、办公室通信员、簿记员、出纳员、银行财务职员
CSA	秘书、图书管理员、办公室办事员
CER	邮递员、数据处理员、办公室办事员
CEI	推销员、经济分析家
CES	银行会计、记账员、法人秘书、速记员、法院报告人
ECI	银行行长、审计员、信用管理员、地产管理员、商业管理员
ECS	信用办事员、保险人员、各类进货员、海关服务经理、售货员、采购员、会计
ERI	建筑物管理员、工业工程师、农场管理员、护士长、农业经营管理人员
ERS	仓库管理员、房屋管理员、货栈监督管理员
ERC	邮政局长、渔船船长、机械操作领班、木工领班、瓦工领班、驾驶员领班
EIR	科学、技术和有关周期出版物的管理员
EIC	专利代理人、鉴定人、运输服务检查员、安全检查员、废品收购人员
EIS	警官、侦察员、交通检验员、安全咨询员、合同管理者、商人
EAS	法官、律师、公证人
EAR	展览室管理员、舞台管理员、播音员、驯兽员
ESC	理发师、裁判员、政府行政管理员、财政管理员、工程管理员、职业病防治员、售货员、商业经理、办公室主任、人事负责人、调度员
ESR	家具售货员、书店售货员、公共汽车司机、日用品售货员、护士长、自然科学和工程的行政领导
ESI	博物馆管理员、图书馆管理员、古迹管理员、饮食业经理、地区安全服务管理员、技术服务咨询者、超级市场管理员、零售商品店店员、批发商、出租汽车服务站调度员
ESA	博物馆馆长、报刊管理员、音乐器材售货员、导游、轮船或班机上的事务长、飞机上的服务员、船员、法官、律师
ASE	戏剧导演、舞蹈教师、广告撰稿人、报刊专栏作者、记者、演员、英语翻译
ASI	音乐教师、乐器教师、美术教师、管弦乐指挥家、合唱队指挥家、歌星、演奏家、哲学家、作家、广告经理、时装模特
AER	新闻摄影师、电视摄影师、艺术指导家、录音指导家、丑角演员家、魔术师、木偶戏演员、骑士、跳水员
AEI	音乐指挥家、舞台指导家、电影导演
AES	流行歌手、舞蹈演员、电影导演、广播节目主持人、舞蹈教师、口技表演者、戏剧演员、模特
AIS	画家、剧作家、编辑、评论家、时装艺术家、新闻摄影师、文学作者
AIE	花匠、皮衣设计师、工业产品设计师、剪影艺术家、复制雕刻师
AIR	建筑师、画家、摄影师、绘图员、环境美化工、雕刻家、包装设计师、陶器设计师、绣花工、漫画家
SEC	社会活动家、退伍军人服务官员、工商会事务代表、教育咨询者、宿舍管理员、旅馆经理、饮食服务管理员

表 1-2-8（续）

代码	对应职业
SER	体育教练、游泳指导员
SEI	大学校长、学院院长、医院行政管理员、历史学家、家政经济学家、职业学校教师、资料员
SEA	娱乐活动管理员、国外服务办事员、社会服务助理、一般咨询者、宗教教育工作者
SCE	部长助理、福利机构职员、生产协调人员、环境卫生管理人员、戏院经理、餐馆经理、售票员
SRI	外科医师助手、医院服务员
SRE	体育教师、职业病治疗者、体育教练、专业运动员、房管员、儿童家庭教师、警察、引座员、传达员、保姆
SRC	护理员、护理助理、医院勤杂工、理发师、学校儿童服务人员
SIA	社会学家，学校心理学家，政治科学家，大学或学院的系主任，大学法律、数学、医学、教育学、物理学、社会科学、生命科学、工程和建筑课程的教师，研究生助教，成人教育教师
SIE	营养学家、饮食学家、海关检查员、安全检查员、税务稽查员、校长
SIC	描图员、兽医助手、诊所助理、体检检查员、监督缓刑犯的工作者、娱乐指导者、咨询人员、社会科学教师
SIR	理疗员、救护队工作人员、手足病医生、职业病治疗助手

拓展延伸

霍兰德职业兴趣理论在大学生职业生涯辅导中的应用

根据霍兰德职业兴趣理论，对于大学生来说进行职业生涯辅导主要从以下四个步骤来展开。

第一步是全面分析和评价自己——“知己”

“知己”是一个艰难的过程。人最大的敌人就是自己，客观、科学地认识自己是做好职业生涯规划的第一步。

大学生可以通过以下两种工具来认识自己。

一是非标准化工具，就是通过对自己的一些成长经历的回顾来发现自己的职业兴趣。例如，在过去的历史中我比较喜欢干什么，哪些事情让我觉得非常有成就感，哪些事情觉得干起来非常痛苦，找出 20 件左右在成长中让自己觉得有成就感和快乐的事情，就能够发现自己对什么感兴趣。

二是标准化工具，就是通过专业化机构或测评软件，通过一系列科学手段对人的一些基本心理特质进行测量与评估，分析个人特质，结合职业特点，帮助大学生进行职业选择。例如，职业兴趣测验——你喜欢从事什么职业，价值观及动机测验——你要从事什么职业，能力测验——你擅长什么，个性测验——你是什么样的一个人，职业发展评估测验——你的职业发展阶段如何。

第二步是了解职业及职业环境——“知彼”

不同的职业通常意味着不同的发展机会与空间，也决定了不同的生活方式。了解社会职业，合理规划设计自己的职业生涯，是大学生顺利就业的关键。此外，还要充分了解相关环境，评估环境因素对自己职业生涯发展的影响，分析环境条件的特点、发展变化情况，把握环境因素的优势与限制，了解本专业、本行业的地位、优势及发展趋势等。

职业本质上并无高低贵贱之分，都是一定社会不可缺少的，既有区别又相互依赖的组成部分。但由于客观存在不同，职业间在工作内容、强度、收入状况、从业人员水平、专业技能、权利义务等方面的差异，使人们对不同职业具有不同看法和态度。毕业生在择业时，应保持一个清醒、客观的分析，避免从众、攀比和盲目追高等不良择业心理，结合自身特点，科学认识、评价职业。

此外，不同行业的选人用人条件各有不同。因此，大学生在职业定位中，要对自己所要从事职业有一定认识，以便在大学期间能够有针对性地进行学习和锻炼，不打无准备的仗。

第三步是寻求个人与职业的最佳结合点——“人职匹配”

在了解自己与了解职业的基础之上，职业生涯规划的关键点就是实现人职匹配，即选择与个人人格类型相一致或相近的工作环境。

根据霍兰德职业兴趣理论，大学生所追求或从事的最佳职业应该根据自己人格类型，与霍兰德六角模型的一个顶点重合。如果不能重合，应该根据自己的人格类型选择与之相邻的两个顶点之一的工作类型。例如，你是属于研究型的人，你的首选当然是与个人人格类型相一致的研究型工作环境，可以选择从事科学研究、教学等工作；也可以选择实践型的工作，如技术性、操作性工作，仪器修理，建筑安装等；或选择艺术型的工作，如作家、美术设计等，这些工作环境都与你的人格类型相一致。若条件不允许，退而求其次，可以选择从事传统型或者社会型的工作，如出纳、会计、行政助理、教师、辅导人员、公关人员、导游等，这些职业的工作环境与你的人格类型是相似的。但是，如果选择企业型工作环境的职业，如推销员、政治家、贸易商等，则不太适合你。

良好的职业定位是以自己的最佳才能、最大兴趣、最有利的环境等信息为依据的。进行职业定位时，应依据客观现实，考虑个人与社会、单位的联系，注意比较职业的条件、要求、性质与自身条件的匹配情况，选择条件更适合自己、更符合自己特长，自己更感兴趣、更有发展前途的职业；同时，要审时度势，及时调整，根据情况变化及时调整择业目标。

第四步是实践与校正

职业规划实际上是一个持续不断的探索过程，在这个过程中，每个人都根据自己的天资、能力、动机、需要、态度和价值观慢慢地形成较为明晰的与职业有关的自我概念。对大学生开展切实有效的、科学的职业生涯辅导，让大学生及早构筑职业框架，才能让他们的职业发展赢在起点上。

初入职场，有的大学生能顺利进入角色，并在短时间内取得突出成绩，而更多的大学生要通过较长时间的磨炼才会被单位赏识，还有的大学生会发现，目前的职业发展状况与事前规划的会有一定差异，这些都是很正常的现象。这就要求大学生在职业实践中：一是对自己重新进行再认识；二是要重新认识职业；三是要勇敢地面对现实。大学生要认真审视自己，若所从事的职业与自己的人格特质还没有到绝对相斥的地步，实际上是可以通过加强学习、锻炼、调整心态，慢慢地适应的。一个职业除了自己喜欢外，更要考虑社会需要和社会价值，因为个人价值必须通过社会价值来实现，职业目标也是需要在职业实践中来进行校正的。

最后需要说明的是，无论是职业生涯规划设计、职业生涯辅导，还是职业测评工具，都不是包治百病的“灵丹妙药”。高校职业生涯辅导教师和就业指导人员及大学生，都应本着实事求是的态度，客观认识测评工具样本的广泛性和测评对象的复杂性、多样性问题，不能对测评结果认识绝对化。在国内高校对大学生进行职业生涯辅导是一项崭新的事业，是一项崇高的事业，是一个新鲜的课题，要研究、探索和开展的工作还很多，需要业内人士、广大学生及社会各界开展深入研究和实践。

课后练习

1. 请简要列举几种主要的职业生涯理论。

2. 简述帕森斯特质因素理论的内容及在现实中的应用。

3. 阅读下列材料，思考“我的人生长路”。

……人生的进程实在很奇妙，孩童时常说：“如果我长大了，要……”；到了少年期则说：“如果我工作了，要……”；长大成人之后，就会说“我结婚以后会……”；结婚后呢？只要再延缓下去，等我退休以后……。终于退休了，当回顾过去的景致时，只觉得一片朦朦胧胧，像冷风吹过，如轻烟弥漫一般，根本看不到当初所界定的境界。待到了悟人生其实就是“当日当时生活连续时，距离上帝宠召的日子已为期不远了。”

问题：

一年后，我会____。

五年后，我会____。

十年后，我会____。

三十年后，我会______________________________________。

退休后，我会____。

临终时，当我回首往事，我会____________________________。

模块三

学业认知

引导案例

大学是人的一生中最美好的时光。要想顺利地度过这段时光，首先应对大学有一个清晰的认识。究竟什么是大学？这是一个看似简单却又难以准确回答的问题。以下是某校的一次座谈会上，几位大一学生所分享的他们在入学半年后对大学的看法及亲身经历。

小雅：大学，一个我从初中就开始向往的地方。传言中，大学是一个“只要胆够大，一周七天假”“自由得像大海一样”“并不是天天都有作业”的地方。然而，一切似乎没有那么“美好”。上了大学后才发现，大学并没有那么轻松。尤其医学院天天都有很多课，我每天早上七点就要起床，真是太痛苦了。但是人啊，总是要不断向前，去适应以前没有过过的日子，去接受想象以外的生活。

小柔：我在读高中的时候就向往大学生活，想着大学里自己要做哪些事情、要实现哪些梦想、要有哪些改变，对大学充满了期待。然而，经过一学期大学生活后，我发现那些只是自己的想象，做不了以前想的那些事情，实现不了曾经的梦想，就连以前在高中能做到的事情，现在也不一定能做到了。离开了家人，离开了熟悉的环境，加上对陌生环境的新鲜感和好奇，我的自控力越来越差了。我对自己很失望，完全失去了对接下来的大学生活的向往和期待。

小东：对我而言，大学并不像某些青春电影或小说里所描述的那样，是自由的天堂。从收到录取通知书开始，我就在计划着我的大学该如何度过，在思考我能在大学里学到什么、得到什么，我该如何去得到。庆幸的是，大一的第一个学期，我过得很充实。虽然有遗憾，但基本完成了我在入学前给自己制订的计划。因为我知道，我现在走的每一步都决定着我的未来，所以我不能浪费时间。大学时光非常宝贵，我希望我能珍惜这段时光，在不久的将来回首遥望也不会后悔。

小智：很多人都认为，在大学里面学到的知识，很多在毕业后都用不上。于是，就有很多学生堂而皇之地迟到、旷课。在我看来，上大学还是有用的，毕竟在这里你可以学到怎样做人，怎样锻炼自己的能力，怎样交际……大学就是一个大染缸，既可以为你染上绚丽多彩的颜色，让你的人生从此改变；也可以为你涂上灰色，让你的人生黯淡无光。这就要看你是怎样为自己“染色”的了。

请思考：什么是大学？大学新生应如何快速地适应大学生活？

教学目标

知识目标：认识大学及其学习任务；了解专业特点及与职业的关系。

能力目标：掌握大学特点及专业学习方法；正确对待专业与职业。

知识链接

一、大学是什么

（一）大学的起源

大学的起源可以追溯到中国先秦时期、西方古希腊罗马时期，但是现代大学的直接源头则是欧洲中古世纪的大学。

（二）大学的含义

在我国古代，大学有博大之学和大人之学的含义，是研习高深学问的地方。根据我国古代教育思想，人生来就具有高尚的“明德”，入世以后，“明德”被掩，需要经过“大学之道”的教育，重新发扬明德，革新民心，达到道德完善的境界。而到了现代，我国大学的理念是培养具有创新精神和实践能力的高级专门人才，发展科学技术文化，促进社会主义现代化建设。

《辞海》中对“大学”的解释：“实施高等教育的机构。分为综合大学、专科大学或学院。通常设有许多专业，再由几个相近的专业组成系。有的还设有专修科、学院或研究生院（部）。”大学一般招收高级中学及同等学校毕业生或同等学力者，学习年限一般为三年或四年，医科及某些专业为五年或五年以上。大学作为高等教育机构，对不同的学科、专业的学生实施特定的人才培养方案和标准。学生只有通过培养方案所规定的课程考核，达到毕业要求才可获得毕业证书；符合学位授予要求者，学校授予相应的学位。

（三）大学的作用

大学是人生发展的重要阶段，在大学阶段，我们的价值观、人生观和世界观逐渐形成。大学给了我们知识、善于思考的头脑和选择职业的机会；大学给予我们许多机会，锻炼的机会，改过的机会，思考的机会。这一切都为我们跨入社会、迈向成功起到了至关重要的作用。

二、经营好你的大学

到大学来是干什么的？几年大学生活究竟应该学些什么东西？大学对自己的一生究竟会带来什么影响？应该怎样去珍惜、把握这短短几年的大学时光？太多的问题、太多的思绪，需要我们思考、选择。在大学，我们须把握以下四个方面：学会学习、学会做人、学会做事和学会生存，从而为我们未来的职业生涯做好充分的准备。

（一）学会学习

大学是成才之所，是传播科学知识和专业技能的场所，是实施高等教育的场所。大学培养的不是今天的人才，而是明天、后天和未来的人才；大学教育不仅在于培训、培养专门人才，更在于造就人，养成健全的人格、训练独立思考的能力，让大学生成为未来的学者和研究者。这也是大学教育与重在灌输知识的中学教育根本不同所在。

1. 了解大学学习特点

（1）学习的选择性增强。中学的学习主要由学校和老师安排，大学学习则由中学的“必须学习”变成了“选择性学习”，每个大学生可以选修或不选某些课，对于感兴趣的东西可以深入学习，如果有精力还可以辅修其他专业获取学分。而且大学教师对学生的学习内容并不限制，还会经常鼓励学生广泛涉猎各种知识，希望学生在成专才的同时能成通才。

（2）学习的自主性增强。中学的学习主要依赖老师和教科书，是被动学习；大学的学习则是主动学习，大学生在学习时间的支配、学习计划的安排和学习潜能的发挥等方面都拥有更广阔的天地。在大学，学生的自由支配时间较多，除了学习理论知识外，还可以参加各种讲座、社团活动，学习的内容更加丰富多彩。

（3）学习的专业性增强。中学学习是面面俱到，因为高考录取要的是总分，而不是某一门课程的分数；大学则不同，它根据学科设有各个系，各系又有多个专业。大学生必须学好专业，既懂理论又懂操作。

（4）学习途径多样化。中学学习侧重书本理论学习，大学则不一样，大学的学习不仅有书本的理论学习，还有情操陶冶、能力锻炼等，这些都需要通过第二课堂，如学术报告、知识讲座、专题报告、社会调查和人际交流等来完成。

2. 掌握大学学习内容

（1）专业理论知识。学生进入大学，首要的学习任务就是学习专业理论知识。大学生首先搞清楚所学专业的人才培养方案，明确所学专业的培养目标，课程设置和就业方向等问题，掌握每门课程的性质及地位、基本内容和学习方法。

（2）理性精神。大学是现代社会理性精神的前沿阵地，而如今，在大学功利主义、读书无用论等偏激思想正在潜滋暗长，作为大学生要重建理性的文化意识、人文意识，学会理性思考，重塑理性精神。

（3）人文精神。人文精神主要体现在师生对人文素质的追求上。大学的精神品格是一面具有强烈内聚力和感召力的旗帜。大学生要学习大学的人文精神，了解大学人文精神的形成历史及它所积淀的人文底蕴，从而提升自身。

（4）科学精神。科学不仅是人类探索自然、改造自然的手段，也是一种文化。大学提倡科学精神、求是精神。作为大学生，要以科学的态度求知，以科学的精神探求真理。

3. 掌握大学学习方法

（1）要会听课。中学老师上课主要是介绍基础知识、帮助学生解答疑难问题，大学老师上课则重在引导学生思考、培养学生思维意识的形成。因此，大学生在上课时思想要集中，认真记笔记，要眼睛、耳朵一起用，思维要活跃。

（2）要会自学。自学是大学学习的特点，读书则是最基本的自学方式。在大学里，老师指定的教材是必读书，大学生要在读必读书基础上博览群书。自学是自主而不封闭的学习，大学生在学习时要开展讨论，因为只有讨论，才能使思想发生碰撞，产生火花，一些问题往往会无意中得到解答。

（3）要会动手。动手是大学学习的重要环节，是提高能力的重要方法。实践课要动手，学计算机要动手，提高写作能力也要动手，尤其是现在高校越来越注重社会实践，这就更需要动手。

（4）要提倡吃苦精神。有的大学生认为，进了大学就意味着进入了保险柜，便可以一劳永逸，放松学习了。其实不然，进入大学真正意义上的人生才开始。鲁迅曾说过："哪里有天才，我是把别人喝咖啡的时间用在工作上。"如果你此时放弃了吃苦精神，以"三天打鱼两天晒网""做一天和尚撞一天钟"的方式来对待学习，那就迷失了大学学习的方向，失去了进入大学的真正意义。

（5）要端正学习态度。有些大学生进入大学之后，对所读的大学不满意、对所学的专业不感兴趣，从而产生了厌学情绪，迟到早退，上课睡觉、玩手机，到了考试时，要不准备好夹带小抄以伺机抄袭，要不寻找机会偷看别人的考卷。这种混日子的方式简直是浪费青春。

（6）要处理好专与博的关系。孔子曾说"君子不器"，可以理解为君子的目标不能囿于具体的器物形态或仅限于某一方面的功用，也就是说一个有才华的人应该多才多艺。作为21世纪的大学生不仅要学好专业知识，而且要广泛涉猎其他知识。

作为大学生应该具备两方面的知识：一方面是主攻的专业知识，这方面的知识要专，因为这是今后安身立命、从事某项职业所不可或缺的；另一方面是作为一个现代人应具备的普通知识，这类知识要广、博，这是将来生存发展、为人处世等方面不可缺少的。

（7）要处理好课堂与课外的关系。作为一个大学生，要提高自身素质，就必须处理好课堂与课外关系，把思想从只学专业学科的狭隘思维中解放出来，将自己置于一个更广阔的思想空间，扩大知识视野，提高文化素质，强化专业技能，拓宽自己的创新思维。大学生要积极参与第二课堂，如各类讲座报告会、各种学生社团和青年志愿者活动等。

（二）学会做人

学会做人是立身之本。所谓立身，指培养高尚的思想道德品质，树立正确的人生观，确定做人的价值标准。我国著名教育家陶行知先生曾提出"千教万教教人求真，千学万学学做真人"。

学做人主要是靠熏陶和养成，大学生在大学不仅要懂得为什么要学做人，而且要知道怎样学做人，具体来说应注意以下几个方面。

1. 选择好榜样

好榜样可以是老师，也可以是同学。在大学，老师不仅是传授知识的恩师，同时还可以成为生活中的益友，一个好老师的一言一行、一举一动都是值得学习的。"三人行，必有我师焉"，身边的同学也可以成为我们学习的榜样，但要注意"择其善者而从之，其不善者而改之"。

2. 以积极心态融入新环境

踏进大学校门，远离了父母及昔日熟悉的社交圈，大学生面对新环境、新面孔如何去适应？最好的办法就是以积极的心态去面对。

一要珍惜班级的荣誉。班级是一个大家庭，在这个大家庭中，大学生要有一种集体荣誉感，要有团队精神，要有合作意识。朱光潜说过："懂得处友，就懂得处人；懂得处人，就懂得做人。"当大家一起为集体荣誉团结合作时，同学之间就多了一份交流、多了一份理解。

二要把握寝室的温馨。在大学，寝室是大学生们接触最多、交流最多的地方。一个和谐温馨的寝室，能够带来一天的好心情。但很多高校学生都来自不同的地方，生活背景、生活习惯不一样，难免会有矛盾和纷争，如有的人喜欢早睡，有的人却喜欢晚睡等。大学生要以宽容的心态去对待他人，互相容忍、互相体谅、互相迁就，将寝室营造成一个幸福的家园。

3. 要快乐自信

要快乐，首先要改变你错误的观念。有些大学生自卑感很强，往往会顾虑自己的缺点，甚至认为自己一无是处，是只"丑小鸭"。有的大学生对生活抱有悲观、失望的态度。其实生活快不快乐，全在自己对生活的态度和理解。笑对人生，应是我们的处世态度，它不仅是一种乐观开朗的生活态度，也是对人对己的宽容态度，是一种不计较得失的坦然心胸。

4. 确立健康恋爱观

从现实来看，正确的恋爱观能促使人成熟，可以化爱情为力量，利于学业的进步。但是，由于部分学生还不成熟，不能正确面对恋爱尤其是失恋后的痛苦，无法处理好爱情与学业、爱情与人生的关系，从而出现各种负面影响。

（1）影响学业。有些大学生天天只想和恋人一起轧马路、逛公园、看电影等，还要处理不断出现的感情纠葛，以致上课走神，严重影响学业。

（2）不利于身心健康。大学生心理尚未完全成熟，感情比较脆弱，自控力比较差，缺乏处理复杂问题的能力，导致恋爱成功率低。有些大学生经不住失恋打击而终日精神恍惚，这严重影响了大学生的心理健康。

（3）容易淡化同学情谊。有些大学生只顾谈恋爱，而忽视了与同寝室、同班同学的交流，长期下去也会影响到同学之间的情谊。

（4）经济更加拮据。大学生大多没有收入，主要靠父母负担自己的生活。有些大学生过分用物质表达爱意，花费了大量金钱，这样就会使自己出现"财政危机"，加重父母的负担。

（三）学会做事

大学生要学会做事，就要形成以下几种观念。

1. 树立成才观

大学生是时代的骄子，是祖国建设的栋梁。大学生要树立正确的成才观，需要做到以下几点：① 要克服依赖性；② 要克服脆弱性；③ 要克服虚荣心；④ 要有正确的选择。

2. 培养创新观

大学生要有创新的观念和勇气，要敢于超越自我。大学生培养自己的创新观，应做到以下几点：① 在实践中找前沿，包括社会实践、生产实践和科学实践；② 在着迷中找答案，着迷就是毅力的表现；③ 在表达中求完善。目前，高校应注重大学生的宏观教育和素质教育，使大学生在知识经济时代独占鳌头。

（四）学会生存

1. 要注意锻炼身体，增强体魄

“身体是革命的本钱”，大学生一定要注意锻炼身体、增强体魄，充分利用课余时间参加各种体育活动，如跑步、打球等；同时多培养一些兴趣爱好。要知道体育锻炼不仅能增强体魄，而且能培养积极向上的信念和顽强的意志。

2. 要养成全面的健康观

大学生要注意全面的健康，不仅是身体上的健康，还包括心理上的健康等。身心健康是人生的第一财富，强壮的体魄、健全的心理将是大学生未来高速生活节奏和紧张工作的基本条件。

三、专业与职业

（一）专业的含义

专业，是一种学业的分类，是高等院校或者中等职业学校根据学科分类或者生产部门的分工把学业分成的门类。

大学设置专业是大学培养人才的重要特征。关于专业设置有以下三点需要说明。

（1）专业设置有人才培养规格的要求。一个大学生只有完成专业教学计划规定的学习任务，才是一个符合该专业培养规格的合格毕业生。

（2）专业设置兼顾了职业群的要求。专业目录由各省教育厅和教育部审批颁布，不是固定不变的，它会根据各高校实际需求定时进行调整。大学本科的专业设置是以学科为主进行划分的。学科有其自身的科学体系和内涵，与职业有联系，但不紧密。高等职业学校和高等专科学校专业，兼顾了职业群的要求，建立了专业与职业（职业群）较紧密的联系。大学生除完成专业学习外，还可以跨专业选修课程，以适应自己职业规划的需要。

（3）专业受社会需求发展变化的制约。那种认为“上了大学就有一个好职业”的时代，随着“精英”教育年代的结束而结束了。

（二）专业与职业的关系

专业是学业门类，职业是工作门类，专业与职业之间主要存在以下四种关系。

1. 专业包容职业

在这种情况下，个人的职业发展一直在所学专业的领域内，选择的职业与学习的专业相吻合，能够做到学以致用。

2. 专业为核心，职业包容专业

以专业为核心发展职业，个人的职业发展以所学专业为核心，向外扩展。这种情况下，选择的职业与学习的专业虽然方向一致，但职业发展超出所学专业领域，大学生需要根据自己的职业规划，在学好专业的基础上通过选修、自学提高自己所从事职业的素质。

3. 专业与职业交叉

以专业为基础发展职业，个人的职业发展在所学专业基础上有重点地沿某一方向拓展。所学专业在个人职业发展中仍有重要意义，大学生需要在职业生涯规划的指导下，在学好本专业的基础上，同时辅修或自学自己规划要从事的其他专业课程。

4. 专业与职业分离

个人规划要从事的职业与所学专业基本无关，所学专业的某些方面在个人职业发展中有一定的重要性，但方向并不一致。这时，大学生应尽早调整专业，若为时已晚，应辅修其他专业。

可见，专业和职业之间呈现出复杂的相关关系。如果说，职业理想和就业目标是目的地，那么专业学习就是路线的主要内容。不同的职业需要不同的知识、技能及德、体条件，而不同的知识技能则是专业的主要内容。从经济和效率的角度来看，我们所选择的专业应该是职业目标所需要的知识和技能。

案 例

屠呦呦与青蒿素

20世纪60年代，在氯喹抗疟失效、人们饱受疟疾之害的情况下，中医研究院中药研究所研究实习员屠呦呦接受了国家疟疾防治项目“523”研究任务，并担任中药抗疟组组长，从此与中药抗疟结下了不解之缘。

由于当时的科研设备比较陈旧，科研水平也无法达到国际一流水平，不少人认为这个任务难以完成。屠呦呦却坚定地说：“没有行不行，只有肯不肯坚持。”整理中医药典籍、走访老中医，她汇集了640余种治疗疟疾的中药单秘验方。在青蒿提取物实验药效不稳定的情况下，东晋葛洪《肘后备急方》中对青蒿截疟的记载给了屠呦呦新的灵感。可漫长的寻药过程，也是一次次试错的过程。

通过改用低沸点溶剂的提取方法，富集了青蒿的抗疟组分，屠呦呦团队终于在1972年发现了青蒿素。在发现青蒿素后，屠呦呦继续深入研究以青蒿素为核心的抗疟药物。2019年6月，屠呦呦研究团队经过多年攻坚，在青蒿素“抗疟机理研究”“抗药性成因”等方面取得新突破，提出应对“青蒿素抗药性”难题的切实可行治疗方案，并在“青蒿素治疗红斑狼疮等适应症”“传统中医药科研论著走出去”等方面取得新进展。

2015年，屠呦呦获得诺贝尔生理学或医学奖，后来，她又获得国家最高科学技术奖。对奖项、荣誉，屠呦呦从未刻意追求。年过九旬的她心心念念的，依然是青蒿素。屠呦呦也知道，对青蒿素的研究远远没有结束。随着研究的深入和研究方法的升级，她希望能有更多的新药诞生。“我寄希望于年轻的一代，祝愿他们超越我们，为人类创造一个更加美好的明天。”

【案例分析】

好奇心和兴趣是科学研究的驱动力，但青蒿素的研发历程显示，对国家使命的高度责任感与担当也是一种驱动力。屠呦呦说，中国科技工作者肩负着振兴中华的时代使命，投身于科技创新发展义不容辞，这也是科技工作者的责任与担当。

青年大学生也应该肩负起时代的使命，把职业发展和中华民族伟大复兴结合起来，为祖国的建设贡献自己的一份力量。

探索活动

学生进行课外阅读，然后定期举行读书交流会，探讨这段时间读过的书及感悟。这个活动可以培养读书热情，有助于养成读书学习的好习惯。

参考书目

古代：《西游记》《红楼梦》《水浒传》《三国演义》《儒林外史》《论语》《世说新语》

现代：《围城》（钱钟书）、《家》（巴金）、《骆驼祥子》（老舍）、《子夜》（茅盾）、《红岩》（罗广斌等）、《棋王》（阿城）、《平凡的世界》（路遥）、《创业史》（柳青）、《红旗谱》（梁斌）、《一代风流》（欧阳山）、《李自成》（姚雪垠）、《班主任》（刘心武）、《我们这一代年轻人》（叶辛）、《大墙下的红玉兰》（从维熙）、《许茂和他的女儿们》（周克芹）、《人到中年》（谌容）、《黄河东流去》（李准）、《小巷人物志》（陆文夫）、《芙蓉镇》（古华）、《高山下的花环》（李存葆）、《陈奂生上城记》（高晓声）、《沉重的翅膀》（张洁）、《冬天里的春天》（李国文）、《雪城》（梁晓声）

外国：《简·爱》（夏洛特·勃朗特）、《名利场》（萨克雷）、《呼啸山庄》（艾米丽·勃朗特）、《德伯家的苔丝》（哈代）、《傲慢与偏见》（简·奥斯汀）、《艰难时世》（狄更斯）、《红与黑》（司汤达）、《悲惨世界》（雨果）、《高老头》（巴尔扎克）、《约翰·克利斯朵夫》（罗曼·罗兰）、《战争与和平》《安娜·卡列尼娜》《复活》（列夫·托尔斯泰）、《静静的顿河》（肖洛霍夫）、《罪与罚》（陀思妥耶夫斯基）、《钢铁是怎样炼成的》（奥特洛夫斯基）、《死魂灵》（果戈理）、《飘》（玛格丽特·米切尔）

拓展延伸

大学期间应该学会的九件事

很多同学进入大学后，由于环境的变化、压力的骤减，人一下子变得迷茫起来，失去了前进的动力。这个时候，就需要迅速调整自己，适应新的环境，树立新的方向。因此，大学期间应该学会如下九件事。

一、树立目标，做好规划

一个人不可能在所有方面都获得成功。大学生需要树立真正属于自己的目标，合理规划大学生活。唯有如此，才能真实永远追随自己的心，面对纷繁的世界做出正确的选择和判断。

二、学会交流，推销自我

交流的过程，实际上就是“推销自我，展示自我，获得认可”的过程。交流已经成为人们必备的基本素质，无论身在大学还是将来走向社会。

三、学会做事，提高效率

效率很重要，但效能更重要。正确做事很重要，但更重要的是做正确的事。

四、学会读书，多读好书

书，谁都会读，但关键是如何读。回顾我们的读书生涯，大多是走马观花、浅尝辄止。在网络时代，我们缺乏古人“头悬梁、锥刺股”的读书精神，习惯读书时“从厚到薄”，却忽略了“由薄到厚”的基本功。

五、提出问题，解决问题

平时我们与人交谈，常常会觉得某人很有思想，谈吐不凡，其实他只是掌握了“提出问题，解决问题”的方法。

六、时间管理，掌控时间

想必每个人都能认识到时间的重要性。学会时间管理，有效掌控时间，才能保证大学生涯不会虚度。

七、学会减压，自我调节

做事不可能一蹴而就，难免会遇到失败和挫折。这个时候，就需要适当调节自我，应对压力。

八、勤劳奋斗，积极进取

一分耕耘，一分收获。只有付出辛劳的汗水，才能够收获甜蜜的果实。只有不断进取，不断追求，才能真正发挥主体精神，从而走上成功之路。

九、学会执行，重在行动

“想到”很重要，但更重要的是“做到”，不要做思想的巨人、行动的侏儒。对一个人来说，“想到”是一回事，“做到”却是另外一回事。“学会执行，重在行动”与其说是我们应该学会的一件事，倒不如让其成为我们的座右铭。

课后练习

1．明确你大学各年级的主要任务。
2．确定你大学各年级的学习目标。
3．你将如何规划你的大学学业？

模块四

自我认知

引导案例

小李在一所高职院校上大二，就读环境监测技术专业。入学后，她发现该专业鲜有女生报考，专业老师也在入学教育中提到该专业可能存在就业性别差异。尽管如此，她仍努力学习，并准备考取相关职业技能证书。同时，她对英语比较感兴趣，已经通过了英语四级，准备继续报考英语六级；她口语不错，曾在一家英语幼教机构有过兼职经历，也比较喜欢和孩子们打交道。她对人文、历史都很感兴趣，还喜欢旅游，因为可以到不同的地方，见识新鲜的人和事，她在网上也自学了一些这方面的课程。小李自认为是一个“外向型”性格的女孩，她加入了学校的各种社团，组织和参加了多项活动，周围的人都认为她热情、很有亲和力、善良而富有同情心。

小李虽然成绩不错，综合能力也比较强，但她对自己的职业发展比较困惑。大三面临着实习与就业，她到底是选择专业对口的工作，还是选择自己感兴趣的其他工作呢？如果选择其他工作，大学的专业学习是否会浪费？她是否需要通过专升本来进一步提升自己的专业竞争力呢？这些问题都困扰着她。

点评：职业兴趣的建立与培养，是一个人从事某种职业并且取得一定成绩的基础和前提。它的形成与个人性格、个人能力、实践经验、客观环境，以及职业趋势有着密切的关系。职业兴趣与所学专业不匹配也是大学生常常面临的问题。因此，大学生要理性认识自我，积极探索职业兴趣。

教学目标

知识目标：了解自我认知的概念和原则；熟悉自我认知的方法；了解兴趣、性格、能力、价值观的基本知识。

能力目标：掌握自我认知的方法；学会培养自己的兴趣爱好；掌握认识职业性格的方法；正确认识自己的职业能力；正确认识价值观的重要性。

知识链接

一、自我认知概述

（一）自我认知的概念

自我认知是指个体对自己的洞察和理解，包括自我观察和自我评价两个方面。自我观察是指对自己的感知、思维和意向等方面的觉察；自我评价是指对自己的想法、期望、行为及人格特征的判断与评估。

恰当地认识自我、实事求是地评价自己，是做好职业生涯规划的关键，也是自我调节和人格完善的重要前提。大学生进行自我认

扫一扫

正确地认识自我

知时，应遵循以下几个原则。

（1）适当性原则。自我认知应该适当，既不看低自己也不高估自己。

（2）全面性原则。进行自我认知时，我们要全面而正确地反映自己的整体素质状况。

（3）客观性原则。进行自我认知时，我们要以客观事实作为基础和依据。

（4）发展性原则。进行自我认知时，我们应该以发展变化的眼光看待自己。

（二）自我认知的内容

个体进行自我认知时，我们需要对自己的兴趣、性格、能力和职业价值观进行评估，这些将在后面内容进行详细介绍。

（三）自我认知的方法

自我认知的方法很多，大学生可用橱窗分析法、SWOT 分析法和测试法等进行自我认知。

1. 橱窗分析法

心理学家把对个人的了解比成一个橱窗。为了便于理解，我们可以把橱窗放在一个直角坐标中加以分析，如图 1-4-1 所示。横轴的正向表示别人知道，负向表示别人不知道；纵轴的正向表示自己知道，负向表示自己不知道。

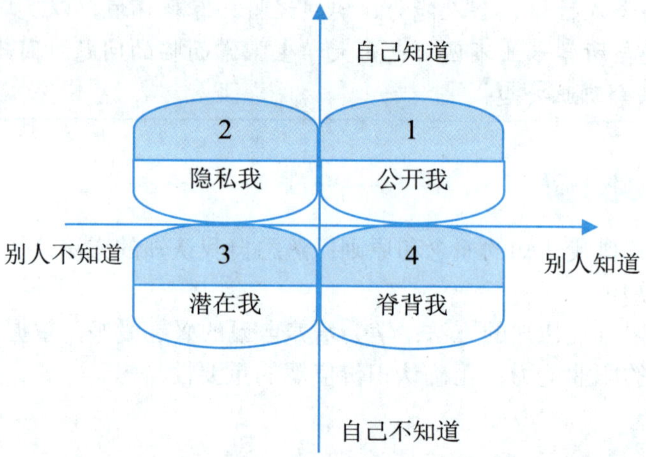

图 1-4-1　坐标橱窗

在上述坐标中，橱窗 1 为自己知道、别人也知道的部分，称为“公开我”，属于个人展现在外、无所隐藏的部分；橱窗 2 为自己知道、别人不知道的部分，称为“隐私我”，属于个人内在的私有秘密部分；橱窗 3 为自己不知道、别人也不知道的部分，称为“潜在我”，是有待开发的部分；橱窗 4 为自己不知道、别人知道的部分，称为“脊背我”，就如一个人的背部，自己看不到，别人却看得很清楚。

通过四个橱窗的含义可知，在进行自我认知的时候，我们重点是了解橱窗 3 和橱窗 4 这两部分。

课堂讨论

请你身边的亲朋好友用 5 个词来形容一下你是一个什么样的人，至少询问 10 人。询问可以通过面谈、电话、QQ 或微信、微博等形式进行。

2. SWOT 分析法

SWOT 分析法是 20 世纪 80 年代初由旧金山大学的管理学教授韦里克提出来的。SWOT 四个英文字母分别代表：优势（Strength）、劣势（Weakness）、机会（Opportunity）、威胁（Threat）。所谓 SWOT 分析，即态势分析，就是将与研究对象密切相关的各种主要内部优势、劣势、机会和威胁等通过调查列举出来，并依照矩阵形式排列，然后用系统分析的思想，把各种因素相互匹配起来加以分析，从中得出一系列相应的结论，而结论通常带有一定的决策性。

扫一扫

SWOT 分析法

SWOT 分析是检查一个人的技能、能力、职业、喜好和职业机会的有用工具。如果我们对自己做一个细致的 SWOT 分析，就会很明了地知道自己的个人优点和弱点在哪里，并且仔细地评估出自己所感兴趣的不同职业道路的机会和威胁所在。一般来说，求职者在进行 SWOT 分析时，应遵循以下四个步骤：① 评估自己的优势和劣势；② 找出自己的职业机会和威胁；③ 提纲式地列出今后五年内自己的职业目标；④ 提纲式地列出一份今后五年的职业行动计划。

3. 测试法

测试法包括自我测试法和计算机测试法两种。

（1）自我测试法。自我测试法是通过回答有关问题来认识自己、了解自己，是一种比较简单、易操作的自我认知法。测试题目由心理学家们经过精心研究设定，只要如实回答，就能了解自己的有关情况。在回答问题时，我们切忌寻找标准答案，而应该是自己怎么想、怎么认识就怎么回答，这样的测试才有实际意义。

（2）计算机测试法。计算机测试法是一种了解自己、认识自己的现代测试方法，科学性、准确性相对较高。目前，国内外比较常用的计算机测试法有人格测试、智力测试、能力测试、职业倾向测试。

二、兴趣

（一）兴趣的概念

兴趣是人们力求认识、掌握某种事物，并经常参与该活动的心理倾向，是人们积极探究某种事物的认识倾向。例如，你对某种职业感兴趣，就会对该职业活动表现出肯定的态度，并积极思考、探索和追求。

（二）兴趣的分类

根据不同的分类标准，兴趣可以分为不同的种类。

1．物质兴趣和精神兴趣

物质兴趣主要指人们对舒适的物质生活（如衣、食、住、行方面）的兴趣和追求；精神兴趣主要指人们对精神生活（如学习、研究、文学艺术、知识）的兴趣和追求。

2．直接兴趣和间接兴趣

直接兴趣是指对活动过程的兴趣；间接兴趣主要指对活动过程所产生的结果的兴趣。直接兴趣和间接兴趣是相互联系、相互促进的，只有把直接兴趣和间接兴趣有机地结合起来，才能充分发挥一个人的积极性和创造性，才能持之以恒，取得成功。

3．个人兴趣和社会兴趣

个人兴趣是个体以特定的事物、活动及人为对象，所产生的积极的、带有倾向性和选择性的态度和情绪；社会兴趣指社会成员对某一领域的普遍兴趣，或社会某一领域对社会成员的普遍需求。

（三）职业兴趣对大学生就业稳定的作用

扫一扫

兴趣对职业生涯很重要

探索职业兴趣是一个目标管理的过程。职业兴趣不是单纯地依靠学校的学习过程获得的，而是更多地潜在于社会活动中。我们简单地从优势学科中去探索职业兴趣，往往是不得其解的。正如你很喜欢哲学但未必愿意做哲学研究一样，有一天，由于你优异的成绩被保送读哲学博士，或许你会发现，这根本不是你想要的职业。

职业兴趣必须接受价值观的考验才能明确其倾向的适应度。例如，有一个女孩非常期望成为一名歌手，但她的父母期望她学习服装设计，她很不解。原来，她喜欢的不是歌手的职业，而是喜欢有掌声的生活，受职业兴趣之价值观的影响，她更渴望获得别人的认可而已。评估其美术能力与演唱能力，前者更有优势；评估未来成就事业的难易程度，显然服装设计师的机会更多。当这个女孩懂得了做服装设计师同样可以获得掌声的时候，也就坚定了她的专业方向。

我们发现自己的职业兴趣，不仅能促使自己获得目标管理能力，还能督导培养自己的专业习惯，以应对未来的职业需要。我们早期获得职业兴趣方向，就能规避日后就业过程中的盲目性和不稳定性，早日进入职业发展阶段，成为自我满意的人。

三、性格

（一）性格概述

1．性格的概念

性格是指由人对客观现实的稳定态度和行为方式中经常表现出来的稳定倾向。性格是一个人对现实的态度及与之相适应的习惯化的行为，是个性心理特征中最重要的方面，它通过人对事物的倾向性态度、意志、活动和言语等方面表现出来，是人的主要个性特点即心理风格的集中体现，如大公无私、勤劳、勇敢、自私、懒惰、沉默和懦弱等，都反映了自身的性格特点。

2．性格的基本特征

性格的基本特征表现在以下几个方面。

（1）性格的态度特征，表现为个人对现实的态度的倾向性。例如，对社会、集体和他人的态度，对劳动、工作、学习的态度及对自己的态度等。

（2）性格的理智特征，表现为心理活动过程方面的个体差异。例如，在感知方面，是主动观察型还是被动感知型；在思维方面，是具体罗列型还是抽象概括型；在想象力方面，是丰富型还是贫乏型等。

（3）性格的情绪特征，表现为个人受情绪影响或控制情绪程度的状态。例如，个人受情绪感染和支配的程度，情绪受意志控制的程度，情绪反应的强弱、快慢，情绪起伏波动的程度，主导心境的性质等。

（4）性格的意志特征，表现为个人自觉控制自己的行为及行为努力程度方面的特征。例如，个人是否具有明确的行为目标，能否自觉调适和控制自身行为，在意志行动中表现出的是独立性还是依赖性，是主动性还是被动性，是否坚定、顽强、忍耐、持久等。

扫一扫

《西游记》师徒四人职业性格分析

（二）性格的类型

性格的类型是指一类人身上所共有的性格特征的独特结合。由于性格结构的复杂性，在心理学的研究中至今还没有大家公认的性格类型划分的原则与标准。以下是几种具有代表性的关于性格的类型的观点。

1．以心理机能优势分类

这是英国的培因和法国的李波特提出的性格类型的分类法。他们根据理智、情绪、意志三种心理机能在人的性格中所占优势不同，将人的性格分为理智型、情绪型、意志型。理智型的人通常以理智来评价周围发生的一切，并以理智支配和控制自己的行动，处事冷静；情绪型的人通常用情绪来评估一切，言谈举止易受情绪左右，这类人最大的特点是不能三思而后行；意志型的人行动目标明确，主动、积极、果敢、坚定，有较强的自制力。除了这三种典型的类型外，还有一些混合类型，如理智—意志型，在现实生活中大多数人都是混合型。

2．以心理活动的倾向分类

这是瑞士心理学家荣格的观点。荣格根据一个人里比多的活动方向来划分性格类型，里比多指个人内在的、本能的力量。里比多活动的方向可以指向内部世界，也可以指向外部世界。前者属于内倾型，其特点是处事谨慎，深思熟虑，交际面窄，适应环境能力差；后者为外倾型，其特点是心理活动倾向于外部，活泼开朗，活动能力强，容易适应环境的变化。

3．以个体独立性程度分类

美国心理学家威特金等人根据场的理论，将人的性格分成场依存型和场独立型。场依存型者倾向于以外在参照物作为信息加工的依据，他们易受环境或附加物的干扰，常不加批评地接受别人的意见，应激能力差；场独立型的人不易受外来事物的干扰，更多地习惯利用内在参照即自己的认识，他们具有独立判断事物、发现问题和解决问题的能力，而且应激能力强。这两种类型的人是按两种对立的认知方式进行工作的。

4. 以人的社会生活方式分类

德国的心理学家斯普兰格从文化社会学的观点出发，根据人认为哪种生活方式最有价值，把人的性格分为六种类型，即经济型、理论型、审美型、宗教型、权力型和社会型。

四、能力

（一）能力概述

能力是直接影响活动效率，使活动、任务得以完成的个性心理特征，是那些与活动的要求相符合、能保证活动顺利完成的稳定的心理特征的综合。我们通常说一个人解决问题速度快、任务完成质量高，就是指这个人的能力强。

能力总是和人的活动联系在一起，是在具体活动中体现出来的，能力是顺利完成活动的一种必备的心理条件，如感觉力、观察力、记忆力、想象力、思考力和操作力等，人的能力有两种含义：① 人的实际能力；② 人的潜在能力。

（二）能力的分类

根据不同的分类标准，能力可以分为不同的种类。

1. 一般能力和特殊能力

一般能力是指在不同种类的活动中表现出来的能力，包括注意力、想象力、观察力、思考力、记忆力和创造力等；特殊能力是指在某种专业活动中表现出来的能力，是顺利实现某种专业活动的心理条件。

2. 认知能力、操作能力和社交能力

认知能力是指人脑加工、储存和提取信息的能力，即人们常说的智力；操作能力是指人操作自己的肢体以完成各项活动的能力；社交能力是人们在社会交往活动中表现出来的能力。

3. 模仿能力和创造能力

模仿能力是指人们通过观察别人的行为、活动来学习各种知识，然后以相同的方式做出反应的能力；创造能力是指产生新的思想和新的产品的能力。

4. 流体能力和晶体能力

流体能力是指信息加工和问题解决过程中所表现的能力，如对关系的认识、类比和演绎推理能力等，它取决于个人的禀赋，较少依赖文化和知识内容；晶体能力是指获得语文、数学知识的能力，它取决于后天的学习，与社会文化有密切的关系。

（三）能力与知识、技能的关系

1. 能力与知识、技能的区别

知识和技能是能力的基础，只有那些能够广泛应用和迁移的知识和技能，才能转化为能力；能力不仅包含了一个人现在已经达到的成就水平，而且包含了一个人具有的潜力。

例如，一个读了很多书的人，可能有较丰富的知识，但在解决实际问题时，却显得能力低下，这说明他的知识只停留在书本上，既不能广泛迁移，也不能用来解决实际问题，可见，知识、技能与能力是有区别的。

2. 能力与知识、技能的联系

（1）能力是掌握知识和技能的必要前提。能力的高低直接影响着掌握知识、技能的难易、速度和程度，也决定着对知识、技能的运用及解决问题的程度。

（2）知识和技能是形成能力的基础。一个人掌握一定的知识和技能，同时也会促进能力的提高。某种水平的知识、技能为高水平能力的发展开辟了新的可能。

（3）具有同等水平的知识、技能的人，不一定具有同等水平的能力。学历、文凭只反映一个人具备了一定的一般知识和技能或某种专业知识和技能，并不反映其具备从事特定专业的特殊能力。在人才测评中，我们不能把文凭和能力画等号，否则就混淆了知识和能力的界限。

能力是掌握知识、技能的前提，又是掌握知识、技能的结果，两者是互相转化、互相促进的。正确理解能力与知识、技能的关系，有助于大学生科学地掌握知识、培养技能和发展能力，这对社会进步和个人发展具有重要意义。

五、职业价值观

（一）价值观概述

1. 价值观的概念

价值观是指一个人对周围的客观事物（包括人、事、物）的意义、重要性的看法和评价。价值观，一方面表现为价值取向、价值追求，凝结为一定的价值目标；另一方面表现为价值尺度和准则，成为人们判断客观事物有无价值及价值大小的评价标准。

2. 价值观的特点

价值观具有相对稳定性和持久性的特点，在特定的时间、地点和条件下，人们的价值观总是相对稳定和持久的。人们对某种事物的好坏总有一个看法和评价，在条件不变的情况下这种看法不会改变，但随着其经济地位的改变及人生观和世界观的改变，其价值观也会随之改变。

3. 价值观的分类

价值观分为普适性价值观和特定性价值观。人们追求真善美为价值取向的观念是普适性价值观；而个体对周围的客观事物（包括人、事、物）的意义、重要性的看法和评价是特定性价值观。

4. 价值观的作用

价值观对人自身行为的定向和调节起着非常重要的作用。价值观决定人的自我认识，它直接影响和决定一个人的理想、信念、生活目标和追求方向的性质。价值观的作用主要表现在两个方面。

（1）价值观对动机有导向的作用，人们行为的动机受价值观的支配和制约，价值观对动机模式有重要影响。在同样的客观条件下，具有不同价值观的人，其动机模式不同，产生的行为也不相同。只有那些经过价值判断被认为是可取的价值观，才能转换为行为的动机，并以此为目标引导人们的行为。

（2）价值观反映人们的认知和需求状况，价值观是人们对客观世界及行为结果的看法和评价，它从某个方面反映了人们的世界观和人生观，反映了人的主观认知世界。

（二）价值观评定

价值观是一个相对宽泛而抽象的概念，对学生的价值观进行评价并非易事。一方面，价值观涵盖领域广，评价目标较难具体化，需要对外显行为进行合理性推断；另一方面，价值观形成或改变所需时间长，影响范围广，不易改变，较难找到有效的改善方法。价值观的评定目前还没有明确的标准，一般来说，价值观的评定内容包括以下几个方面。

1. 对知识价值的看法

随着科学技术的快速发展，人类进入了知识爆炸时代，学生所面临的学习量越来越大。所学的知识内容与实际生活是否相关、是否具有现实价值和意义，影响着学生对所学知识价值的认识。如果我们的学生费尽心思学到的是些与现实不相干的纯理性化、理想性的东西，在现实中根本找不到它们的价值所在，学生就很有可能形成知识无用的观念。这种观念一旦形成，不仅会威胁到教师教学的有效性，更会影响到学生日后相关的学习活动。因而，了解学生如何看待所学知识的价值具有切实的意义。

2. 对学习活动目标的认识

目前，很多学生处于为学习而学习的状态下，对学习活动的目的缺乏明确的认识。了解学生对学习活动目的的认识情况，可有效改善学生的学习观念。教师在制订明确的学习目标的同时，也必须了解学生对该学习目标的认识状况，这样才能真正有效地达成目标。

3. 对学业要求的认同

目前许多学者的调查结果都显示，当前学生的学业压力非常大，许多学生由此产生对学习活动的厌倦和惧怕。导致这种情况的很重要的一个原因是教师或父母对学生的学业要求过高、过严，抱有太高的期望值，没有考虑学生自身的情况，特别是他们对自己学业的要求是否与教师、父母认定的要求相同。学生对教师、父母所认定的要求不认同，或者认为不合适、不必要，或者认为根本就不可能达到时，就会直接影响到他们的学习动力、学习行为和学习的实际成效。

4. 对培养自我学习能力意义的理解

社会越进步，竞争的压力越大，就越需要个体持续不断地进行学习，甚至终生学习。这就有必要提升学生的自我学习能力，让他们学会自我管理、自我规划和自我调节。学生对自我学习意义的理解往往决定了其是否愿意进行这方面的训练，培养自身主动、独立学习的能力，养成自主学习的习惯，从而对个体的学习行为产生实质性影响。

5. 对外在世界的看法

无论多小的学生，都生活在社会化的大环境中，也都有自己眼中独特的世界。他们通过接触各类媒体，各类不同品性、生活方式的人，从而会形成自己对外在世界的独到看法和稳定的内在观念。教师要了解学生的价值观状况，就有必要了解学生对外在世界的真实想法，从而能更好、更有针对性地改善学生的实际情况。

案 例

小方是某学院市场营销专业的学生。入学之初，她在就业指导老师的帮助下开始探索自己的职业兴趣。她非常喜欢和人打交道，希望将来能够从事管理或销售类的工作。为了实现自己的目标，小方在大学期间还加入了学校的话剧社团。在话剧社团，她被大家选为团长，并组织了多项社团活动，带领话剧社团获得了多项荣誉，受到了学院老师和同学们的一致好评。

大三上学期，小方参加了校园招聘会，并收到了两家单位发来的录用通知书。其中，一家单位是外企，为她提供的岗位是销售；另一家单位是民营制造企业，为她提供的岗位是品牌策划。经过考虑，小方选择了外企的销售岗位，并在大三下学期来到这家外企参加顶岗实习。可是，工作了一段时间后，小方发现，这家外企的管理模式、文化理念与自己的想象、价值观并不一样，这让她很不适应。于是，小方决定放弃这份工作。

【案例点评】

小方是众多因为个人与企业氛围格格不入而辞职的毕业生中的典型代表。由此可知，个人的价值观在就业中具有非常重要的意义，我们在职业规划中认识自己的价值观是至关重要的。

探索活动

职业兴趣探索——六岛环游

活动目的：

加强自我认知，找到感兴趣的职业，从而合理确立职业生涯目标。

活动要求：

1. 仔细阅读以下材料，选择你希望靠岸的岛屿。

假设在你度假的途中，你所乘坐的轮船突然发生了意外故障，必须紧急靠岸。这时候，轮船正好处于下列 6 个岛屿的中间，你希望选择哪一个岛屿靠岸？要知道，这些岛屿只能通过轮船与外界联系。而由于天气原因，今后至少半年内船只都无法出航，而且你还要等待境外的轮船运送人员和器材前来维修你所乘坐的轮船。因此一旦靠岸，你可能需要在这个岛上待很长一段时间（至少一年）。

A 岛：美丽浪漫的岛屿。岛上充满了美术馆、音乐馆，弥漫着浓厚的艺术文化气息。同时，当地的原住居民还保留了传统的舞蹈、音乐与绘画，许多文艺界的朋友都喜欢来这里寻找灵感。

I 岛：深思冥想的岛屿。岛上人迹较少，建筑物多僻处一隅，绿野平畴，适合夜观星象。岛上有多处天文馆、科技博物馆及科学图书馆等。岛上居民喜好沉思、追求真知，喜欢和来自各地的哲学家、科学家和心理学家等交流心得。

C 岛：现代井然的岛屿。岛上建筑十分现代化，是进步的都市形态，以完善的户政管理、地政管理和金融管理见长。岛民个性冷静保守，处事有条不紊，善于组织规划。

R 岛：自然原始的岛屿。岛上保留有热带的原始植物林，自然生态保护得很好，也有相当规模的动物园、植物园、水族馆。岛上居民以手工见长，自己种植花果蔬菜、修缮房屋、打造器物和制作工具。

S 岛：温暖友善的岛屿。岛上居民个性温和、十分友善和乐于助人，社区间连成一个密切互动的服务网络，人们互助合作，重视教育，弦歌不辍，充满人文气息。

E 岛：显赫富庶的岛屿。岛上居民热情豪爽，善于企业经营和贸易。岛上的经济高度发展，处处是高级饭店、俱乐部和高尔夫球场。来往岛上者多是企业家、经理人、政治家和律师等，衣香鬓影，夜夜笙歌。

（1）你最希望选择哪一个岛屿靠岸？____________

（2）假设你必须选择三个岛，你最想去的岛排第一位，第二想去的排第二位，第三想去的排第三位，将这三个岛屿的字母代码从左到右列出来：____________

2．从你选择的岛屿中，可以看出你的性格特点、职业兴趣与能力，并得出对应的职业，如表 1-4-1 所示。

表 1-4-1　岛屿解析

岛屿	性格特点	职业兴趣与能力	对应职业
A	有创造性、非传统、敏感、容易情绪化、较冲动、不服从指挥	喜欢要求具备艺术修养、创造力、表达能力和直觉，并将其用于语言、行为、声音、颜色和形式的审美、思索和感受类的工作，并具备相应能力；不善于事务性工作	艺术方面（演员、导演、艺术设计师、雕刻家、建筑师、摄影师、广告制作人）；音乐方面（歌唱家、作曲家、乐队指挥）；文学方面（小说家、诗人、剧作家）
I	坚持性强、有韧性、喜欢钻研、为人好奇、独立性强	喜欢智力的、抽象的、分析的、独立的定向任务，要求具备智力或分析才能，并将其用于观察、估测、衡量、形成理论、最终解决问题的工作	科学研究人员、教师、工程师、电脑编程人员、医生、系统分析员
C	有责任心、依赖性强、高效率、稳重踏实、细致、有耐心	喜欢要求注意细节、精准、有系统有条理、具备记录、归档、根据特定要求或程序组织数据和文字信息的职业，并具备相应能力	秘书、办公室人员、记事员、会计、行政助理、图书馆管理员、出纳员、打字员、投资分析员

表 1-4-1（续）

岛屿	性格特点	职业兴趣与能力	对应职业
R	感觉迟钝、不讲究、谦逊、踏实稳重、诚实可靠	喜欢使用工具，需要基本操作技能的工作；对与物件、机器、工具、运动器材、植物、动物相关的职业有兴趣，并具备相应能力	技术型职业（计算机硬件人员、摄影师、制图员、机械装配工）；技能型职业（木工、厨师、技工、修理工、农民、一般劳动）
S	为人友好、热情、善解人意、乐于助人	喜欢要求与人打交道的工作，能不断结交新朋友，从事提供信息、启迪、帮助、培训、开发或治疗等事务，并具备相应能力	教育工作者（教师、教育行政人员）；社会工作者（咨询人员、公关人员）
E	善辩、精力旺盛、独断、乐观、自信、好交际、机敏、有支配愿望	喜欢要求具备经营、管理、劝服、监督和领导才能，以实现机构、政治、社会及经济目标的工作，并具备相应能力	项目经理、销售人员、营销管理人员、政府官员、企业领导、法官、律师

（1）根据上述表格，找出与你之前选择的三个岛屿代码相匹配的性格及职业有哪些。

（2）上述性格及职业是否与你本人实际的兴趣和能力相匹配？若不匹配，请找出与你相匹配的性格与职业。

拓展延伸

对职业兴趣的认识误区

明确个人的职业兴趣是职业生涯规划的重要依据之一。大学生在寻找职业兴趣的过程中要避免以下几个错误观念。

1. 把简单的喜欢、感兴趣当作是职业兴趣

有些人看了几本小说，就认为自己应当去从事作家职业；有些人喜欢打游戏，就觉得自己应该去学计算机。而真的接触这些专业时，你却发现并不合适。职业兴趣是要与将来的工作相关的，只有想清楚自己要从事什么样的具体工作，并对工作的内容、职责和性质等有所了解，且乐于准备可以达到工作要求的知识技能时，才谈得上是真正的职业兴趣。

2. 从事自己感兴趣的工作，就意味着轻松愉快

做自己感兴趣的工作是快乐的，甚至可以激发工作热情，但不一定轻松。实际上，不管任何职业都要付出努力和辛劳才能取得成就、做出成绩。另外，有的时候坚持自己的职业兴趣，还要付出经济报酬和社会地位的代价，毕竟不是所有人都会对待遇高、地位高的职业感兴趣。

扫一扫

要不要把兴趣发展为事业

3. 不是自己感兴趣的工作就不做

能从事自己感兴趣的职业是每个人的理想，但职业选择除了兴趣以外，还要综合考虑性格、能力等问题，这也是理想与现实的差距和矛盾。有调查显示，有超过60%的大学生正在就读自己不喜欢的专业，有50%的职场人正在做着自己不感兴趣的工作。但由于各种原因，大家也只能面对现实。因此，很多人需要在现实中追求自己的理想，立足于现实，把自己不喜欢的工作做好，并在这个过程中培养兴趣、积累技能，寻找新的机会。

课后练习

1. 自我认知应该遵循哪些原则？
2. 简述SWOT分析法的步骤。
3. 简述能力、知识与技能三者之间的关系。
4. 价值观的评定包括哪些内容？
5. 请根据要求完成下面的性格测试。

请你根据左侧的内容，实事求是地评价自己，并在右侧圈出相应的字母。

项　目	是	中	否
（1）你喜欢与人辩论吗？	A	B	C
（2）在爱情上你浪漫吗？	A	C	X
（3）你做事喜欢尽善尽美吗？	A	C	B
（4）与别人相处时你能够忍让吗？	C	A	X
（5）你有可能成为所在单位的领导吗？	V	A	C
（6）朋友们认为你待人热情吗？	V	C	Z
（7）你羡慕英雄吗？	V	A	M
（8）你是一个明智的人吗？	M	X	B
（9）你能舍己救人吗？	C	Z	M
（10）你的想法、判断、爱好常常很极端吗？	V	B	C
（11）你善于交际吗？	A	M	B
（12）对你来说人格比利益更重要吗？	C	M	X
（13）你的异性朋友认为你是一个多疑的人吗？	B	Z	V
（14）你对任何事情都满怀希望吗？	B	Z	M
（15）遇到急事你能三思而行吗？	M	X	B
（16）朋友困难时你会慷慨解囊吗？	C	A	X
（17）你的同事认为你富有想象力吗？	A	B	X
（18）你的上级认为你的理解能力强吗？	C	Z	B
（19）你的朋友认为你是一个主持公道的人吗？	C	M	A
（20）独处时你常常陷入对未来的幻想之中吗？	V	A	M

（21）你对任何事都抱着求实的态度吗？	M	X	A
（22）你愿将财产献给认为正当的事业吗？	V	A	X
（23）你是否对任何事情都爱发表不同的意见？	V	A	Z
（24）你有能力参加许多业余活动吗？	V	Z	X
（25）遇到不公平的事，你能控制你的感情吗？	A	B	M
（26）在成功希望很小时你会铤而走险吗？	V	A	B
（27）你喜欢从理论上论述他人认为不可能的事吗？	C	B	M

计算你圈出的每种字母的个数。

（1）得 11 个以上 A 者的评价。你可能雄心勃勃，凡事尽可能做得尽善尽美，你喜欢去干一些可望而不可即的事情。可能由于你对某些事情了解不够，因而很容易见异思迁，较缺乏持之以恒的精神，往往会落个“竹篮打水一场空”的结果。你较喜欢夸夸其谈，缺少一些求实精神，因此总是摆脱不了失败的阴影。你应该面对现实，脚踏实地地去努力，你的雄心大志才能早日实现。

（2）得 9 个以上 B 者的评价。你是一位理想主义者，但是你缺乏必要的知识，性格也略显急躁。你有兴趣，也有一些经验，但虚荣心较强。你喜欢过平凡人的生活，但似乎缺少点热情和冲动。你是一个好人，信奉“各人自扫门前雪”，你应该正确认识自己，勉励自己不断进取，为社会尽可能多做一点贡献。

（3）得 9 个以上 C 者的评价。你为人热情，富于想象力，很诚恳，很浪漫，富有正义感、人情味和求实精神。你能审时度势、实事求是、爱思考，喜欢生活在和睦、舒畅和富有创造力的环境之中。你有较多的知心朋友。你是一位幸运者，你为他人，他人为你，你会愉快而满足地走完人生之路。

（4）得 8 个以上 M 者的评价。你生活的准则是实用和安全，你对生活中的任何问题都能应付自如。你渴望得到关怀和同情，你对人生充满信心。同时，你并不沉溺于任何幻想和空洞的假象之中，你总是从生活中总结经验教训，并能影响你周围的人。

（5）得 7 个以上 V 者的评价。你很有才气，很有理想。你往往能尽一切努力去实现自己的理想。但有时当你完全沉浸在幸福之中时，你会得意忘形。你能在胜利时乘胜追击，但一定要注意不要在逆境自暴自弃。你有能力调动周围人的干劲，但不要脱离群众，否则极可能一事无成。

（6）得 7 个以上 X 者的评价。你是一个很忠实的人，你对自己、对他人都始终如一；你不富于幻想，也不狂热，相对保守，对外界的事情反应不够灵敏。机会对你十分重要，如果你能抓住机会把自己推销出去，你会获得成功；反之，有可能平平而过。

（7）得 5 个以上 Z 者的评价。你很忠诚，但缺乏变通性。你很冷静，但较固执。你喜欢有人来指挥你，不太愿意自己靠自己。你是一个平常的人，生活也较平静。如果要有所作为，你可能要重新塑造自我。

模块五

职业认知

引导案例

1999 年，我国颁布了第一部《中华人民共和国职业分类大典》，填补了我国职业分类的空白。2015 年，我国颁布了新修订的《中华人民共和国职业分类大典》，与 1999 版（含 2005 年版、2006 年版、2007 年版增补本）相比，增加了 9 个中类和 21 个小类，减少了 205 个职业，取消了 342 个“其他”余类职业。2019 年，我国向社会发布了人工智能工程技术人员、物联网工程技术人员、大数据工程技术人员、云计算工程技术人员等 13 个新职业信息。

随着经济社会发展、科技进步和产业结构调整升级，新的职业在不断出现，旧的职业也在消亡。收购员、BP 机寻呼员、话务员、钢笔修理师……这些一度工资高、有技术含量、受人尊敬的职业如今在产业调整、技术升级的大背景下走向没落；而数字化管理师、建筑信息模型技术员、电子竞技运营师、电子竞技员、无人机驾驶员、物联网安装调试员、工业机器人系统操作员等职业因为市场需求旺盛、入职门槛高而成为择业时的“香饽饽”。

点评： 职业的产生受社会分工的制约。新职业的产生和旧职业的消亡，说明了职业不是从来就有的，它是在人类社会出现分工之后产生的一种社会现象，社会分工的发展决定和制约着职业的产生和发展。

教学目标

知识目标： 了解职业的特点、分类和发展趋势；掌握应具备的基本职业素质。

能力目标： 正确认识职业，了解自身所缺乏的职业素质，在今后的学习生活中不断提升自身的职业素质。

知识链接

一、职业概述

劳动创造了人，也产生了职业。社会的发展进程表明，职业不是从来就有的。职业是在人类社会出现分工之后产生的一种社会历史现象，是一种以社会分工和劳动分工为纽带的社会形式和社会关系。

职业通常具备以下要素。

（1）职业名称：职业的符号特征，它一般是由社会通用的称谓来命名的。

（2）职业主体：从事一定社会分工活动的劳动者，必须具有承担该职业活动所需要的资格和能力。

（3）职业客体：职业活动的工作对象、内容、劳动方式和场所等。

（4）职业报酬：通过职业活动所取得的各种报酬。

（5）职业技术：劳动者在从事职业活动中所运用的自然技术、社会技术与思维技术。

二、职业分类

所谓职业分类，就是采用一定的标准和方法，根据一定的分类原则，对从业人员所从事的各种专门化的社会职业所进行的全面系统的划分与归类，它是一个国家形成产业结构概念和进行产业结构、产业组织及产业政策研究的基础，对于社会各个行业的发展有着十分重要的意义。任何一个国家的职业分类都影响并制约着其国民经济各部门管理活动的成效。我国是人力资源大国，合理开发、利用和综合管理社会劳动力，提高劳动者的素质对于民族的兴旺、国家的繁荣有重大意义。

职业一般可以分为六种基本类型：技能型、研究型、艺术型、经营型、社交型和事务型。

（一）技能型

技能型的人愿意从事操作性工作，他们动手能力强、动作协调，偏好于执行具体任务，不善言辞、做事保守、较为谦虚，缺乏社交能力，通常喜欢独立做事。他们的性格特点通常表现为谦逊、踏实稳重和诚实可靠。

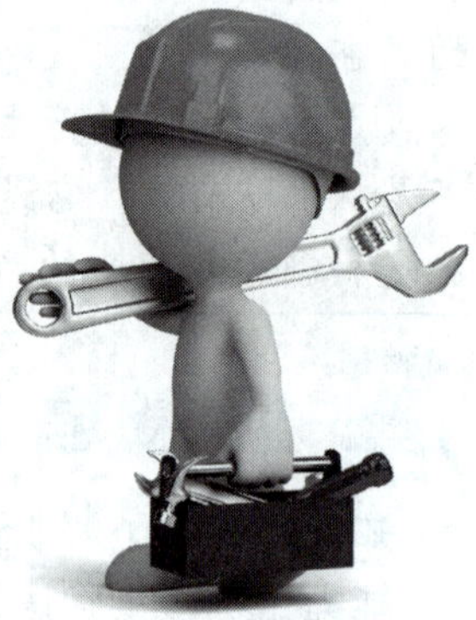

技能型的人一般从事的是需要基本操作技能的工作，通常都是与物件、机器、工具、运动器材、植物和动物相关的，或是具有机械方面才能、体力的职业，如摄影师、制图员、机械装配工、木匠、厨师、技工、修理工和农民等。

（二）研究型

研究型的人具有较强的抽象思维能力和求知欲，喜欢独立性的和富有创造性的工作，他们知识渊博，但不善于领导他人，喜欢不断探讨未知的领域。他们的性格特点一般表现为有韧性、喜欢钻研、好奇心强和独立性强。

研究型的人喜欢智力的、抽象的定向任务，具备一定的分析才能，并善于将分析结果运用于观察、估测和衡量中，最终形成理论并解决实际问题。研究型的人一般多从事科学研究员、教师、工程师、电脑编程人员、医生和系统分析员等工作。

（三）艺术型

艺术型的人具有一定的艺术才能，他们渴望表现自己的个性，乐于创新，做事较为理想化、追求完美和不重实际。他们的性格特点一般表现为敏感、容易情绪化、较冲动和不服从指挥等。

艺术型的人喜欢从事能够发挥他们的艺术修养、创造力和表达能力的工作，并将这些艺术素养在工作中体现出来。艺术型的人多为设计师、雕刻家、建筑师和摄影师等。

（四）经营型

经营型的人具有领导才能，喜欢竞争、敢冒风险、有野心，追求权力和物质财富，习惯以权力、地位和金钱等来衡量做事的价值，做事有较强的目的性。他们的性格特点表现为善辩、精力旺盛、独断、乐观、自信、好交际和有支配愿望。

经营型的人喜欢从事能够彰显其经营、管理、劝服、监督和领导才能的工作，如项目经理、销售人员、营销管理人员、政府官员、企业领导、法官和律师等。

（五）社交型

社交型的人喜欢与人交往、善言谈、愿意教导别人，关心社会问题、渴望发挥自己的社会作用，比较看重社会义务和社会道德。他们的性格特点一般表现为为人友好、待人热情、善解人意和乐于助人。

社交型的人喜欢与人打交道的工作，能够不断结交新的朋友，他们多从事提供信息、启迪、培训、开发或治疗等方面的工作，如教师、教育行政人员、咨询人员和公关人员等。

（六）事务型

事务型的人尊重权威和规章制度，喜欢按计划办事，细心、有条理，习惯接受他人的指挥和领导。他们喜欢关注细节问题，较为谨慎和保守，缺乏创造性，不喜欢冒险和竞争，富有自我牺牲精神。他们的性格特点一般表现为有责任心、依赖性强、高效率、稳重踏实、细致和有耐心。

事务型的人有系统、有条理，多从事具有记录、归档、根据特定要求或程序组织数据和文字信息的职业，如秘书、办公室人员、记事员、会计、行政助理、图书馆管理员、出纳员、打字员和投资分析员等。

三、职业发展趋势

（一）职业发展特点

1. 职业的教育含量增大

各种就业岗位，需要更多受过良好教育、掌握最新技术的技术工人，单纯的体力劳动或机械操作职业将明显减少。在发达国家，制造业中蓝领工人失业率高于从事管理工作的白领员工；而白领员工中从事服务性工作，如银行、广告等，其失业率又明显高于从事开发和研究工作的员工。未来白领蓝领阶层的界线将越来越模糊，职业逐渐向专业化方向发展。

2. 职业要求不断更新

一些职业，因新的工作设备和条件变化，对职业内容有了新的要求。如行政工作人员，在以前只要求具备较好的组织协调能力、分析问题和解决问题能力、文字能力和口头表达能力等。但现在除要求他们具备上述能力以外，还要求具备社会交往及计算机辅助管理、办公自动化操作能力等。

3. 永久性职业减少

只有少数人能拥有“永久性”的工作，而从事计时、计件或临时性职业的人会越来越多。

另外职业发展特点还有：分工更细、专业性更强和科技含量更高。

（二）职业发展趋势

1. 社会职业种类越来越多

随着社会分工的发展和职业的分化，职业已远远超过“三百六十行”。据有关资料介绍，大约在21世纪70年代，全世界职业种类就超过42 000种，目前则更多。

2. 社会职业结构变迁的速度越来越快

职业结构变迁的大致状况是以第一、第二产业社会职业的消亡变动和重组为主，第三产业迅猛发展，如交通运输业、邮电通信业、商业、服务业、金融保险业、信息咨询业、租赁广告业、卫生、体育、教育培训和文化艺术等，尤其是信息产业的潜力更为巨大。这些新兴行业的出现和兴起，将为社会提供更多的就业岗位。同时，由于新技术、新成果的不断推广应用，也为第一、第二产业等传统行业提供了新的发展机遇。

3. 脑力劳动者职位在社会职位总额中所占比例越来越大

据有关资料介绍，在我国，脑力劳动者和专业技术人员的比重在不断增大。

4. 劳动岗位的地域空间越来越小，行业特征愈加淡化

同类岗位在不同地域都会存在，行业间的互相依赖、融合程度不断提高，使得同类岗位的地域集中度愈加密集，相互依赖的行业趋于同一，特征愈加隐化。

5. 岗位所需的职业知识和技能更新周期加速，复合程度提高

以上特点使宽口径、复合型和通用型专业的大学生择业余地较大，也使用人单位对大学生非专业综合素质的要求越来越高。

（三）未来的热门职业预测

有关专家预测我国未来10年有较大发展潜力的职业：生物工程、生物医药、光电子信息产业、智能机械产业、软件产业、新材料开发与制造产业、核能与太阳能、空间技术与开发和海洋技术与开发等职业。

2015年，中国青年报社会调查中心发起的一项调查显示，当下社会声望最高的5个职业依次是：科研人员、大学教授、工程师、医生和律师。

四、职业素质

（一）职业素质的概念

职业素质是个人适应现代社会生产力发展、从事职业活动所必备的素质，包括从事任何职业都必须具备的基本职业素质和专业素质两个方面。职业素质是指劳动者在一定的生理和心理条件的基础上，通过教育、劳动实践和自我修养等途径形成和发展起来的、在职业活动中发挥作用的一种基本品质，具体表现为职业道德、职业技能、职业情感和职业习惯等。职业素质具有职业性、稳定性、内在性、整体性和发展性的特征。

（二）基本职业素质

一般而言，各类职业对于从业者的基本职业素质要求是不变的，基本职业素质主要包括以下几个方面的内容。

1. 优秀的道德品质

道德品质是社会道德现象在个体身上的反映，是一定的道德原则和道德规范在个体的思想和行为中的体现，是个体在实现其社会化过程中所表现出来的稳定的特征和倾向。优秀的道德品质是“作为一切社会关系的总和”的人所必须具备的素质。对从业者而言，不管他将来要从事什么职业，优秀的道德品质必然是其第一张“通行证”。

2. 扎实的专业技能

所谓专业技能，是指从事某一职业所必需的专业理论知识和实践操作能力。例如，计算机相关专业的学生要对计算机的研究领域非常熟悉，自身也应具有一定的开发潜能；医学系的学生要系统而全面地掌握医学理论知识，具有对疾病的病因、发病机制做出分类鉴别的能力等。

3. 健康的身体素质

身体素质通常指人体肌肉活动的基本能力，是人体各器官系统的机能在工作中的综合反映。身体素质是其他各种素质赖以存在和发展的基础。正如约翰·洛克在《教育漫话》中所言：“我们要能工作，要有幸福，必须先有健康；我们要能忍耐劳苦，要在世界上做个人物，也必须先有强健的体格，这种种道理都很明显，用不着任何证明。”

4. 良好的心理素质

心理素质是指一个人在心理过程和个性心理特征方面所表现出的本质特征。心理素质是人的整个精神活动的基础，影响和制约着人的各方面素质的发展。在充满竞争意识的当代社会，各种职业对劳动者的心理素质越来越重视。

5. 广泛的交际能力

人际交往是人类基本的社会性需求。正如荀子所言：“人之生也，不能无群。”人总是作为社会关系的总和而存在，所以对于绝大多数人而言，人际交往的成败在很大程度上决定着我们的事业成败。

6. 强烈的竞争和创新意识

社会主义市场经济将竞争机制引入社会的各行各业，因此，新时代的职业素质要求从业者必须具有强烈的竞争意识，学会在竞争中求生存，在竞争中求发展。同时，社会主义现代化建设各项事业的兴旺发达，需要一大批具有开拓进取、勇于创新精神的从业者。

7. 一专多能的素质

新技术革命带动新工艺、新产品和新部门的不断出现，社会主义市场经济体制的发展和完善，引起社会各部门发生巨大变化，要求从业者不断地进行适应性流动，不断地适应市场的需求。社会发展给职业发展带来的新变化要求从业者具备一专多能的职业素质。

8. 利用信息的能力

信息能力包括信息采集、分析、存储、加工、运用和交流能力，是衡量国民素质高低的重要尺度之一，信息能力在一定程度上决定一个人的社会财富和社会地位。同时，随着网络化的实现，通过网络来开发信息资源将成为主流，而网络中运行的正是信息，因而对信息的开发、占有、控制和使用就成为未来社会各职业的核心，所以信息人才及每个人的信息能力就显得格外重要。

案例

磨炼自身能力 终获心仪职位

在毕业季，某商学院学生小高幸运地拿到了中国工商银行的录用通知书。小高说，要想求职时顺心如意，就应在毕业之前根据自身的情况做好职业规划，并有针对性地提升自身的职业能力。

作为商学院的学生，小高合理地规划了大学假期的时间，利用假期前往券商公司、资管公司和会计师事务所实习，以使理论知识与实际工作结合起来。通过实习，小高确信自己未来会在金融行业扎根发展。于是，她综合自身的教育背景和实习经历，将进入银行作为未来求职的首选目标，因为银行是综合性的金融机构，能够提供多种就业岗位。

为了毕业后能顺利进入银行，小高做了以下准备工作。

首先，给自己确定一个准确的定位。小高清楚地知道，只有正确地认识自我，才能不断发挥自身的优势，并弥补自身的劣势。于是，她根据自身的教育背景和能力，准确地匹配银行的相关岗位，以提升自身综合素质与目标岗位的匹配度。

其次，不断提高自身的专业知识水平，将自己打造成一名复合型金融人才。为此，小高在校内与导师勤交流，根据导师的建议合理规划学习和考证方向；积极参与课堂教学过程中的案例讨论，以提升自身的专业素养；积极备考并获得了证券从业资格证、基金从业资格证、会计初级证书及英语六级证书等；通过实习，充分了解银行部分岗位的具体职责；等等。

最后，不断提升自身的沟通交流能力。为了能在未来的工作岗位上从容地面对各种类型的客户，应对工作中可能发生的各种情况，小高在校期间加入了校学生会。她在老师的带领下组织并参与了大量的学生活动，并在服务同学的过程中不断提升自己的沟通能力和应变能力，为今后的工作打下了坚实的基础。

毕业之时，小高如愿以偿地收到了银行的录用通知书，走上了心仪的工作岗位。她说，她要尽快完成从学生到职业人的身份转换，全身心地投入到工作中去，不断创造人生价值。

【案例点评】

各行各业的从业者既要有扎实的理论功底，又要有过硬的职业本领，这样才能提升自身的竞争力。而职业能力的提升是建立在主动学习、积极实践、知行合一的基础之上的。所以，大学生应通过学好专业知识、积极参加实践、灵活应用所学知识与技能等方式提升自己的职业能力。

探索活动

1．根据下文的内容回答问题。

不同人眼中的职业

某小镇，有一个青年人，整日以沿街为小镇的人说唱为生；有一个中年人，远离家人，在这儿打工。

他们总是在同一个小餐馆用餐，于是他们屡屡相遇。

时间长了，彼此已十分熟悉。有一日，中年人关切地对那个小伙子说："不要沿街卖唱了，去做一个正当的职业吧。我介绍你到外地去教书，在那儿，你完全可以拿到比你现在高得多的薪水。"

小伙子听后，先是一愣，然后反问道："难道我现在从事的不是正当的职业吗？我喜欢这个职业，它给我，也给其他人带来欢乐，有什么不好？我何必要远去他乡，抛弃亲人，抛弃家园，去做我并不喜欢的工作？"

邻桌的人，无论老人孩子，也都为之愕然。他们不明白，仅仅为了多挣几张钞票，抛弃家人，远离幸福，有什么可以值得羡慕的。在他们的眼中，家人团聚，平平安安，才是最大的幸福。幸福与财富的多少，地位的贵贱无关。

问题：你认为小伙子从事的是职业吗？为什么？

2．根据下文的内容回答问题。

工作是为了什么？

有三个工人在敲石头，管理学家杜拉克问其中一名工人："为什么要敲石头？"工人回答："如果不敲石头就没有工作，所以是不得不敲，愈敲愈不舒服。"杜拉克问另外一名工人："为什么要敲石头？"工人回答："我在敲一根柱子，好像在盖房子。"杜拉克再问剩下的一名工人："为什么要敲石头？"工人回答："因为我们这个岛上没有神庙。我目前在盖神庙，有了神庙之后，我们的子子孙孙，就有了一个膜拜的场所。"

试问以上三个敲石头的工人，哪一个会敲得比较好，工作也会比较快乐呢？答案很明确，就是第三个工人。因为他在盖神庙，不是在敲石头。那个敲柱子的还好，虽然他不知道在盖神庙，但也不是在敲石头。最可怜的当然是在敲石头的工人了，因为他只为敲石头而敲石头，而且又不得不敲。整天刻板地敲石头，对于他来说是厌烦透顶，只想应付它及做完它，他所期盼的是：哪一天我可以不再敲这鬼石头？再来看看那个盖神庙的工人。他也在敲石头，他一边敲一边仔细端详着那块石头。他是在敲石头，也是在把玩欣赏着石头；他是在工作着，也是在尽情享受着工作。

问题：你认为自己将来的工作是在敲石头呢，还是在敲柱子？或是在盖神庙？请结合本模块所学，谈谈你对职业意义的理解。

拓展延伸

国家职业资格证书制度

国家职业资格证书制度是指按照国家制定的职业技能标准或任职资格条件，通过政府认定的考核鉴定机构，对劳动者的技能水平或职业资格进行客观、公正、科学、规范地评价和鉴定，对合格者授予相应的国家职业资格证书。职业资格反映了劳动者为适应职业劳动需要而运用特定的知识、技术和技能的能力。与学历文凭不同的是，职业资格与职业劳动的具体要求密切结合，更直接、更准确地反映了特定职业的实际工作标准和操作规范，以及劳动者从事这种职业所达到的实际能力水平。

2017 年，经国务院同意，人力资源和社会保障部印发《关于公布国家职业资格目录的通知》，目录之外一律不得许可和认定职业资格，目录之内除准入类职业资格外一律不得与就业创业挂钩。国家职业资格目录共计 140 项职业资格，其中，专业技术人员职业资格 59 项，含准入类 36 项，水平评价类 23 项。这些职业资格基本涵盖了经济、教育、卫生、司法、环保、建设、交通等国家重要的行业领域，符合国家职业资格设置的条件和要求。

2021 年，人力资源和社会保障部发布关于对《国家职业资格目录（2021 年版）》进行公示的公告，拟对 2017 年公布的《国家职业资格目录》专业技术人员职业资格部分进行调整。调整后，专业技术人员职业资格 59 项，其中，准入类 33 项，水平评价类 26 项。

与现行的职称制度相比，职业资格证书制度代表了将来的发展趋势。职业资格证书制度是一项国际通行的行业准入制度，各国之间开展的职业资格互认更使其成为国际职业的“通行证”。由于我国的职业认证制度起步较晚，认证制度还很不完善，亟待改进。未来的职业资格认证考试将更加注重人的创新能力和通用能力，多元化、多层次、全方位将成为职业资格认证的方向。

课后练习

1．职业的要素和特征是什么？
2．职业的分类有哪些？
3．试说明我国职业发展的新趋势。

模块六

职业决策

引导案例

曾有研究机构组织了3组人，让他们分别步行去10千米以外的3个村子。

第一组的人不知道村庄的名字，也不知道路程有多远，只知道跟着向导走。刚走了两三千米就有人叫苦，越往后走他们情绪越低落，走到一半就有人要放弃了。

第二组的人知道村子的名字和路程，但路边没有里程碑，他们只能凭经验估算行程时间和距离。走到一半时，大多数人就想知道他们已经走了多远，比较有经验的人说："大概走了一半的路程。"于是大家又簇拥着向前走，当走到全程的四分之三时，大家开始觉得疲惫不堪，认为自己无法走完剩余的路程。

第三组的人知道村子的名字和路程，而且路上每隔一千米就有一块里程碑。每走完一千米大家便会产生一阵短暂的快乐。在整个行程中，他们一直保持高昂的情绪，很快就到达了目的地。

点评： 这个故事给我们的启示是，当人们确立了明确的目标，并且把自己的行动与目标不断加以对照，清楚地知道自己的行进速度及与目标的距离时，行动的动力就会得到维持和加强，人们就会自觉克服一切困难，努力达到目标。所以，大学生进行职业生涯规划时，一定要找准职业定位，确立明确的目标。

教学目标

知识目标： 理解职业定位的含义、内容、原则及方法；了解家庭、工作、社会环境对职业定位的影响；了解职业锚的概念和分类。

能力目标： 正确理解并运用职业定位的方法；培养收集、分析就业信息的主动性；正确认识自己的职业锚类型，学会科学地进行职业定位。

知识链接

一、职业定位

（一）职业定位的含义

职业定位的目的就是清晰地明确一个人在职业上的发展方向，它是人在整个职业生涯发展历程中的战略性问题也是根本性问题。职业定位有两层含义：一是确定你是谁，你适合做什么工作；二是告诉别人你是谁，你擅长做什么工作。职业定位从长远来看是找准一个人的职业类别；就阶段性而言是明确所处阶段对应的行业和职能，即在职场中自己应该处于什么样的位置。

（二）职业定位的内容

扫一扫

第一份工作的选择有多重要

1. 定位方向——找准职业定位和发展方向

大学生要先行发掘自己的职业气质、职业兴趣、职业能力结构等方面的因素，找到自己的职业潜力集中在哪个领域，只有找准方向才能最大限度地开发和挖掘自己的潜力。

2. 定位行业——看清目标行业的发展趋势

大学生要主动、全方位地了解目标行业的现状和前景，朝阳行业更有前途，也能提供更多的机会。大学生定位行业时，不能仅靠报纸或者杂志介绍来了解行业的发展趋势，比较理想的做法是向当下已在该行业供职的朋友了解，以便获得可靠消息，了解的内容包括升迁制度、薪资状况等各方面，多多益善。

3. 剖析自我——认清自己的优势和不足

假如大学生不能准确地为自己定位，不清楚自己的强项弱项，只是盲目跟风或者跟着感觉走，这是绝对不行的。在进行定位前，大学生要思考一下自己的优势在哪里？这些优势是否足以帮助你在新的行业站稳脚跟？自己的弱点在哪里？有什么方法可以尽快提升？

了解和分析自我的主要因素应该包括：

（1）我喜欢做什么（主要包括职业兴趣、职业价值观等）。

（2）我适合做什么（主要包括职业性格、气质、天赋才干、智商情商等）。

（3）我擅长做什么（主要指职业能力倾向，如言语表达、逻辑推理、数字运算等）。

（4）我能够做什么（主要包括自己掌握的专业知识、技能和工作）。

（三）职业定位的原则

1. 择己所爱

职业定位首先要确定自己喜欢哪种职业，或者对哪种职业比较感兴趣。一般来说，从事自己喜爱的、感兴趣的工作，工作会带给你一种满足感，你的职业生涯会变得妙趣横生，因此，择己所爱是做好未来职业定位的首要原则。

2. 择己所长

在激烈的就业竞争中，求职者必须善于从与竞争者的比较中来认清自己的长处和短处，即竞争的优势和劣势。然后在此基础上按照“择己所长、扬长避短”的原则进行具体的职业定位。

3．择市所需

在进行职业定位时，我们不仅要了解当前的社会职业需求状况，还要善于预测职业随社会需要而变化的未来走向，使自己在职业生涯中走得长远。

（四）职业定位的方法

职业定位是自我定位和社会定位两者的统一，其目的是确定自己在社会大舞台上能扮演的角色。一个人只有在了解自己的性格、天赋和职业兴趣的基础上才能够给自己做准确的定位。

第一，要了解自己。确定你是谁，你是什么性格类型的人，你擅长什么，不擅长什么。可以自我探索，也可以请他人做评价，还可以借助心理测验来了解自己。

第二，要了解职业。明确职业的工作内容、知识要求、技能要求、经验要求、性格要求、工作环境和工作角色等，你可以询问业内的专家，也可以参照业内成功人士。

第三，要选择适合自己性格（本我）、并能最多地用到自己天赋的职业。即要扬长避短，避开会用到自己性格弱点的职业。

第四，要了解自己和职业要求的差距。你可能会有多个职业目标，但是每个目标带给你的好处和弊端不同，你需要根据自己的特点仔细权衡不同目标的利弊得失，还要根据自己的现实条件确定达到目标的方案。

第五，要确定如何把自己的定位展示给面试官和上司。确定了自己的职业取向和发展方向之后，你需要采用适合的方式传达给面试官或者上司，以此获得就业和进一步发展的机会。

第六，选定了适合自己的目标职业后，再看要在这个职业上取得成功需要加强哪方面的优势，弥补哪方面的劣势。

二、职业环境分析

（一）家庭环境

家庭环境是影响大学生职业定位的重要因素。一方面，每个人性格的养成都离不开家庭的影响；另一方面，作为家庭的一员，大学生在做出自己职业选择的时候，不得不考虑家庭的意见及实际情况。

家庭是社会的基础细胞，父母是子女的启蒙老师。家庭的教育方式、家长的价值观都影响着大学生的心理发展。因此，大学生在就业时，其就业心理很容易受到家庭因素的影响。例如，教育模式为民主型的家庭，毕业生就业时通常自信、乐观，敢于面对挑战；溺爱型家庭成长起来的大学生在严峻的就业局势面前通常会感觉无助、失落，将希望寄予家长。

父母在子女就业时的态度对大学生的择业心态也有重要影响，如有的父母希望子女留在身边，有的父母则希望子女去社会中闯荡一番。家庭教导影响着大学生个性品德的形成，父母的立场使毕业生在择业时有所顾虑。

（二）工作环境

工作环境是指工作所依存的地方，是大学生职业定位的重要因素之一。大学生需要了解的工作环境主要有以下内容。

（1）交通是否便利。对于在职场积极进取的人来说，通勤距离不是影响找工作的因素，职业发展的平台更重要。但对于绝大多数人来讲，通勤距离决定了每天上下班所用的时间，决定了真正投入一份工作的时间。交通出行会对情绪造成影响，交通系统不完善对人们的出行造成一定的影响。

（2）人际环境。和谐的人际环境是指同事间团结、互助、协作、热情、友爱的人际氛围，这样的工作氛围能够让新员工很快融入团队并产生归属感，从而激发其工作热情，继而有效地开展工作。

（3）单位设施条件。企业给员工一个安全的、稳定的、宽松的、舒适的工作环境以便员工更忠诚、更高效地完成工作；员工就会爱惜自己的工作环境、珍惜自己的工作机会，不遗余力地、创造性地完成工作并为企业创造更多财富。

（4）发展前景。大学生应该有自己的职业追求，关注职业的发展前景。职业的发展包括几个方面：一是职业技能的完善，大学生就业不仅是一个工作的过程，也是一个学习的过程，只有不断完善自己的职业技能，职业生涯才有发展的可能；二是工作职位的晋升空间，职位是对一个人工作能力的认可，可以带给人成功感、满足感；三是薪资的提升，从某方面讲，薪资代表了人的价值，是人们提高生活质量的必需品。

（三）社会环境

人是社会性动物，生存于社会中的个体难免会受到社会环境的影响。社会环境对毕业生择业的影响是多方面的，有些是直接的、现实的，有些则是间接的、潜在的，有些是积极的、正面的，有些则是消极的、负面的，主要可以归为以下三类。

1. 政策环境

大学生就业政策是国家为实现一定时期的路线、方针而制定的高层次人力资源配置的行动准则，体现了一定时期社会发展的需要，是大学生就业过程中所应遵循的基本规范。我国大学生就业制度经历了一个不断发展和改革的过程，有关的政策也做过相应的调整。不同历史阶段有着不同的政策内容，政策体现着一定的导向性、调控性和约束性。

当前，在社会主义市场经济条件下，高等教育适应市场经济发展的契合点，首先表现在毕业生就业这一环节上。现在正在运行的毕业生就业制度，是在国家就业方针、政策指导下，毕业生和用人单位双向选择的制度。

双向选择是选择与被选择的关系，是主客体的辩证统一，选择的双方不是谁必须服从谁的问题，而是双方在相互满足对方需要基础上而达成的一种契约关系。因此，双向选择体现毕业生就业中更本质的关系。

除大学生就业政策的直接影响外，劳动人事制度中诸如人才流动、工资、公务员制度等，以及社会职业结构调整的有关政策，都会对大学生择业产生直接或间接的影响。

2. 经济环境

一个国家、一个地区在一定时期内的经济状况直接影响其劳动就业状况。大学生选择职业，不可避免地要受到当时的社会经济状况的影响。从整个国家范围来说，经济的发展和科学技术的进步、劳动生产率的提高、职业演化速度的加快及就业岗位的增加，都是极为相关的因素。从一个国家的区域性经济发展状况来说，由于其不平衡性，往往使经济发展速度快的地区成为大学生择业的热点。目前，我国经济增长方式的转变和经济结构的调整，以及科教兴国和可持续发展两大战略的实施，对大学生就业的影响已显现出来。

社会经济状况直接反映到职业的经济地位和行业的经济状况上。例如，近几年 IT 产业发展迅速，在国民经济中的地位直线上升，职业需求数量大幅上升、质量要求较高，毕业生就业出现结构性矛盾，表现为专业与需求、层次与需求的失衡现象。由于学校培养周期与社会需求变化的频率非同步发生，学校针对社会需求的调适往往是滞后以致错位，这就要求大学生要认识客观经济环境对就业的直接影响的同时，充分发挥主观能动性，克服客观环境的不利因素，主动适应社会需要。

3. 就业环境

随着高校毕业生的逐年增加，大学生面临的就业竞争愈加激烈、就业形势日益严峻。

（1）就业结构的重大变化。随着工业化进程和经济结构调整步伐的加快，我国的就业结构发生了巨大变化并日趋合理。这些变化包括：产业结构发生重大变化，非农产业比重超过农业；传统行业的就业机会减少，新兴行业增多；随着国家和集体单位从业人员的不断减少，就业的所有制结构发生了巨大变化；女性就业结构明显变化。

未来十年，我国的就业结构还会发生重大变化，将呈现以下特点：① 第三产业成为吸纳就业的主力；② 非公有制经济成为吸纳就业的重要渠道；③ 劳动力逐渐向资本、技术密集型行业聚集。

（2）大学生面临的就业形势。近年来，全国高校毕业生人数屡创新高，其就业形势却不容乐观，主要表现在以下几个方面：① 毕业生数量大幅增长；② 我国经济发展新增的就业岗位极其有限；③ 应届毕业生不受青睐；④ 热门专业人才过剩；⑤ 就业机会不均等。

课堂讨论

在当前的就业环境下，什么样的心态更有利于就业？

三、锁定自己的职业锚

（一）职业锚的概念

职业锚理论是由著名的就业指导专家埃德加·H·施恩教授提出的。施恩教授认为，职业生涯规划是一个持续不断的探索过程，随着一个人对自己越来越了解，这个人就会越来越明显地形成一个占主要地位的“职业锚”。所谓的“职业锚”是指当一个人不得不做出选择的时候，无论如何都不会放弃的职业中的那种至关重要的东西或价值观，即人们选择和发展职业时所围绕的中心，可以简单地理解为职业定位。

个人在进行职业规划和定位时，可以运用职业锚思考自己具有的能力，确定自己的发展方向，审视自己的价值观是否与当前的工作相匹配。只有个人的定位和从事的职业相匹配，才能在工作中发挥自己的长处，实现自己的价值。个人通过尝试各种具有挑战性的工作，在不同的专业和领域中进行工作轮换，对自己的资质、能力、偏好进行客观的评价，是使个人的职业锚具体化的有效途径。

（二）职业锚的类型

职业锚的类型分为以下八种。

1. 技术/职能型

拥有这种职业锚的人追求在技术/职能领域的成长和技能的不断提高，以及应用这种技术/职能的机会。他们喜欢面对来自专业领域的挑战，但不喜欢从事一般的管理工作，因为这将意味着他们放弃在技术/职能领域的成就。

2. 管理型

拥有这种职业锚的人追求并致力于工作晋升，倾心于全面管理，可以跨部门整合其他人的努力成果。他们想去承担整个部门的责任，并将公司的成功与否看成自己的工作。

3. 自主型

拥有这种职业锚的人希望随心所欲安排自己的工作方式、习惯和生活方式，追求能施展个人能力的工作环境，最大限度地摆脱组织的限制和制约。他们宁愿放弃晋升机会，也不愿意放弃自由与独立。

4. 安全/稳定型

拥有这种职业锚的人追求工作中的安全感与稳定感，但并不关心具体的职位和具体的工作内容。他们喜欢有保障的工作、体面的收入及可靠的未来生活，而可靠的未来生活通常是由较高的退休金来保证的。

5. 创业型

拥有这种职业锚的人希望依靠自己的能力去创建属于自己的公司或完全属于自己的产品（或服务），而且有冒险精神。他们可能正在别人的公司工作，但同时他们也在不断评估将来的机会，一旦他们感觉时机到了，便会走出去创建自己的事业。

6. 服务型

拥有这种职业锚的人一直追求他们认可的核心价值，如帮助他人、改善工作环境等。

他们一直在追寻这种机会，即使薪水很低他们也觉得无所谓。他们不会接受不能实现自己价值的职业，即使面对高薪和高职位的诱惑也不动心。

7. 挑战型

拥有这种职业锚的人喜欢解决看上去无法解决的问题，战胜强硬的对手，克服困难障碍等。对他们而言，参加工作或职业的原因是工作允许他们去战胜各种不可能。

8. 生活型

拥有这种职业锚的人希望将生活的各个主要方面整合为一个整体。正因为如此，他们需要一个能够提供足够的弹性让他们实现这一目标的职业环境。

四、职业定位的工具及方法

（一）决策平衡单分析法

决策平衡单分析法是一种卓有成效的职业生涯决策方法。运用决策平衡单分析法有两个前提条件：首先是决策者要具备事业成熟的相关条件；其次是决策者已经有了可供选择的多个职业发展方案。

1. 决策平衡单的基本思想

决策平衡单的基本思想就是将重大事件的思考方向集中到以下四个主题上：

（1）自我物质方面的得失（+/–）。

（2）他人物质方面的得失（+/–）。

（3）自我精神方面的得失，即自我赞许与否（+/–）。

（4）他人精神方面的得失，即社会赞许与否（+/–）。

2. 具体操作步骤

（1）明确职业发展选项。

（2）细化四个主题的具体因素考虑指标。

（3）给每个指标标注权重（1～5，指重要程度）。

（4）对照具体指标，填写每一项的具体分数（–10 至+10）。

（5）用具体分数乘以权重计算各项得失分数。

（6）用得失差数算出职业选项总分。

（7）根据职业选项总分从高到低排定选项优先顺序，并做最终分析与思考。

案 例

决策平衡单的使用

电子商务专业专科二年级的学生莎莎，面临工作和专升本犹豫不定，不知该如何选择。老师指导她利用“决策平衡单”帮助自己做决策，表 1-6-1 和表 1-6-2 是她的决策过程。

表 1-6-1 莎莎的考虑因素

主题	考虑因素
自我物质得失	个人收入、健康状况、休闲时间、未来发展、升迁状况、社交范围
他人物质得失	家庭收入
自我精神得失	所学应用、进修需求、改变生活方式、富有挑战性、个人成就感
他人精神得失	父亲支持、母亲支持、朋友支持

表 1-6-2 莎莎的决策平衡单

考虑因素（权重）		选项一：工作		选项二：专升本	
		得（+）	失（-）	得（+）	失（-）
自我物质方面	个人收入（4）	8（+32）			-6（-24）
	健康状况（2）		-6（-12）	3（+6）	
	休闲时间（3）		-1（-3）		-2（-6）
	未来发展（2）	2（+4）		6（+12）	
	升迁状况（1）	1（+1）		4（+4）	
	社交范围（3）	3（+9）			-1（-3）
他人物质方面	家庭收入（5）	3（+15）			-2（-10）
自我精神方面	所学应用（2）	5（+10）		5（+10）	
	进修需求（3）	1（+3）		6（+18）	
	改变生活方式（3）		-4（-12）		-1（-3）
	富有挑战性（4）	2（+8）		3（+12）	
	个人成就感（5）	3（+15）		3（+15）	
他人精神方面	父亲支持（4）	6（+24）		3（+12）	
	母亲支持（3）	5（+15）		5（+15）	
	朋友支持（2）		-8（-16）	2（+4）	
总分		93		62	

通过计算，“选项一：工作”的最终得分为 93 分，“选项二：专升本”的最终得分为 62 分，根据得分情况，老师建议莎莎首选工作。经过一番考虑后，莎莎最终选择了工作。

（二）5W 法

5W 法依托归零史模式，从问自己是谁开始，如果能够成功回答完五个问题，就有最后答案了。这种方法简便易行，因此应用比较广泛。

5 个“W”是：

Who am I?（我是谁？）

What will I do?（我想做什么？）

What can I do?（我会做什么？）

What does the situation allow me to do?（环境支持或允许我做什么？）

What is the plan of my career and life?（我的职业与生活规划是什么？）

回答了这 5 个问题，找到它们的最高共同点，就有了自己的职业生涯规划。

对于第一个问题“我是谁？”，我们回答的要点是面对自己，真实地写出每一个想到的答案；写完了再想想有无遗漏，认为确实没有了，按重要性进行排序。

对于第二个问题“我想做什么？”，我们可将思绪回溯到孩童时代，从人生初次萌生第一个想干什么的念头开始，然后随年龄的增长，回忆自己真心向往过、想干的事，然后一一记录下来，写完后再想想有无遗漏，确实没有了，就认真地进行排序。

对于第三个问题“我会做什么？”，我们则要把自己确实已证明的能力和自认为还可以开发出来的潜能都一一列出来，认为没有遗漏了，就认真地进行排序。

对于第四个问题“环境支持或允许我做什么？”，我们回答则要稍作分析，将自己有可能借助的环境，都列入考虑的范畴之内。在这些环境中，认真想想自己可能获得什么支持，然后一一写下来，再按重要性进行排序。

对于第五个问题“我的职业与生活规划是什么？”，如果能够成功回答，就有了最后的答案。

具体做法：将五个问题的答案分别写在五张纸上，把前四张纸和第五张纸一字排开，然后认真比较第一至第四张纸上的答案，将内容相同或相近的答案用一条横线连起来，你会得到几条连线，而不与其他连线相交的，又处于最上面的线，就是你最应该去做的事情，你的职业生涯就应该以此为方向。你要在此方向上以三年为周期，提出近期、中期与远期的目标，然后将近期目标细化为每年、每季度、每月、每周与每天的目标。这样，每天就可以对照自己的目标进行反省，总结当日成就与失误、经验与教训，修正明天的目标与方法，第二天就可以投入行动了。

探索活动

我的家庭职业树

活动目的：

通过本活动了解家庭各成员的职业发展过程，确定自己的职业发展目标。

活动说明：

✧ 形式：个体操作，集体讨论。

✧ 时间：20 分钟。

✧ 材料：家庭职业树模板（见图 1-6-1）。

✧ 场地：不限。

✧ 应用：逻辑归纳思维培养。

活动流程：

1．请在图 1-6-1 的横线上填写上你的家庭成员及他们相应的职业。

2. 不限直系血亲，你能想到的家族成员都可以写到图上，越多越好。

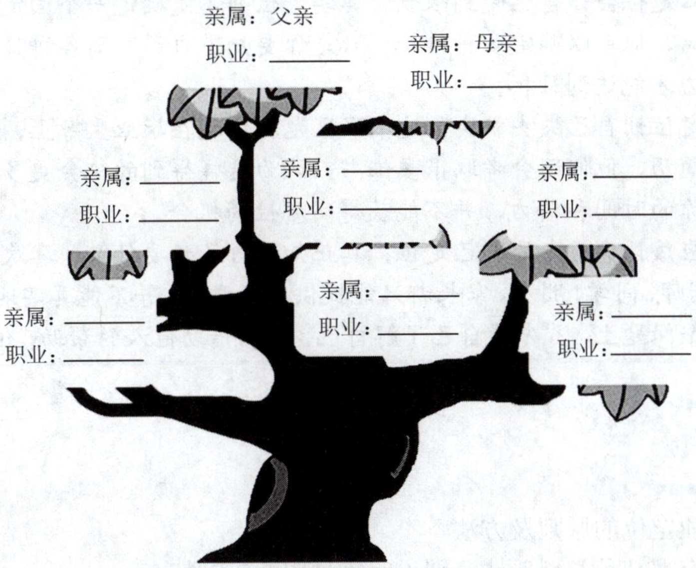

图 1-6-1　家庭职业树模板

现场讨论：

1. 从图 1-6-1 中，我发现我的家族成员从事的职业最多的是________。

2. 家族中对各种职业的评价，是否都表示出强烈的好恶？例如，有些人会说“做什么都好，就是别去画画，否则连自己都养不起”“还是当公务员好，工作有保障”等。

3. 家族中对彼此的职业，感到最满意或羡慕的是什么？例如，“姑姑就是因为有个当律师的女婿，才生活得那么富裕”“当老师好，老师工作稳定，还有那么多空闲时间，想干什么就干什么”。

4. 家人对我有职业期待吗？

A. 没有，做什么都好。

B. 有，他们希望我以后能从事__________职业。

5. 我对自己未来的职业期待是什么？

A. 没有期待，主要原因有______________。

B. 我期待我以后能从事____________职业，主要是因为__________________。

拓展延伸

定位误区

误区一：定位使自己变得僵化。其实定位不是静态的，而是动态的，当自我发生重大变化，或当外部环境发生重大变化的时候，都需要重新定位。

误区二：很多想要的会得不到。有些人要得很多，要做技术还要做管理，要有挑战还要休闲，担心定位会让自己受到限制。其实定位并不是确定一个固定的位置，而是确定和目标的距离，你可以确定多种目标，只是你要知道自己距离各种目标的远近，要知道需要怎样努力才能达到目标。

误区三：定位让自己失去机会。这个误区尤其体现在毕业生身上，他们经常毫无目的地到处投放简历，他们还会考取很多证书，认为这样得到的机会更多，其实，这样漫天撒网会耗费你的时间和精力，并不能获得实质性的机会。

误区四：应该让旁观者给自己定位。真正知道自己想要什么、喜欢什么、习惯做什么的是自己，老师、同学、朋友、家长都只能提供参考意见，并不能真实地了解你的“心”，所以在定位这个问题上，首先要自己了解自己，可以借助他人的帮助，但不能依赖他们。

课后练习

1．简述职业定位的原则及方法。

2．职业锚有哪几种类型？请分别说明每种职业锚的特点。

3．请同学们根据本模块所学知识，并结合自身情况谈一谈应如何找准职业定位。

4．请同学们按以下要求进行一次访谈活动，访谈对象为从事自己感兴趣的职业的人。

活动要求：接受访谈者应在这个职位上工作了 3～5 年甚至更长时间；为了避免访谈的片面性，应至少访谈两个人。

活动准备：访谈前应准备好你需要提问的问题，明确访谈目的，提高访谈效率。为自己准备一段 30 秒的简单介绍，因为在访谈过程中，对方可能会问到你的职业兴趣和目标。

活动总结：访谈结束后，写一份关于访谈的记录和总结，分析被访谈者身上有哪些你可以借鉴的品质。

模块七

职业生涯规划的设计

引导案例

我的人生我做主

“90后”湖南姑娘许芳毕业于环境工程专业。毕业后，她来到长沙市找工作。由于很难找到专业对口的工作，她无奈之下在某电商科技公司找了一份客服工作。这份工作她做了整整两年，每天的工作内容就是在计算机前回复客户的信息，解答他们的疑问。两年后，许芳发现这份工作没有发展前景，便果断辞职了。

辞职后，许芳依然没思考过自己的职业发展问题。她花三个月时间学了一些平面设计知识，随后便进入一家新成立的装饰公司从事平面设计工作。令她没想到的是，平面设计属于入行容易但精通很难的工作。由于非设计专业出身，且缺乏工作经验积累，许芳在做了两年平面设计工作之后遇到了职业发展瓶颈。她心里很清楚，如果想进大公司做设计工作，自己就必须具有较好的美术基础，且多数大公司要求应聘者毕业于专业院校。然而，毕业院校和专业已经无法改变，且美术基础并不是一两天就能打好的。对于现在的许芳而言，随着年龄的增长，她若继续做这份工作，就会面临越来越大的压力。对此，许芳陷入了迷茫。

这时，许芳开始思考自己的职业生涯规划与发展问题。她在网上联系到一位职业规划师，请求职业规划师帮助她解决难题。通过与许芳沟通，职业规划师了解了许芳的基本情况，并大致梳理了她的职业发展历程：许芳的综合素质较高，但阴差阳错地选择了自己不喜欢的专业；初入职场时“病急乱投医”，做了两年没有发展前景的工作；后来，为了生计而“临时抱佛脚”，学了三个月平面设计，但平面设计工作入门容易、精通难，于是寻求新的职业方向；为了实现职业转型，主动进行专业咨询，具有改变现状的内在动力。

为了尽快找到职业方向，许芳在职业规划师的帮助下借助霍兰德职业倾向测试工具对自己的职业倾向进行了测评。测评结果显示，许芳属于社会型人士，热衷于寻求人与人之间的亲密关系，这个特点有利于她在教育和协助型职业中获得乐趣；在工作中具有较好的团队合作精神，善于通过商讨来解决问题，责任心强；职业性格属于内向、实感、情感、判断型，对工作稳定性的要求较高……

通过深入探讨，许芳发现自己对市场运营或策划方面的工作很感兴趣。许芳此前没有做过相关工作，因而担心转行后能否胜任此类工作。职业规划师以其多年的工作经验告诉许芳：“市场运营策划类职业的前景比较乐观，从事这类工作的人员既要具有较大的信息储备量、较强的数据分析能力，还要具有较强的学习能力和应变能力，而这些素质你基本上都具备。”经过深入沟通，许芳消除了心中的顾虑，并表示考虑转向市场运营或策划类职业，接下来会积极储备与该职业相关的知识和经验。

有了职业目标之后，许芳不再感到迷茫。经过一段时间的知识和经验储备后，许芳成功地进入当地某知名装饰公司从事市场策划工作，虽然每天工作都很忙，但是由于有了自己的职业发展方向，许芳每天都干劲十足。

许芳说，虽然自己兜兜转转好几年才找到自己真正感兴趣的职业方向，但是结果是好的，未来还有很长的路要走，期待自己在职业生涯中创造更多价值。

教学目标

知识目标：了解职业生涯规划的步骤；了解评估修正职业生涯规划的方法。

能力目标：能够规划自己的职业生涯；学会评估和修正自己的职业生涯规划方案。

知识链接

一、职业生涯规划与设计的步骤

（一）自我认知

自我认知实际上就是“知己”的过程，它是职业生涯规划的基础。只有对自己有了充分的认识和了解，规划中的“定向”“定位”“定点”才能比较准确。

自我认知包括对生理自我、心理自我、理性自我和社会自我几个部分的认知。对生理自我的认知主要指对自我的相貌、身体健康状况和智力等方面的认知；对心理自我的认知主要指对自我的性格、兴趣、气质、意志和能力等方面的评估与判断；对理性自我的认知主要指对自我的思维方式和方法、道德水平和情商等因素的评价；对社会自我的认知主要是指对自己在社会上所扮演的角色，在社会中的责任、权利、义务、名誉、他人对自己的态度，以及自己对他人的态度等方面的评价。

自我认知的方法已在模块四进行了介绍，此处不再赘述。

（二）制订职业生涯策略

1. 制订职业生涯策略的原则

职业生涯策略是为实现职业生涯目标服务的，因此制订职业生涯策略时应遵循以下原则。

（1）规范性原则。职业生涯策略要符合个人职业价值观的要求和职业规范的要求。如果做违背个人价值观的事情会给自己带来痛苦，做违背职业规范和社会规范的事情，会受到组织与社会的制约，最终会影响个人的发展。

（2）优势性原则。职业生涯策略要充分发挥个人优势，扬长避短，这样才能在求职过程中增加成功的概率。

（3）前瞻性原则。职业生涯策略要预测到未来社会、经济、政策和市场等诸多方面的重大变化对职业的影响，考虑相应对策，从而使策略具有相当的适应性。

（4）可操作性原则。职业生涯策略要具体明确，具有可操作性，这样才便于落实和定期检查落实的情况。

（5）持久性、一贯性和严肃性原则。除非遇到不可抗力事件或未预料到的严重事件，一般不要对发展策略进行频繁修改或调整。

2. 制订职业生涯策略的步骤

职业生涯策略包含着十分丰富的内容，制订职业生涯策略一般可以经过以下几个步骤来完成。

（1）制订切实可行的个人培训计划，不断提高个人能力。个人素质与能力是职业生涯发展的基础，素质的改善和能力的提升对职业生涯发展具有促进作用。

（2）制订工作改善计划，努力提高工作业绩。良好的业绩是个人生涯发展的操作平台，俗话说，有为才能有位，只有取得优异的成绩才能获得良好的发展。

（3）积极构建职业社会资本，不断提升职业影响力。职业社会资本是影响职业生涯发展的重要因素，丰富的社会资本是促进职业生涯成功的重要保证。

（4）选择适当的职业生涯发展模式。职业生涯发展模式有多种，不同模式各具特色，选择适当的模式对促进个人职业生涯成功具有重要的影响。

（三）职业生涯规划的实施

要保证职业生涯规划的实现，就需要积极地实施职业生涯策略。其重点是做好以下两个方面。

1. 做好时间管理，提高工作效率

要提高工作效率，就要掌握好时间、利用好时间和管理好时间。管理时间的最好方法就是从避免时间的浪费做起。

2. 明确绩效目标，改善个人绩效

要实现个人的生涯发展目标，良好的工作业绩是基础。因此，做好个人绩效管理工作是非常重要的。具体可以从以下三个方面着手。

（1）在工作中建立明确的个人业绩目标。业绩目标要符合公司（组织）的需要、（超额）满足岗位的需要，并对个人具有一定的挑战性。

（2）结合工作与目标要求主动改善工作。根据工作的实践需要和变化，不断提出工作完善措施和计划，争取保质保量超额完成工作任务。

（3）在工作中乐于助人。在确保个人绩效目标实现的前提下，尽力帮助别人，提高团队绩效和部门绩效。

二、职业生涯设计中的常见问题

（一）自我认知陷入误区

正确认识自我不是一件容易的事情。随着职业生涯设计理论研究的发展，各种理论的自我认知测评工具逐步发展：霍兰德职业兴趣测试、卡特尔 16 种人格因素测试、MBTI 人格类型测试和 360 度评估法等。由于测评工具具有良好的引导性，方便实用，使得大学生容易在自我认知方面过分依靠测评工具，而忽视了自我反省，其自我认知是“测评工具

的自我认知”，非真实的“自我认知”，造成的结果往往是，测评工具测出其适合从事什么职业，大学生就认为自己该从事什么职业。

事实上，所有测评工具都有其无可避免的局限性，在自我认知过程中只能作为辅助工具。而我们每一个人都是一个独特的人，都有其自身的“独特性”，而价值观往往就是其“独特性”最集中的表现。人的价值观更多地受家庭背景、人文环境、人际关系等影响。忽视了“自问、自省”这个最重要的“测评方法”，就有可能忽略人的基本价值观。有的人可能适合某种职业，但并不符合其价值观追求。

（二）职业认知先天不足

89.1%的大学生的职业认知来自“网上职业认知”“亲朋好友职业认知”等间接的职业认知。事实上，仅有间接职业认知是不够的，正所谓“纸上得来终觉浅，觉知此事要躬行”。没有亲身职业体验的大学生并不了解职业和职场，难以做出行之有效的职业生涯设计，在这种情况下设计出的职业生涯规划甚至可能误导大学生。

造成这种现状的主要原因有以下两个。

一是受传统教育思想的影响。在我国的教育历史中历来有重理论轻实践的倾向，理论和实践相脱离。“学而优则仕”的传统观点在当今社会依然具有广泛的影响，近年来大学毕业生报考公务员热“高烧不退”就是一个真实的写照。

二是市场经济条件下，不少单位受成本和风险的考虑，不愿意接受在校大学生到企业锻炼，学生难以获得职业体验的机会。

（三）职业目标定位不合理

1. 拔高自我评价和期望值

许多大学生往往只关注自身的优势而忽略劣势，普遍存在着就高（高收入）不就低（低收入）、就东（东部沿海）不就西（条件艰苦的西部）、就城（大城市）不就乡（乡镇）、就大（大企业、大单位）不就小（小企业）、就公（国有企事业单位）不就私（个体、私营企业）的心理趋向，只盯着“三大”（大城市、大企业、大机关），片面追求“三高”（高收入、高福利、高地位）的职位，而不考虑自身的条件。

扫一扫

如何制订职业目标实施计划

2. 对内外部环境分析结果与最终职业定位不相符

不少大学生的职业目标会由其主观上的期望值所决定，也就是说无论其后来的分析如何系统完善，得出的职业目标都会是其原先期待的那个。而照此发展的职业生涯规划也只会成为一纸空话，不具备设计的科学性和严谨性。

3. 职业目标定位首选和备选方案间缺乏内在联系

大多数大学生意识到职业生涯设计在实际执行过程中，随着社会的发展和环境的变化，往往会出现预期和实际情况不吻合的情况，都能准备多个备选方案。然而，由于首选方案和备选方案之间相差悬殊，缺乏内在联系，使得他们在实际准备中受到干扰，犹豫不决，不利于核心职业目标的实现。

（四）职业生涯设计执行不力

在确定了职业生涯目标后，行动便成了关键环节。然而大部分大学生设定自己的职业生涯目标后，并未制订详尽、具体的实施方案。有职业目标的大学毕业生大都做过职业生涯规划，但却只是停留在“想”的层面而缺乏具体的行动或是行动半途而废。这都说明大学生缺乏对职业生涯设计的执行力，包括制订的执行力和完成的执行力。从高校角度来说，大学生职业生涯设计执行不力的原因主要有两个方面。

1. 高校的学生评价标准与职业生涯规划要求脱节

长期以来，我国高校的主要任务只是培育专业人才，评价一个学生的主要依据是品德好、学习好、文体好，积极参加学生工作和社会实践工作。这种标准下的好学生具有良好的道德水平和专业能力，但并不一定具有职业发展最需要的职业素质。

2. 职业生涯规划的主体错位

大学生的职业生涯规划，无论是职业生涯分析、定位，还是设计、实施，主体必然是大学生自己，高校的就业指导部门不过是提供一种方法、思路、工具和课程而已。

然而，高校在大学生就业困难的背景下开始的职业生涯规划教育，主要以提供形式上的服务（职业生涯规划教育、职业测评、双选会等）为己任，而不管事实上的结果（只关注是否有职业生涯规划的意识和是否做了职业生涯规划书，而并不关心其实施行动）。这种“授人以鱼”，而非“授人以渔”的职业生涯规划教育难以培养学生职业生涯规划的执行能力。

三、职业生涯规划的评估与修正

（一）职业生涯规划的评估

一般来说，任何形式的评估都可以归纳为自我素质和行为对现实环境的不适应性判断。职业生涯规划评估可以参照各类短期、中期预定目标和实际结果比照而行。

1. 职业生涯规划的评估内容

（1）目标评估（是否需要重新选择职业）。假如大学生一直无法找到所希望的学习机会和工作，那么应根据现实情况重新选择职业生涯目标；如果一直无法适应或胜任之前设计的职业生涯目标，在学习工作中得不到应有的发展，则应考虑修正和调整职业生涯规划。

（2）职业生涯路线评估（是否需要调整发展方向）。当出现更适合自身发展和职业生涯发展的机会或选择时，大学生应尝试调整发展方向。

（3）实施策略评估（是否需要改变行动策略）。如果大学生在其他地方可以找到一份满意的工作，应前往该地；如果无法在工作的地方定居，应考虑改变已定计划，前往他地；如果在已定区域和职业选择上实在得不到发展，应考虑改变行动策略。

（4）其他因素评估（身体、家庭、经济状况及机遇、意外情况的及时评估）。如果家庭需要更多的照顾，大学生应把更多的精力放在家庭，甚至暂时放下工作；如果身体条件不允许，应放低对自己的职业要求。

2. 职业生涯规划的评估方法

（1）反思法。通过对职业生涯规划实践的回顾，思考职业生涯规划中计划的目标是否实现了，有什么收获，还存在哪些问题。

（2）调查法。在职业生涯规划实施过程中，每当实现一个近期目标后，都应对下一目标的主、客观环境及条件进行调查、分析。如果环境、条件有所变化，大学生则应根据实际情况对下一步计划进行修改。

（3）对比法。进行职业生涯规划时，每个人都有自己的方法。通过对别人职业生涯规划的分析，往往有助于自己的职业生涯规划。所以，大学生在进行职业生涯规划时，应多比、多想、多学，吸取别人科学的方法。

（4）求教法。大学生可以把自己的职业生涯规划告知老师、朋友，积极主动地征求他们对自己职业生涯规划的看法及意见，往往会受益匪浅。

（二）职业生涯规划的修正

职业生涯规划的修正，要做好以下两个主要环节：一是做好同学间评价；二是做好自我评价。具体来说主要包括以下内容。

第一，对自己的强项充满自信。

第二，对自己的发展机会有一个清楚的了解。

第三，找出关键的有待改进之处。

第四，为这些有待改进之处制订详细的行动改变计划。

第五，以合适的方式答复那些给予反馈的人，并表示感谢。

第六，实施你的行动计划，确保你能取得显著的进步和成就。

职业生涯规划的评估与修正可以按表 1-7-1 进行。

表 1-7-1 职业生涯规划的评估与修正分析表

阶段目标（预计结果）	实施结果	评估差距	分析差距产生原因	修正措施

四、职业生涯发展管理

（一）职业生涯发展早期管理

1. 职业生涯发展早期阶段的含义

职业生涯发展早期阶段是指个人经过学校系统的教育和培训之后步入社会、融入工作单位的过程。这一阶段一般指 19～30 岁。这是一个人从学校步入社会、由学生转为员工等一系列角色转变的过程，是个人在角色转变过程中与工作单位互相了解、接纳、协调和融合的过程。在这一阶段，个人和工作单位需要共同面临重要的职业生涯管理任务。

2. 职业生涯发展早期阶段的主要问题

职业生涯发展早期阶段的主要问题是个人对工作环境的适应，以及个人与工作单位相互磨合的问题。

3. 职业生涯发展早期阶段的管理措施

（1）高校应建立完备的以职业生涯发展规划指导为中心的就业指导体系，开设分阶段、有重点的职业生涯发展规划课程，在职业生涯发展早期阶段对学生个人的职业生涯发展进行指导。

（2）工作单位应对新员工进行有效的岗前培训、上岗引导，以缩短个人与组织融合的进程，指导员工明确职业生涯发展目标，做好职业生涯发展规划管理，支持员工的职业探索。

（二）职业生涯发展中期管理

1. 职业生涯发展中期阶段的含义

职业生涯发展中期阶段是指30～50岁这一阶段。这是一个时间跨度较长、富于变化，既有可能获得职业生涯发展，又有可能出现职业生涯危机的一个职业生涯发展阶段。可以说，职业生涯发展中期阶段是一个人在事业发展道路上最为重要的阶段。

2. 职业生涯发展中期阶段的特征

（1）个人总体生命空间特征。职业生涯发展中期阶段与家庭生命周期中的中年家庭阶段完全重叠，个体不仅在是事业上要晋升，家庭上更需要赡养老人、抚育下一代，任务繁重。

（2）个人职业与社会心理特征。人到中年，客观职业工作环境和家庭环境逐渐变化，开始出现个人理想预期与实际成就之间不一致的现状，此时子女对其职业认同与否客观上会影响自己对最初做出的职业选择是否正确的判断。

当个体步入中年以后，子女成人、父母年迈，家庭结构发生变化，子女长大成人，抚养照顾子女的任务逐步减少，同时教育费用的停止使得家庭负担大幅度减轻，日常的饮食、娱乐、休闲等活动也随之改变。在职业生涯发展早期阶段，人们往往未意识到时间有限，步入中年后，逐渐开始体会到生命有限，在反思过去的同时，思考曾经制订的职业规划完成了多少，是否还有时间可以做未竟之业。

（3）个人能力和职业生涯发展特征。职业生涯发展中期是一个持续时间较长的发展阶段，在这一阶段，尽管每个人的事业和能力发展的具体情况不同，但是存在某些共同特征：大多数个体事业呈现由低到高向上发展的趋势，并逐步走向事业顶峰。

3. 职业生涯发展中期阶段的主要问题

员工刚步入职场时，工作热情高涨，业绩成果显著；然而，职业发展到一定时期就可能停滞不前，此时个人的这种职业生涯发展停滞状态即为职业生涯中期危机。主要表现为：① 职业现实与预期理想产生冲突；② 职业生涯发展受组织层次的制约；③ 工作与家庭冲突；④ 精神压力过大与健康状况不佳。

4. 职业生涯发展中期阶段的管理措施

（1）用人单位要坚持以人为本，实现互利双赢；提倡成功标准多样化；建立多重职业生涯发展阶梯，扩展、丰富工作形式。

（2）员工个人需不断稳固和扩展自身的综合实力，包括进一步掌握职业技能和专业前沿信息，不断进行学习和深造；确立明确的工作目标；进一步实现文化理念的融合；选择富有挑战性的工作。

（三）职业生涯发展后期管理

1. 职业生涯发展后期阶段的含义

职业生涯发展后期通常指 50～70 岁。此时，大多数人的事业已经达到顶峰，体能、学习能力均开始下降，个人对工作的参与度也逐渐减少，对职业发展的需求降低，开始考虑退休问题，并有意识地进行角色转换，从职业中期的中心、主导角色向后期的辅助、指导、咨询角色转变。

2. 职业生涯发展后期阶段的特征

（1）生理及心理特征。职业生涯发展后期阶段，由于职业性质及个体特征的不同，个体职业工作、生活和心理状态都发生了变化，并呈现出某些明显的负面反应，主要表现为产生经济危机感，心理孤独感增强，不适应退休生活等。

（2）职业特征。处于职业生涯发展后期的员工，由于其身体条件与职业能力的变化，其职业也呈现出完全不同于早、中期职业生涯发展阶段的特征，表现为进取心、竞争力和职业能力开始明显下降，权力、责任和中心地位下降，角色发生明显变化，但优势尚存，仍可发挥余热。

3. 职业生涯发展后期阶段的主要问题

（1）职业生涯发展高原状态给个体造成了一定的负面影响。

（2）社会变迁日益加快导致个体出现落伍的现象。

（3）组织管理的思维定式和传统观念在一定程度上阻碍个体发挥余热。

4. 职业生涯发展后期阶段的管理措施

（1）用人单位应为员工职业生涯发展后期的工作做好规划安排。

（2）员工个人要充分做好角色转换和职位更替的心理准备；可回顾自己的职业生涯，为后人提供经验教训。

案　例

一位大学生关于职业生涯规划的思考

我是高等职业学校的一名大专生。也许对于不少人来说，在职业学校里读书并不是理想的选择。但我很珍惜这个读书的机会，读书期间，除了学好文化课，我也对现在所学习的专业有了更深入的认识和理解。

为了能够顺利发展下去，我先给自己做了一个职业生涯规划，提前进行自我评估，给自己的职业道路和方向进行了初步定位。当我知道自己想要过怎样的一种生活时，就需要从现在开始，把握住变化的方向，使之转化为机会，进而充分施展自己的聪明才智，实现自己的理想。

其实，我从小就喜欢摆弄各种电器，记得以前家里有部老式录音机，爸妈最喜欢每天用它听音乐或话剧之类的，而我对这些声音并不感兴趣。对我来说，录音机最大的吸引力在于它是如何发出声音的，录音机上那些按钮都有些什么功能。于是爸妈不在家的时候，摆弄录音机就是我最大的快乐。

我了解自己的兴趣所在。所以，高中毕业后进入高职院校时，我学习了电气自动化技术这个专业，和各类电气设备打交道。我也知道，在这个重要的学习阶段我得靠自身努力，结合所学专业整合出自己的职业定位点，在学习过程中储备理论知识，提升能力。凡事预则立，不预则废。就业前，大学生应当利用在校时间好好准备，并对自身因素进行客观、科学的分析，以体现人生价值。而我的就业意向偏向于地铁方面，因为地铁公司工作稳定，福利好，这比较符合我的性格和工作要求。

近年来经济高速发展，科技日新月异，市场竞争加剧，用人单位的要求越来越高，这些因素对个人的发展产生了很大的影响。因此，在制订个人的职业生涯规划时，我充分分析了环境条件的特点、环境的发展变化情况、自己与环境的关系、环境对自己提出的要求等。事实上，当前我们大学生所面临的就业环境十分残酷，这对我们来说，是一个巨大的挑战。

那么面对严峻的就业形势，我们该怎么做才能在就业平台上谋得一席之地呢？我想，在大一大二的主要学习阶段，我们要在加强专业知识与技能学习的同时，考取与目标职业有关的职业资格证书或通过相应的职业技能鉴定。在大三上学期，要将目标锁定在提高求职技能、搜集公司信息上，参加和专业有关的暑期工作，和同学交流求职经验和心得，学习写简历、求职信等求职技巧，了解搜集就业信息的渠道，向已经毕业的校友了解往年的求职情况等。在大三下学期，开始谋求职位。首先，检验自己已确立的职业目标是否明确，准备是否已充分；其次，预习或模拟面试，积极利用学校提供的条件，了解就业指导中心提供的用人公司，强化求职技巧，进行模拟面试等训练。最后，开始毕业后工作的申请，积极参加招聘活动，在做出较为充分准备的情况下进行实战演练。此外，要重视实习机会，明确个人在岗位上的职责要求及规范，为正式走上工作岗位奠定良好基础。

【案例点评】

这位大学生对自身情况、就业环境都有一个清醒的认知，并对求职准备工作进行了充分的考虑，相信在他坚持不懈的努力下，其自身的职业生涯一定会取得令人满意的成果。

探索活动

完成自己的职业生涯规划书

活动目的：

规划自己的职业发展，为踏入竞争激烈的社会做好准备。

活动过程：

1．自我分析

（1）分析自己的职业性格及职业能力。

（2）分析自己的职业兴趣及职业价值观。

注意：可以通过人才测评分析结果及你对自己的认识、朋友对你的评价认识自己。

2．职业认知

（1）分析自己的家庭背景和生长环境。

（2）分析学校环境。

（3）分析社会就业环境。

3．确定职业目标

在自我分析和职业认知的基础上确定自己的职业目标。

4．制订计划

计划包括短期目标、中期目标和长期目标。

（1）短期目标。制订自己大学期间的计划，计划内容可以包括专业课程的学习、沟通技巧的提高、各类证书的获得、校园社团活动、社会实践活动。

（2）中期目标。中期目标是指大学毕业 5 年内的职业目标，可以包括薪资待遇、对各种职业技能的掌握程度、人际关系的处理能力等。

（3）长期目标。长期目标是指毕业后 5 到 10 年的职业目标，可以包括职位晋升到某一级别、薪资待遇、进入公司管理层等。

拓展延伸

职业生涯规划常见误区

职业生涯规划到底是什么？很多职场人似乎还是一知半解，甚至还存在很多理解偏差。这种认识上的误区一不小心就成了发展的“绊脚石”。

误区一：性格内向，找个销售工作改变性格。

案例：小艾的专业是计算机应用，他一向比较内向、寡言，不善言辞。自己觉得这样的个性不理想，便决定找一销售或者客服的工作来改变性格，让自己有个大变化。但结果却不如意，小艾每次拿起电话要跟陌生人沟通时，心里便充满了抗拒，最终还是以辞职告终。

专家点评：性格是与生俱来的，工作对个人性格会产生一定影响，但并不会因此产生本质的变化。不少职场人希望通过工作来锻炼和彻底改变自己，会有一定作用，但与自己性格特质、能力特长等完全不相符甚至背道而驰的工作，不仅不能让你发挥所长做出成绩，还很有可能会消磨你的自信，导致更深的挫折感。

误区二：找本专业的工作，一定有优势。

案例：李莉的专业是工业设计，毕业后想去广告公司做设计。但几轮面试下来，李莉才知道自己掌握的软件、设计功底都达不到广告公司的要求。专业能力还不及那种精通设计的业余爱好者，让她沮丧又迷茫。

专家点评：一般状况下，找本专业工作在专业知识、技能上有一定优势。但现状是大学生的专业学习不到位，且因为没有提前对未来的职业发展实施规划，在知识和技能的准备上很不充分，甚至不知道自己该做什么，技能水平很难与用人单位的需求对接，常常无优势可言。大学生应利用在校时间尽早对未来的职业发展做好准备工作和前期探索，才能真正积累有用的优势。

误区三：调整心态，一定能喜欢上现在的工作。

案例：王亮毕业后听从家里的安排进入图书馆工作。图书馆的工作枯燥单调，完全不是他以前想做的。他不敢辞职，想了不少办法让自己对工作多一点积极性，但心理的抵触始终消除不了，严重影响了工作表现。

专家点评：喜欢一份工作，是因为这份工作满足了你的成就感、价值感，且不断刺激你追求新的目标。如果眼下的工作根本不是你的兴趣所在，也不能满足你的自我成就感，即使在短时间内可让生活有保障，也不会是长久的发展方向。选择职业时，大学生一定要结合自身的能力特长、职业价值观及当前的职业机会这三方面进行综合决策，通过全面的分析和判断才能找到让自己感兴趣、全身心投入的工作。

误区四：三四十岁才做职业规划，已经来不及了。

案例：马雯，36岁，在一家互联网公司当副总，主要负责公司销售、客服方面的工作，工作繁忙且压力很大。她家中还有一个4岁的宝宝要照顾，总感觉吃力，想重新换个工作，可她始终不敢迈步，觉得已经过了年龄，只能继续忍受下去。

专家点评：任何时候做职业规划都不会晚。职业生涯漫长，不同阶段有不同的任务要完成，如果前一阶段的问题没有解决，拖沓到下一阶段只会加重发展的危机，且需要投入更多的成本。每个阶段都应该随发展及时调整职业规划方案，及时解决发展中的问题。

误区五：大学生只要学习，职业规划等工作以后再做。

案例：小鲍高考成绩不够理想，被调剂到了工商企业管理专业。但这个专业到底以后出来能做什么工作，他一点也没概念。眼看着大三就要过完了，家里父母都为他工作的事焦急，他却慢条斯理地说："还有一年，等毕业时再考虑也来得及，现在找了又不是马上就要去上班。"真等到毕业时，看到身边的人都陆续签约，他傻眼了，连自己能做什么都还不清楚。

专家点评：大学是个人职业生涯发展的预备阶段，大学生要充分利用好此阶段对未来的职业发展方向进行探索和尝试，并有针对性地学习和积累一些专业技能，多从实践中了解社会、职场、自己的能力特长等，以便于毕业时与职场“无缝接轨”。否则，毕业求职时就会手忙脚乱，不知道方向。

误区六：年轻是资本，工作尝试越多越好。

案例：大伟毕业一年，已经换了3份工作，做过质量监测员、销售和经理助理，可他都觉得不合适，做几个月就辞职。“趁年轻，我想多尝试不同的工作，其他的走一步看一步吧。”大伟就这样不停地跳槽换工作，但始终定不下来。

专家点评：“裸辞”“闪辞”似乎已经成为职场新人的通病，工作中碰到一点阻碍和不顺心，就立马放弃，去尝试新领域，一直追逐着“更好的工作”，却不知道究竟什么才是自己需要的“好工作”。世界上没有完美的工作，毫无头绪地跳槽、换岗位和行业，只会让自己的职业发展停滞不前，甚至倒退。

误区七：计划没有变化快，用不着规划。

案例：“计划总赶不上变化，没必要提前计划什么。”小杨从事软件开发工作3年，总是在新项目有需要时，才会临时突击学习可能需要的新知识。他有技术，但总显得火候不够，做了3年的技术，进步还是很缓慢，升职总是遥遥无期。

专家点评：前进的方向来自清晰的职业规划。面对瞬息万变的“变化”，你只有提前通过规划、制订具体的目标才能在风浪中掌握住自己的方向。越是面对知识和技能更新周期短的行业，就越需要通过规划来提高自己对行业发展趋势的预见性。只有时刻准备着的人，才能在机会出现时抓住发展的机遇。

误区八：想知道自己适合什么工作，只需要做份测评。

案例：苏晓再一次辞职了，这份连锁超市经理的工作做了不到一年，还是没能坚持下来。毕业3年了，可自己到底适合做什么，她还是一头雾水。这次找工作前，她特意做了好几份职业测评，希望从测试结果中找到合适的工作。但结果出来那么多“适合职业”，难道自己要每个都去尝试一遍吗？

专家点评：网上流传着各种各样的职业测评，在择业迷茫、发展困惑时，职场人都想立马找到最有效、最快的方法解决困难。但职业测评只能作为自我了解的辅助工具，并且需要专家根据测试结果，结合你个人的实际情况进行分析和解读才能起到解决问题的作用。大学生进行择业、职业定位时，需要综合考虑、评估各方面要素，才能最终做出决策，切勿片面地理解和盲目遵循职业测评结果。

误区九：有了各种证书，就能找到好工作。

案例：从大三开始，董杰就开始考各种证书：初级会计证、电子商务师证等。可是到毕业了，看着各种各样的工作，他也不知道找什么工作好，面试了几家公司，都没有成功。

专家点评：很多大学生和职场人依然认为考到证书就能找到好工作，其实光有证书远远不够。求职者最好先明确职业目标，有一个初步的职业规划，有针对性地进行学习。更重要的是，企业用人现在更看重实际技能，其判断依据是你是不是真正能为企业创造价值的人。

误区十：沿着别人的成功轨迹，自己“依葫芦画瓢”。

案例：小齐的专业是酒店管理，但自己并不是太喜欢。在他认识的人中，有一位学长学的也是酒店管理，但后来考了法学的研究生，毕业后从事经济法律方面的工作，前途似锦。小齐觉得这个方向不错，于是自己也去考法硕，可背那些法律条文都背得头疼，更谈不上通过考试了，因此，他觉得自己的前途一片渺茫。

专家点评：在职场上摸爬滚打，大家都希望有朝一日出人头地、光耀门楣。一般人如果看到和自己经历类似的人成功，就很容易出现模仿心理。但是，生搬硬套并不一定会给你带来同样的成功。每个人的发展轨迹和经历都有其特殊性，尤其在职业发展上，个人的能力水平、价值观和性格特质等都在影响最终的结果。每个人的职业规划都必须量身定做，才能获得属于自己的成功。

一些传统的旧观念和旧习惯已经跟不上时代前进的步伐，只有不断学习新知识、新理念，并且不断与时俱进地调整自己的职业规划，才能从容面对职业发展中的各种挑战，收获属于自己的成功。

课后练习

1．简述职业生涯规划与设计的步骤。

2．评估职业生涯规划的方法有哪些？

模块八

职业素养的培养

引导案例

小刘是某高校机械制造专业的学生。在校期间，他参加了省级专业技能竞赛并获得了不错的成绩。还没毕业，小刘就已经与某大型企业签订了就业协议。可是小刘最近也有一些苦恼，他觉得自己性格内向，人际交往能力和口头表达能力也很弱，他害怕自己内向的性格和较弱的人际交往能力会影响以后的职业发展。

与小刘同一专业的小易则十分羡慕小刘。小易的人际交往能力很强，他在大学期间做过多次市场推广方面的兼职工作。但是小易不喜欢自己的专业，他的专业能力和动手能力都不如小刘。小易觉得自己差强人意的专业能力会影响自己找到好的工作，为此他也非常烦恼。

讨论：像小刘和小易一样的大学生有很多，他们在即将步入社会时，或多或少地存在一些困惑。他们既不清楚自己有哪些能力和长处，也不清楚应该提升哪些能力，更不知道如何才能提升必备的技能。你认为职场新人应该具备哪些能力？

教学目标

知识目标：了解团队精神、创新能力、沟通能力、学习能力和时间管理的概念和意义。

能力目标：培养团队精神、创新能力、沟通能力、学习能力和时间管理能力。

知识链接

一、团队精神

（一）团队精神概述

1. 团队

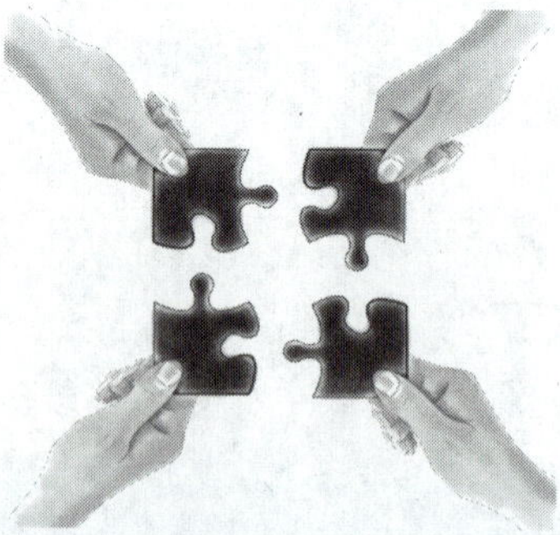

团队是指互助互利、团结一致、为统一目标和标准而奋斗到底的一个群体。团队不仅强调个人的业务成果，更强调整体的业绩。

团队的精髓是共同承诺。共同承诺就是共同承担团队的责任。做出这一承诺，团队就会齐心协力，成为一个强有力的集体；没有这一承诺，团队就如同一盘散沙。

2. 团队精神

团队精神是大局意识、协作精神和服务精神的集中体现，是团队成员对团队感到满意与认同，自觉地以团队的利益和目标为重，并在各自的工作中尽职尽责，自愿并主动与其他成员积极协作、共同努力奋斗的意愿和作风。

团队精神的基础是张扬个性。张扬个性，即强调个性自由，这是敢于打破常规的动力源泉。要塑造团队精神，就必须尊重个体的兴趣与成就，尊重个人的个性。

团队精神的核心是协同合作。团队精神强调的不仅仅是一般意义上的合作与齐心协力所带来的“1+1=2”的效果，其核心在于加强沟通，发挥个性优势，在团结协作中实现优势互补，产生积极的协同效应，带来“1+1>2”的效果。

团队精神其实是一个组织共同的价值观问题，团队精神的动力是共同目标。团队有目标，大家才会向着这个目标坚定不移地走下去。只有团队目标达到了，即团队成功了，个人才能获得成功。如果脱离了团队目标，即使个人目标达到了也是毫无意义的。

（二）培养大学生团队精神的意义

1. 时代发展的需要

社会把“是否具有团队精神”作为人员是否被录用的重要指标。在现代社会，个人的力量显得非常渺小，单靠个人能力来解决重大问题的可能性已微乎其微，更多的成果是靠“集体大脑”，而创新人才将以一种团队的形式体现出来。也就是说，时代要求个体除了具备必要的自身能力之外，还必须具备与他人合作的协作能力。为此，培养受社会欢迎的、具有良好团队精神的大学毕业生，必将是高校教育的职责和神圣使命。

2. 有助于大学生尽快适应社会

培养大学生树立团队精神，有助于培养其良好的心态，使其灵活地应对风雨变化的社会大环境。同时，如大学生具备团队精神，在求职就业过程中就更容易受到企业的青睐，进而获得更好的就业机会。

3. 有利于大学生综合素质的提高

培养大学生的团队精神，有助于提高其奉献、进取和团结合作的人际交往能力和作风，使其养成民主意识，提高心理素质。在长期的活动中培养大学生的团队精神，能创造出一种增加满意度的氛围，使他们创造性地工作和学习，谋求通过与人合作来共同创新和发展。

（三）培养团队精神的途径和方法

1. 团队组织者和领导者的团队精神培养

作为团队的组织者和领导者，第一，要建立一种有效的监督和约束机制，营造一种团结严谨的工作氛围；第二，要消除不必要的工作界限，培养团队成员整体配合的协作精神，形成“分工不分家”“互相支持和努力”的工作习惯；第三，要让每一位成员都能拥有自我发挥的空间，但要破除个人主义及唯我独尊、夜郎自大的傲慢心理，把团队成员的力量凝聚到同心协力的行动上，凝聚到荣辱与共的感受上，树立团队集体主义观念；第四，要尊重每一位成员，让每一位成员都学会包容、欣赏和尊重其他成员的个别差异性，使团队的全体成员产生归属感和凝聚力，树立共同目标，实现共同理想。

2. 团队成员的团队精神培养

作为团队成员，要培养团队精神，必须注重以下能力和品质的培养。

（1）培养主动做事的品格。在一个团队里，个人不能被动地等待别人告诉你应该做什么，而应该主动去了解团队需要我们做什么，充分发挥主观能动性和主观意识，然后进行周密规划，并全力以赴地去完成。

（2）培养敬业的品格。个人有敬业精神才能把团队的事情当成自己的事情，才能发挥自己的聪明才智。个人的命运是与所在的团队连在一起的，要有意识地多参与集体活动，并且要尽自己所能认真完成个人承担的任务。无论学习或是工作，个人都要养成认真负责的好习惯，增强责任感。

扫一扫

如何培养团队精神

（3）培养宽容与合作的品质。团队中的每个成员都各有长处和不足，关键是成员之间以怎样的态度去看待，能否在平常之中发现他人的美。在日常生活中，个人培养宽容与合作的品质，不仅是培养团队精神的需要，也是获得人生快乐的重要途径。

（4）培养全局意识、大局观念。团队精神不反对个性张扬，但个性必须与团队的行动一致。在工作中，个人要有意识地培养全局观念，比如要建设一个优秀班组，就不能只考虑自己的需要而不关注别人的感受；要建设一个优秀部门，每个人就不能借口自己有这样或那样的事情而不参与集体的活动。否则，团队就会像一盘散沙，优秀的团队难以形成，自己也很难从中受益。

（四）影响团队绩效的因素

1. 公平因素

公平可分为程序上的公平和结果上的公平。程序上的公平是要给人以平等的机会，而结果上的公平是要给人以平等的结果。在满足程序公平的前提下，结果上的不公平表明了个人的能力及努力程度；如果程序上不公平，就会导致秩序混乱。所以，相对而言，程序上的公平比结果上的公平更重要。如果不注重程序公平，而只追求结果上的公平，就可能导致分配上的大锅饭，从而影响绩效突出的团队成员的积极性，进而影响整个团队的绩效。

2. 绩效评估方法

一个团队需要一套公平、透明的绩效评估体系，并以此对每个成员的绩效做出评估。评估体系不透明、不科学，就会影响到团队成员的积极性，进而影响整个团队的绩效。因为不对团队成员的个人努力做出评估，团队中就会有人滥竽充数，不会为团队建设做出贡献，甚至会影响团队其他成员的积极性。

3. 人际关系

复杂的人际关系会对团队绩效产生很多负面影响，因为团队成员把精力耗费在人际关系方面，用在工作上的精力就少了，这必然会影响团队的整体绩效。所以，团队一定要创造一种和谐的人际关系氛围，使团队成员可以在简单的人际关系中，轻松而又全力以赴地进行工作。

（五）职场新人在团队中的注意事项

职场新人要想快速地融入团队，在平时的工作、生活和学习中一定要注意以下几点。

1. 尽快了解企业文化

每个企业都有自己独特的文化，都有自己的发展史、规章制度及一些不成文的行为准则。加入该团队的新人应该多留心、多观察，了解这些规则，这将有助于我们今后的发展。

2. 把同事当家人

同事之间应该是相互合作的关系，我们一生约有一半的时间都是和同事在一起的，所以应该互帮互助，互惠互利，把同事当成家人，而不应该把同事看成竞争对手。

3. 不过问、宣传别人的隐私

每个同事都有自己不愿被别人知道的隐私，所以我们不要轻易地打听别人的隐私，即使对方相信你，主动向你说起，你也应该不辜负他对你的信任，严守别人的隐私。

4. 讲话注意分寸

单位不是学校，更不是家里，所以我们在单位说话时一定要注意分寸，不要信口开河，否则会给人留下不稳重、轻浮的印象。

5. 尊重所有同事

人们都喜欢与那些懂礼貌、尊重他人的人打交道，我们与同事共处时应注意彼此尊重。

6. 工作时不要带感情色彩

当我们对某事或某人带有强烈的感情色彩（或喜欢或反感）时，请记住一定不要带到工作中，因为这样既影响情绪，又影响工作。此外，也不要把同事划分为同类和异己，更不要拉帮结派，搞小团体。

7. 遵循 AA 制的处事原则

同事之间会经常聚餐或游玩，这是沟通的最佳时机。但注意处理此事时，我们最好采用 AA 制，因为这样做大家都会觉得很公平，心里没有负担，经济上也承受得起。

二、创新能力

创新能力是当代大学生应具备的职业素质之一。没有强烈的进取心，就会被时代所抛弃；没有开辟创新的能力，就只能因循守旧，墨守成规，工作就自然没有起色。有了不断进取的创新能力，任何艰难困苦都不能阻挡我们前进的步伐。

（一）创新能力概述

扫一扫

什么是创新

1. 创新能力的概念

创新能力是运用知识和理论，在科学、艺术、技术和各种实践活动领域中不断提供具有经济价值、社会价值和生态价值的新思想、新理论、新方法和新发明的能力。

2. 创新能力的内容

创新能力包括创新意识、创新思维、创新技能和创新精神等几个方面的内容。

（1）创新意识。创新意识是善于独立思考、敢于标新立异，提出新观点、新方法，解决新问题和创造新事物的意识。它是创新思维和创新活动的基本前提和条件，直接决定创新活动的产生和创新能力的发挥。

（2）创新思维。创新思维是逻辑思维、形象思维、直觉思维和灵感思维等多种思维形式的有机结合，是判断推理敏捷、概括综合准确、分析思考深刻和联想想象新奇的高级智能思维方式。创新思维是创新能力的核心，是创新活动的关键。

（3）创新技能。创新技能是指创新主体在开展创新活动时所需要的实践技能，包括信息加工技能、动手操作技能、运用创新技术的技能和物化创新成果的技能等。创新技能是创新能力的直接体现。

（4）创新精神。创新精神包括高度的责任感和敬业精神，勇于开拓的精神，对新事物的强烈的好奇心，以及敢于冒险、勇于进取的品质。创新精神是培养创新意识、锻炼创新思维、提高创新技能的保证。良好的创新精神对培养创新思维、激发创新灵感和进行创新活动来说都是不可或缺的。

（二）大学生的创新能力现状

大学生正处于思维创造活动发展的重要阶段，他们思维敏捷、精力旺盛、思想活跃。然而，我国大学生的创新能力还不够全面，主要表现为以下四个方面。

1. 好奇心强，但创新意识贫乏

大学生具有强烈的好奇心，并对事物因果关系的规律性探索越来越感兴趣，独立思考、独立判断的能力开始逐步发展。但由于国家教育体制和大学生自身的原因，他们并没有形成创新意识。另一方面，大学生往往只是在单纯的好奇上停滞不前，不愿意或者不敢标新立异，也不敢提出新观点、新方法，以及为解决新问题和创造新事物而努力。

2. 思维敏捷，但缺少创新思维方法

大学生随着知识和经验的不断积累，想象力逐渐丰富起来，思维能力，尤其是逻辑思维能力有了很大程度的发展，思维也较敏捷。但由于知识面窄，学科之间缺乏合理的整合，大学生的思维方式往往是单一的和直线式的，致使思考问题时缺乏灵活性和全面性。

3. 具有一定的创新想法，但缺乏创新技能

许多大学生经过长期的脑力训练，在特定因素的诱发和引领下会产生灵感，但由于缺少创新技能和横向联系，灵感最终是昙花一现。要使这些灵感变为现实，大学生需要一些必要的创新技能，而这正是我国大学生在传统的教育模式下所缺乏的。创新技能的缺乏限制了大学生创新能力的进一步发展。

4. 有创新热情，但创新精神不佳

大学生通过自主学习和教师的引导，有了一定的创新热情，但由于缺乏广泛的沟通和对社会的全面了解，导致他们的创新目标不够明确。许多大学生虽然不满足于现状，但往往只是满腹牢骚、唉声叹气，缺乏行动的信心。另外，很多大学生也缺乏创新的毅力。有些大学生也能认识到毅力在创新活动中的重要性，但在实际工作过程中往往虎头蛇尾、见异思迁、放弃追求。

（三）培养大学生创新能力的途径

当今时代的发展对大学生的创新能力提出了更高的要求，对大学生来说，这既是挑战，也是实现自我全面发展的机遇。要培养大学生的创新能力，可以从以下四个方面着手。

1. 不畏常规，敢于超越，增强创新意识

创新是真正意义上的超越，是一种敢为人先的胆识。现在的大学生是从应试教育中走过来的，在小学、中学接受的大多是老师机械式的灌输，课堂上缺乏热烈宽松的气氛，学

生很少有独立思考的空间，思维被严重地束缚。因此，大学生创新能力的提高应该从增强创新意识开始，要善于发现问题、提出问题，不拘泥于条条框框的束缚，勇于超越常规，在超越中求发展。

2. 培养各种能力，做到知识与能力并重

创新不是一种简单的“包装”现象，它体现的是一种更高层次的能力，需要各种基础能力作为保障。大学生要真正具备较强的创新能力，必须首先具备很强的综合能力和综合素质，尤其是观察能力、分析问题和解决问题的能力、独立思考的能力和学习的能力，这些能力需要靠不断地思考与学习来获得。这些能力积累起来就成了一股势不可挡的力量。

3. 建立健全合理的知识体系

创新能力的提高是一个日积月累、循序渐进的过程。创新需要基础，没有基础，超越便没有了可能。大学生为创新做好准备，必不可少的一个环节就是脚踏实地地学好知识，掌握真才实学，在此基础上融会贯通，构建健全合理的知识体系。

4. 积极参与社会实践，理论联系实际，学以致用

创新的灵感大部分来源于现实生活，现实生活也是创新的最好材料。参与社会实践对培养大学生创新能力的作用是不可低估的。另外，积极有效的社会实践也可以增强大学生的竞争意识和创新意识。

三、沟通能力

（一）沟通能力概述

沟通能力是指一个人与他人有效地进行信息交流的能力。恰如其分和沟通效益是人们判断沟通能力的基本尺度。其中，恰如其分是指沟通行为符合沟通情境和彼此的标准或期望；沟通效益是指沟通活动在功能上达到预期的目标，或者满足沟通者的需要。

从表面上看，沟通能力似乎就是一种能说会道的能力，实际上它包罗了从穿衣打扮到言谈举止等一切行为的能力。一个具有良好沟通能力的人可以充分发挥自己所拥有的专业知识及专业能力，并能给对方留下“我最棒”“我能行”的深刻印象。

（二）大学生沟通障碍的表现

当代大学生单一的人生追求和对社会需求的沉淀性认识导致了大学生的沟通能力与现代社会的期望产生了或多或少的偏离，主要特征表现如下。

1. 追求高分和证书，忽视沟通能力的培养

在一些家庭中，优秀的学习成绩是父母的唯一期望，被认为是获得一个好工作的前提和必备条件。这样的意识观念至今还影响着相当数量的大学生，他们沉浸于书海，却寡言少语，缺乏甚至逃避与他人交流沟通，不注重甚至不会自我修饰。当他们走向社会时，展示的只是优异的学习成绩和各种证书，得到的却是用人单位的叹息声。

2. 个性张扬式的人际关系冷漠

信息社会有两大标志：一是时尚；二是网络。竭力追求各种时尚的大学生在刻意塑造自己与众不同的个性表现：金黄色的头发，嘴里说出难以理解的话语，我行我素，不顾及

他人情绪等，这些都导致了他们“鹤立鸡群”。网络已不仅仅是辅助工具，而成为某部分人的生活必需品，他们将时间和情感寄托于虚拟的世界中。

人的发展应建立在现实中人与人互动的基础上，但有的大学生沉醉于那种虚假的满足感中，他们的人格和交往模式也被那种虚拟环境模糊化了。当回到现实中时，他们都是发号施令者，都要充分地展示自己的个性，希望得到的回应仍是自我的“高高在上”，难以融进到群体之中，阻碍了组织团队的建设。

3. 个体文化与组织文化的偏离

文化是人类与社会不断相互作用而积淀的结晶，它具有一定的传承性。但在信息社会时期的社会变迁、阶层流动和文化交流过程中，呈现出一种大学生新新人类文化。他们缺乏社会所期望的勤俭、纯真和理性，更多的是自以为是的“后现代主义文化”的价值取向和行为取向。这样的大学生很难建立可信度，很难构建共同价值观体系，也难以获得认同感。

（三）提升大学生有效沟通能力的途径

1. 悦纳自己，克服自卑心理

要想协调好人际关系，让别人接纳和喜欢自己，首先要悦纳自己（欣然地接受自己）。一个人自卑、缺乏自信，往往与对自己没有形成正确的认识和评价有十分紧密的联系。我们与他人进行比较时，一是要注意比较的标准，不能以己之短去比别人之长，这样势必导致比较的误差；二是比较时必须要客观，千万不能认为自己某一方面不如他人就彻底否定自己。

此外，我们要善于发现自己的优点和长处，只有这样，才能对自己有一个客观公正、符合实际的自我认识与评价。在沟通中，我们要有交往成功的信心，不要总是被“人际交往会失败”的心理所困扰。只有多与人沟通，我们才能增加与他人进行社会比较的机会，也才能发现自己的长处，增强自己的信心，克服自卑感。

2. 真诚待人、尊重他人

真诚是一种待人态度，是一个人发自内心而不是虚情假意地对他人的关心和尊重。与人交流时，我们应该讲究方式方法，尤其在表达不满时更是要考虑到交往对象的接受程度，以便优化人际关系，减少人与人之间不必要的冲突和摩擦。一般情况下，我们在表达不满时，应该遵循如下两条原则：第一，对事不对人，就是只对事件本身发表自己不同的看法，不要攻击对方的人格；第二，对己不对人，就是直接表达自己的内心感受，而不要轻易地对对方的行为下结论。

要做到尊重他人，就要做到以下两点。

首先，要学会面带微笑。微笑是发自内心地对别人的友好、接纳、赞同、理解、宽容和尊重，不是皮笑肉不笑的虚情假意。

其次，要认真倾听，就是要诚心、耐心和细心地听，而且要“四个耳朵”——两个耳朵、眼睛、头脑一起听。我们用眼睛观察对方讲话的表情，用头脑分析对方讲话的意图，以示对交往对象的尊重，即使对方讲的话并不十分令人感兴趣，也应让对方把话讲完。

3．平等交往

沟通中的平等主要是指精神和人格上的平等。现实生活中，人与人之间要真正做到平等交往是很困难的。例如，职位较高的人常带有一种居高临下的心理，往往轻视职位较低的人；而职位较低的人则往往抱着不敢高攀或不愿高攀的心理，这就容易造成沟通中的心理障碍。

我们要把握平等交往的原则，一方面要一视同仁，不以貌取人、以势取人、以才取人、以物取人、以家境取人和以学习成绩取人；另一方面，也要平等待己，克服自卑心理，不要自视低人一等。

4．宽容待人

大学生的自尊心是非常强的，不允许别人轻易地冒犯自己，这是可以理解的，但有时也要学会忍耐。有些学生在日常生活中分毫不让，据理力争，本来要维护自己的自尊，但往往却适得其反。

大学生感觉的“过敏”不可避免地会激发一些矛盾，这就要求大学生在沟通中不要斤斤计较，而要谦让大度、克制忍让，不计较对方的态度和言辞，并勇于承担自己的责任，做到“宰相肚里能撑船”。宽容克制并不是软弱、怯懦的表现，相反，它是有“肚量”的表现，是建立良好人际关系的润滑剂，能“化干戈为玉帛”，赢得更多的朋友。

5．掌握人际沟通的语言艺术

语言艺术运用得好，就能优化人际交往；相反，如果不注意语言艺术，往往在无意间就会出口伤人，引发或激化矛盾。人际沟通的语言艺术有以下几种。

（1）称呼得体。称呼关系到人们之间的心理关系的融洽程度。恰当得体的称呼能够使人获得一种心理满足，使对方感到亲切，沟通便有了良好的心理气氛；称呼不得体，往往会引起对方的不快甚至反感，使沟通受阻或中断。所以，在沟通过程中，要根据对方的年龄、身份和职业等具体情况及沟通的场合、双方关系的亲疏远近来决定对方的称呼。对长辈的称呼要尊敬，对同辈的称呼要亲切、友好，对关系密切的人可直呼其名，对不熟悉的人要用敬辞。

（2）正确运用语言。每个人讲话时要表达清楚、生动、准确、有感染力和逻辑性强，少用俚语和方言，切忌平平淡淡，滥用辞藻，含含糊糊；语音、语调和语速要恰当，要根据谈话的内容和场合采取相应的语音、语调和语速；讲笑话要注意对象、场合和分寸，以免笑话讲得不得体，伤害他人的自尊心。

（3）适度地称赞对方。每个人都希望别人赞美自己的优点，真诚的赞美往往能获得出乎意料的效果。如果我们能够发掘对方的优点，并进行赞美，对方会很愿意与你多沟通。但是赞美要适度，要有具体的内容，绝不能曲意逢迎。

（4）避免争论。大学生喜欢争论，但很多争论是在互不服输、面红耳赤、不愉快甚至演化成直接的人身攻击或严重的敌意中结束的，这对沟通的负面影响是显而易见的。因此，大学生要尽量避免争论，并且要通过讨论、协商的途径解决分歧，最终要以“求同存异”的方式表明必要的原则性，同时又不伤害彼此友谊，不强加于人。

四、学习能力

一个企业的发展和活力取决于这个企业与员工学习的广度和深度。在学习型企业中，不能把学习仅仅看成个人行为，而是要把学习作为企业生存和发展的需要。因此，大学生必须具备学习能力才能适应学习型企业的需要。

（一）学习能力概述

学习能力是指个体掌握知识并在实践中应用知识的能力。学习能力的内涵包括发现问题和解决问题的能力，收集、分析和利用信息的能力，以及学会分享与合作的能力。

学习能力要求个人不仅要学习宽泛广博的知识，还要学会学习的方法，树立终身学习的理念，与时俱进。无论是在大学学习阶段还是职业生涯阶段，人们都必须具备再学习的能力，不断吸纳新的知识和技能，以适应社会发展的变化。

（二）学习能力的重要性

在当代社会，学习能力的强弱对一个组织和个体都有着极其重要的意义和作用。我们可以从以下几个方面来重新认识学习能力。

1．企业与个人成功的奥秘——学习能力强

实践证明，企业或个人的学习能力强，往往能够取得成功、创造辉煌。其原因在于：一是能够用最短的时间学到新知识，获得新信息；二是能够加强集体学习能力，集思广益，调动大家的积极性；三是能够以最快速度把学到的新知识、新信息和新技术应用于企业或个人的变革与创新，满足市场与客户的需要。

2．掌握学习能力——终身受益

寒窗苦读表面上看学的是些“无用之学”，实则是获取知识、信息和能力的过程。大学里的学习环境比较宽松，如果能够掌握学习能力，养成良好的学习习惯，就能为日后走向社会、融入社会、服务社会打下扎实的基础，使人受益终身。

3．学习能力是第一竞争资本

谁的学习能力强，谁就能在同等条件下赶在竞争对手前面，成为第一赢家。现代人才的一个重要特征就是具有很强的学习能力，这是人才竞争的主要资本。一个不善于学习的人是缺乏竞争力的人，因为在知识经济时代，人与人之间的差异主要是学习能力的差异，人与人“较量”的关键是学习能力的“较量”，不善于学习的人将会被社会淘汰。

（三）提高学习能力的途径

1．端正学习态度

一些职场新人对待学习的态度不够端正，思想认识上主要存在以下三种误区。

一是认为“工作太忙，很难挤出时间学习”。其实，学习和工作不是非此即彼、互不相容的关系。俗话说，磨刀不误砍柴工。通过学习提高思想理论水平和业务知识，不仅不会耽误和影响工作，还会提高工作质量和效率。

二是认为“自己有高学历，不用怎样学也能对付过去”。这是一种盲目的优越感。有

高学历固然是一种优势，但如果满足于已有的学历，就此止步，那就不可避免地要落伍，甚至被淘汰。因为我们所处的时代是知识经济的时代，新知识和新技术层出不穷，学过的知识如不及时更新，就会很快过时。

三是认为“平时看报纸、电视，上网，参加团队学习，就足够了”。这也是一种误区。我们在此强调的学习是通过学理论、学业务和学专业技能来提升自身的内在素质，成为企业生存和发展的不竭源泉。

人只有转变了上述错误认识，有了对知识和技能的热爱，才能使学习成为一种自觉的行动。因此，职场新人必须端正学习态度，进一步增强学习的自觉性和主动性，要用不断学习的积极态度来代替不用学习的消极心态。

2. 树立新的学习理念

首先，要树立学习者生存发展的理念。当前，企业生产、经营和管理理念发生飞跃性变化，面对新技术信息革命和知识经济时代的到来，企业管理的要求不断提高，业务技术要求也越来越高，无论是生产调度、产品经营，都必须有过硬的业务素质。因此，职场新人要充分地认识到创建学习型企业是强化企业管理、争创一流企业的需要。只有不断加强学习，充实知识，从中汲取营养，提高本领，把全新的生存理念融入各项工作中，才能使企业在激烈的竞争中立于不败之地。

其次，要树立学习则强、学习则胜的理念。学习是思考和创造的过程，选择学习就是选择进步。职场新人必须把学习作为自身进步的阶梯，把知识作为与时俱进的不竭动力，培养强烈的求知欲望和浓厚的学习兴趣，养成良好的学习习惯和能力，孜孜不倦，永不懈怠，做到在实际工作中关注变数、胸中有数、增加胜数，通过学习塑造自我、完善自我和创新自我，努力以学习的进步推动工作的创新。

最后，要树立工作学习化、学习工作化、学习生活化和学习终身化的学习理念。职场新人要学会学以致用，把学习消化在工作中，细化到生活里。如果只埋头工作而忽视学习的转化，即使有敬业精神和干好工作的良好愿望，工作也难有成效。只有不断加强学习，树立终生学习的理念，把学习作为一个永恒的主题，使学习成为一种兴趣、一种习惯和一种需求，才能把学习、工作和生活有机结合起来，达到相互促进、相得益彰的效果。

3. 注重实际效果

职场新人要培养自己的学习能力，必须注重实际效果，在以下三个方面下功夫。

（1）学习方式可以灵活多样。学习往往枯燥无味，是一种苦差事。要使学习有趣、有实效，大学生可以采用灵活多样的学习方式，可以边干边学，可以向老师请教，还可以去上学习班向专业的老师学习等。

（2）要把企业文化理念贯穿于整个学习中。职场新人在学习中，要克服为了学习而学习的错误做法，不能把简单的看书、读报、听课当成单一的学习途径，而要把企业文化理念贯穿于整个学习中，把学习融入丰富多彩的企业文化活动之中，寓学于动，寓学于乐，使之产生一种合力，使自己的学习紧紧围绕企业的发展。

（3）要养成勤于思考的习惯。学习和思考是相互关联、密不可分的过程。从认识论的角度看，只学习不思考，认识的过程就没有完成。思考是学习的继续，思考的过程是对照比较、学以致用和融会贯通的过程，也是理论联系实际的不可或缺的重要环节。只有认真思考，才能不断修正、调整、丰富和提高自己。因此，职场新人要在勤奋学习的基础上，养成勤于思考的习惯，培养思考的能力。

五、时间管理

（一）时间管理概述

时间管理是指在时间消耗量相等的情况下，为提高时间利用率和有效性而进行的一系列活动，以保证重要工作的顺利完成，并能及时处理突发事件或紧急变化。

时间管理不是要把所有事情做完，而是要更有效地运用时间；时间管理不是完全地掌控，而是降低变动性。时间管理的目的除了决定你该做些什么事情之外，另一个很重要的目的是决定什么事情不应该做。

（二）浪费时间的表现

时间对于每个人都是平等的，一旦过去就再无法追回。那么为什么有些人可以在有限的时间里有所成就，生活得轻松自在、充实快乐；而有些人却整天忙忙碌碌、焦虑紧张、疲惫不堪，生活、工作和学习处于一片混乱。究其原因，我们会发现在琐碎的日常生活中，在不良的习惯下，时间在不经意间被浪费了。大学生浪费时间的表现如下。

（1）犹豫不决，患得患失，瞻前顾后，拖拖拉拉。个人花许多时间去思考要做的事情，矛盾、担心、难下决定，找借口推迟行动，同时又会为没有完成任务而后悔。

（2）找东西。个人由于生活没有规律，东西乱丢乱放，浪费大量的时间去找东西。

（3）精力分散，时断时续。个人不能集中精力做一件事，在完成重要事情时，一旦间断，就要花费时间重新进入状态，因而降低工作效率。

（4）懒惰、逃避。个人由于自身的惰性而逃避去完成事情，躲进幻想世界，无限期延时。

（5）事无轻重缓急。个人在众多事情中抓不到重点，缺乏优先顺序，不懂得统筹安排。

（6）不懂授权。个人包打天下，事无巨细，样样亲力亲为，不会把适当的事情委托他人，寻求协助。

（7）盲目行动。个人在没有预见、把握和详细计划的情况下盲目行动，往往在实施过程中或完成后，需要重来。

（8）消极情绪。个人对所做事情产生反感、抵触的情绪，不能全身心地投入。

（9）悔恨或空想。个人对过去的过错或失败感到后悔，在悔恨里浪费精力；或者凭空想象不切实际的未来，却不去行动。

（10）完美主义。个人过于追求完美，注重没有必要的细节；反复检查已完成的工作，以致延误之后的进度；对自己求全责备，不懂拒绝。

此外，大学生交友频繁、应酬过多、没有重心和面面俱到等做法也会浪费大量的时间。

（三）加强时间管理的意义

著名数学家华罗庚曾说过："凡是较有成就的科学工作者，毫无例外地都是利用时间的能手。"时间就是生命、时间就是效率、时间就是金钱……时间的宝贵人人知道，但是，科学地管理时间、合理地利用时间、有效地珍惜时间却并非人人都能做到。

有效地管理时间对大学生的发展具有极其重要的意义。科学地管理时间可以缓解紧张情绪、提高学习效率和生活质量，使繁杂的事情变得井井有条，使自身变得自信从容。研究发现，大学生的时间管理能力越强，其成就动机就越强、自尊水平越高、健康状况越好。同时，有效的时间管理还能发挥调节作用，降低压力带来的焦虑和抑郁程度。

（四）时间管理的基本原则

1. 做事分清轻重缓急

时间管理的精髓在于：分清轻重缓急，设定优先顺序。成功人士都是以分清主次的办法来统筹时间的，把时间用在最有"生产力"的地方。面对每天大大小小的、复杂的事情，个人如何分清主次，把时间用在最有生产力的地方呢？有以下三个判断标准。

（1）我必须做什么？

这有两层意思：是否必须做，是否必须由"我"做。非做不可，但并非一定要你亲自做的事情，可以委派别人去做，自己只负责督促。

（2）什么能给我最高回报？

应该用 80%的时间做能带来最高回报的事情，而用 20%的时间做其他事情。所谓"最高回报"的事情，即符合"目标要求"或自己会比别人干得更高效的事情。

（3）什么能给我最大的满足感？

最高回报的事情并非都能给自己带来最大的满足感，只有均衡才有和谐满足。因此，无论你处在什么地位，总需要分配时间给令自己满足和快乐的事情。唯有如此，工作才是有趣的，并易保持工作的热情。

通过以上"三层过滤"，事情的轻重缓急很清楚了。然后，以重要性优先排序，并坚持按这个原则去做，你将会发现，再没有其他办法比按重要性办事更能有效利用时间了。

2. 做正确的事和正确地做事

效率是"以正确的方式做事"，而效能则是"做正确的事"。效率与效能两者都不能偏废，如果出现两者不能兼顾的情况，我们首先应先顾效能，然后再想法提高效率。

（1）做正确的事，首先要确定目标。目标能最大限度地聚集你的资源，包括时间。只有目标明确，才能最大限度地节约时间。

（2）正确地做事是指做事的方式正确。首先，要排列优先顺序，分清轻重缓急。其次，要制订计划，在做事情的时候按计划执行，避免走弯路，做无用功。最后，要选择正确的工作方法。方法正确了，则会事半功倍；方法错误了，则会事倍功半，甚至贻误"战机"。

（五）做好时间管理的途径

1. 遇事不拖延，马上做

拖延并不能节省时间和精力，恰好相反，它会使你心力交瘁，疲于奔命。因此，个人要养成遇事马上做的习惯，这样不仅能克服拖延，而且能把握“笨鸟先飞”的先机。久而久之，必然能拥有当机立断的才智和勇气。

2. 善用零碎时间

把零碎时间用来处理零碎的事情，从而最大限度地提高个人工作效率。例如，可将茶余饭后、会前会毕的零碎时间用来学习、思考，或者简短地计划下一个行动等。个人充分利用零碎时间，积少成多，成年累月地计算下来，将会有惊人的成效。

三国时董遇读书的方法是“三余”：“冬者，岁之余；夜者，日之余；阴雨者，时之余也。”即要充分利用寒冬、深夜和雨天，并在别人歇手之时发奋苦学。此外，古人认为“三余广学，百战雄才”。而鲁迅先生则“把别人用来喝咖啡的时间都用在了写作上”。看来，零碎的时间也可以成就大事业。

3. 合理分配时间

当你计划今天的每一件工作时，就必须决定该花多少时间在这上面，这就是“分配时间”。时间分配合理了，你就可以更好、更快地完成今天的任务，也可以节约出时间去完成其他的事情。

4. 为意外事件留时间

火车、飞机、公共汽车和轮船等依时间表运行，但依然会有晚点等意外事件发生，同样的情形也可能发生在你身上。例如，你正在按照计划做事情，忽然又接到了其他任务，在这种情况下，你当天的任务就可能无法完成。但如果你的工作时间留有余地，或有应急计划，这样就不会影响任务的完成了。

案 例

创新思维　抢占先机

有个年轻人想凭自己的聪慧赚钱，就跟别人一起来到山上，开山卖石头。

当别人把石块砸成石子，运到路边，卖给附近建筑房屋的人时，他把石头运到码头，卖给了杭州的花鸟商人。因为他觉得这儿的石头奇形怪状，卖重量不如卖造型。

就这样，这个年轻人很快就富裕起来了。3 年后，卖怪石的他成了村子里第一座漂亮瓦房的主人。

后来，国家不许开山，只许种树，于是这儿成为了果园。

果园的鸭梨汁浓肉脆，香甜无比。每到秋天，漫山遍野的鸭梨引来四面八方的商客。村民们把堆积如山的鸭梨整车整车地运到北京、上海，然后再发往韩国和日本。

鸭梨给村民们带来了幸福生活，村民们欢呼雀跃。这时，那个年轻人却卖掉果树，开始种柳树，因为他发现，来这儿的商客不愁挑不上好梨，只愁买不到盛梨的筐。

卖石—卖筐

5 年后，他成为村子里第一个在城里买房的人。

再后来，一条铁路从这儿贯穿南北，这儿的人上车后，可以北到北京，南抵深圳。小小的山村更加开放了，村民们由单一的种梨、卖梨起步，开始发展果品加工和市场开发。

就在村民们开始集资办厂时，那个年轻人却在他的地头砌了一面 3 米高、100 米长的墙。这墙面朝铁路，背依翠柳，两旁是一望无际的梨园，坐火车经过这里的人在欣赏盛开的梨花时，能看到墙上醒目的广告。据说这是 500 里山川中唯一的一面广告墙，它的主人仅凭这面墙，一年有 4 万元的额外收入。

某著名公司的老板坐火车经过那个小村庄时，听到上面的故事，马上就被那个年轻人的商业智慧所震惊，当即决定下车寻找此人。

当公司老板找到他时，他却正在自己的店门口与对面的店主吵架。原来，他店里的西装标价 800 元一套，对面就把同样的西装标价 750 元，他标价 750 元，对门就标价 700 元，一个月下来，他仅卖出 8 套，而对门的客户却越来越多，一下子批发出了 800 套。

公司老板一看这情形，顿时失望不已，但当他弄清真相后，又惊喜万分，当即决定以百万年薪聘请他。原来，对面那家店也是他开的。

【案例点评】

从以上案例可以看出，有时候成功并不需要太多社会阅历，不需要庞大的资金。一些成功者往往靠的是一个新点子，靠的是抓住了机会。

同事之间的争吵

小贾是公司销售部的一名员工，为人比较随和，不喜争执，和同事的关系处得都比较好。但是，前一段时间，不知为什么，同一部门的小李总是处处和他过不去，有时候还故意在别人面前指桑骂槐，工作任务也都有意让小贾多做些，甚至还抢了小贾的好几个老客户。

起初，小贾觉得都是老同事，没什么大不了的，忍一忍就算了。但是，看到小李如此嚣张，小贾一赌气，告到了经理那儿，经理把小李批评了一通。从此，小贾和小李成了绝对的冤家。

【案例点评】

小贾遇到的问题是在工作中常常出现的。在同事小李对他的态度有所改变时，小贾应该有所警觉，应该留心是不是哪里出现问题了。小贾只是一味忍让，而忍让不是解决问题的办法，更重要的是应该多沟通。

小贾在忍不下去的时候选择了告状。其实，找领导来说明一些事情是可以的，关键是方式和方法。在这里，小贾、部门经理和小李3人犯了一个共同的错误，那就是没有坚持“对事不对人”。经理做事也过于草率，没有起到应有的调节作用，他的一番批评反而加剧了二人之间的矛盾。正确的做法是把双方产生的误会、矛盾的疙瘩解开，加强员工之间的沟通。

探索活动

养成合理安排时间的习惯

活动思路：

依据著名心理学家埃里克森提出的人格发展理论，青少年时期的基本任务是发展自我同一感。如果不能顺利完成这一任务，就可能发生自我同一性的混乱，其中的一个表现就是时间混乱，如缺乏时间观念、不考虑时间限制、任意拖延或者急于立时解决问题等。

活动准备：

（1）课前学生连续记录一周自己的时间分配状况，课上进行分析。

（2）每个学生准备一张长40 cm、宽5 cm左右的纸条，平均画出100个刻度。

（3）课上学生分组活动，每组准备一张白纸，一支水彩笔，用于记录讨论结果。

活动过程：

1．体验活动：度量人生

假设我们可以活到100岁，用带有0～100刻度的纸条象征人的一生。

（1）找到你现在的年龄刻度，把走过的人生撕掉。

（2）通常人们在60岁退休，找到那个年龄刻度，把那之后的人生撕掉。

（3）想想你希望自己什么时候做到事业有成，找到那个年龄刻度，把那之后的人生也撕掉。

2．体验活动：我的时间馅饼

根据自己记录的连续一周的时间分配情况，绘制饼图，分析自己一周内每天课后的时间是如何分配的。

讨论：

在活动中，你感悟到了什么？应该如何高效、合理地安排自己的时间？可以分享自己的感受，教师做适当的点评。

拓展延伸

心理素质测验之团队精神测验

以下测验能帮助你检查自己是否具有团队精神。以下每一项都描述了一种团队行为，根据自己表现出的这种行为的频率打分。

计分标准如下。

总是这样：5分。

经常这样：4分。

有时这样：3分。

很少这样：2分。

从不这样：1分。

当我是小组成员时：

（1）我带给小组活力，鼓励小组成员努力工作，以完成我们的目标。（鼓舞者）

（2）我从其他小组成员那里征求事实、信息、观点、意见和感受，以帮助小组讨论。（寻求信息和观点者）

（3）我要求他人对小组的讨论内容进行总结，以确保他们理解小组决策，并了解小组正在讨论的材料。（理解情况检查者）

（4）我集中小组成员所提出的相关观点或建议，并总结、复述小组所讨论的主要论点。（总结者）

（5）我提供事实和表达自己的观点、意见、感受和信息，以帮助小组讨论。（提供信息和观点者）

（6）我提出小组后面的工作计划，并提醒大家注意需完成的任务，以此把握小组的方向。我向不同的小组成员分配不同的任务。（方向和角色定义者）

（7）我热情鼓励所有小组成员参与，愿意听取他们的观点，让他们知道我珍视他们对群体的贡献。（参与者、鼓励者）

（8）我观察小组的工作方式，利用我的观察去帮助大家讨论如何更好地开展工作。（进程观察者）

（9）我促成有分歧的小组成员进行公开讨论，以协调思想，增进小组凝聚力。当成员们似乎不能直接解决冲突时，我会进行调停。（人际问题解决者）

（10）我会讲笑话，并会建议以有趣的方式工作，借以减轻小组中的紧张感，并增加大家一同工作的乐趣。（释放压力者）

（11）我利用良好的沟通技巧帮助小组成员交流，以保证每个小组成员明白他人的发言。（促进交流者）

（12）我向其他成员表达支持、接受和喜爱，当其他成员在小组中表现出建设性行为时，我给予适当的赞扬。（支持者与表扬者）

分析：以上（1）～（6）题为一组，（7）～（12）题为一组，分别将两组的得分相加对照下列解释。

（6，6）　你只为完成工作付出了最小的努力，总体上与其他小组成员十分疏远，在小组中不活跃，对其他人几乎没有任何影响。

（6，30）　你十分强调与小组保持良好关系，为其他成员着想，帮助创造舒适、友好的工作气氛，但很少关注如何完成任务。

（30，6）　你侧重于完成工作，却忽略了维护关系。

（18，18）　你努力协调团队的任务与维护要求，使其终于达到了平衡。你应继续努力，创造性地结合任务与维护行为，以促成最优生产力。

（30，30）　祝贺你，你是一位优秀的团队合作者，并有能力领导一个小组。

当然，一个团队的顺利运行除了以上行为以外，还需要许多别的技巧，但这些是最基本且较易掌握的。如果你得分比较低，也不要气馁，只要参照上面的做法，就会有所提高。

课后练习

1. 简述培养团队精神的途径和方法。
2. 简述创新能力的内容和培养大学生创新能力的途径。
3. 大学生可以通过哪些途径提升有效沟通能力？
4. 学习能力的重要性表现在哪些方面？
5. 简述大学生时间管理的原则。
6. 请同学们按照以下要求组织一次演讲活动，以提高自身的口语表达及沟通能力。

活动形式：

（1）即兴演讲。每节课开始时，邀请2～3名学生主动上台进行即兴演讲，题目自拟，时间为3～5分钟。愿意进行演讲锻炼的学生可以利用这个机会。

（2）主题式演讲。学生分成若干组，由教师拟定若干题目，由学生自选。每个小组需完成三个主题的演讲。每次演讲时演讲者要面对老师和同学。

演讲主题：

① 问题分析。你可以对某一问题提出自己的见解。

② 讲故事。你以带着感情色彩的表述方式讲出一件小事（最好是发生在自己或者亲戚朋友身上的），然后简要分析，利用这个小事去说明你想要表达的某个观点或主题。训练目标是让演讲者学会如何平衡叙事与分析，利用叙事来充分观点、增加主张的说服力。

③ 危机沟通。假设你所工作的组织遇到某种危机，由你负责宣布这个危机。

④ 面对带有敌意的观众。假设观众是敌对的或者充满怀疑的，由你来缓解他们的敌对情绪。

⑤ 最终演讲。可以是关于本课程教学内容的演讲，如对课程的反思、评论，也可以是对其他同学之前演讲的反驳，只要是与课程有关的主题皆可。

讨论：

演讲结束后，可以由老师和其他学生一起评定，大家一起提出建议。

先锋人物

钱学森的爱国魂

1947 年，刚刚 36 岁的中国科学家钱学森，被美国麻省理工学院聘为终身教授。这是一个很高的荣誉，预示着钱学森在美国大学里会有优厚的待遇和远大的前程。

然而，当钱学森得知中华人民共和国成立的消息后，这个每时每刻都在思念祖国的科学家，顿时沉浸在极大的喜悦之中。钱学森在美国已经生活了十多年，又被誉为“在美国处于领导地位的第一位火箭专家”，金钱、地位、声誉他都有了。可他想：“我是中国人，我的根在中国。我能够放下在美国的一切，但不能放下祖国。我就应早日回到祖国去，为建设祖国贡献自己的全部力量！”他还对中国留学生说：“祖国已经解放了，国家急需建设人才，我们要赶快把学到的知识用到祖国的建设中去。”

钱学森准备回到中国的决定，引起美国有关方面的恐慌。他们认为：如果钱学森把他的专业技术带回去，中国的科学技术将高速前进。美国海军的一位领导人曾对美国负责出境的官员说：“我宁可把钱学森枪毙了，也不让他离开美国！”“钱学森至少值 5 个师的兵力。”

钱学森的回国计划受到严重阻挠。美国官方“文件”通知他不准离开美国。本来他的行李已经装上了船，准备由水路运回祖国。可美国海关硬说他准备带回国的书籍和笔记本中藏有重要机密，诬蔑钱学森是“间谍”。其实，这些书籍和笔记本，一部分是公开的教科书，其余都是钱学森自己的学术研究记录。

一波未平，一波又起。几天之后，钱学森突然被逮捕，关押在一个海岛的拘留所里，受到无休止的折磨。看守人员每天晚上每隔 10 分钟进室内开一次电灯，使他根本无法入睡。钱学森的遭遇引起加州理工学院坚持正义的同事和学生的同情，在他们和其他正直人士的强烈抗议下，美国有关部门被迫释放了他。可对钱学森的迫害并没有停止，他们限制他的行动，监视他的信件，监听他的电话等。尽管有种种限制，钱学森也没有屈服。他不断提出严正要求：“坚决离开美国，回中国去！”

在争取回国的日子里，钱学森更加关心祖国的建设事业，经常从报刊上了解中国的状况，和中国科学家、留学生讨论建设祖国的有关问题。为了能够迅速回国，他租房子只签订短时间的合同。家里准备了 3 只轻便的小箱子，时刻准备着回到梦寐的祖国。

5年过去了。钱学森争取回国的斗争得到世界各国主持正义的人们的支持，更得到了中国政府的极大关怀。周恩来总理曾亲自了解他的状况，并指示出席中美两国大使级会谈的中国代表，在会谈中提出钱学森博士归国的问题。

1955年8月，这场外交斗争取得了胜利，美国政府被迫同意钱学森回到中国。到达北京的第二天清晨，钱学森就和妻子带着两个孩子来到天安门广场，他激动地说："我相信我一定能回到祖国，现在，我终于回来了！"

冲破重重阻拦而回国的钱学森，一头扎在了军事科学的研究中。他倾其所学，又密切关注国外的科学动态，不断产出科研新成果，为祖国的国防事业竭思尽智，做出了巨大的贡献，被誉为"中国导弹之父"。

点拨

在美国定居且能获聘终身教授，这是不少人的愿望。可为了祖国的发展，钱学森放弃了国外优越的生活条件，毅然决然选择回到祖国，为祖国的建设添砖加瓦。钱学森的爱国言行，深深凝聚着中华民族之魂，彰显了爱国情怀对仁人志士的撼动力。这值得今天的每一个大学生学习。因此，大学生在进行职业生涯规划时，应学会把握历史之脉，顺应时代之潮，响应梦想之唤，投身祖国的建设，在平凡的岗位中不忘初心，砥砺前行，实现自己的人生价值。

第二部分
就业指导

模块一

就业指导概述

引导案例

小钱是药物制剂技术专业毕业生，她打算应聘某基因公司的研发部工作。由于该公司产品技术含量高，因而需要应聘人员有相关的技术和科研背景。而药物制剂技术专业的学生虽然学过相关课程，却不在研发部考虑范围内，所以，小钱在前期应聘申请表的筛选中就被淘汰了，未能进入笔试和面试。

小钱没有放弃，再次找到招聘主管，希望他可以重新考虑。虽然在第一次沟通中招聘主管就耐心地向她讲明了原因，但小钱始终强调自己有足够的兴趣和热情，能做好研发工作，并且拿出了她在校期间取得的科研项目成果，这使得招聘主管重新对她产生了兴趣。

点评：有时候求职单位的条件是硬性的，但也会变通。所以在求职时，我们需要一定的执着精神，同时也要注意方法，最好拿出能证明自身实力的材料来。

教学目标

知识目标：了解就业指导的含义和原则；掌握就业指导的主要内容；了解就业指导对大学生就业的意义。

能力目标：树立正确的世界观、人生观、价值观；树立合理的择业观念，使萌动的、自在状态的求职期望，上升为实在的、自为状态的择业行为。

知识链接

一、就业指导的含义

就业是指处于法定劳动年龄范围内、具有劳动能力和就业愿望的公民，参加国民经济中某个部门的社会劳动，从而获得劳动报酬或劳动收入并以此作为其生活主要来源的活动。

就业指导可分为狭义和广义两个方面。狭义的就业指导就是给要求就业的劳动者传递就业信息，是劳动者和用人单位沟通的桥梁。广义的就业指导，则包括劳动力需求预测和供给预测，汇集和传递就业信息，培养劳动技能，以及推荐、介绍、组织招聘等与就业有关的综合性社会服务和咨询活动。在我国，就业指导还包括就业政策导向，以及与之相应的思想教育工作。

二、就业指导的原则

大学生就业指导的原则是高等学校开展就业指导工作应遵循的标准或法则，具体可以分为以下几个原则。

（一）教育性原则

教育性原则是大学生就业指导的首要原则，它是思想教育和品德教育的载体，是把思想教育与品德教育落到实处的一个有效途径，它要求就业指导工作者必须着眼于学生综合素质和整体素质的培养和提高，通过一系列活动促进学生的身心健康发展。

就业指导工作的目的不仅是为了帮助学生求职择业，还是作为一个教育过程来体现的，特别是在职业理想教育、择业观教育和职业道德教育等方面体现了很强的教育性。

（二）系统性原则

大学生就业指导不同于社会上其他职业申请者进行应试选拔、改行或下岗再就业的指导，也不是毕业时才有的临时性工作，而是一个系统的发展过程。它贯穿于大学生学习生活的始终，并分阶段有计划地进行，这样才能使学生较早地做好就业准备。同时，就业指导不仅是就业指导者的事情，家庭和社会也要配合学校做好此项工作。

（三）辅助性原则

大学生是就业指导的对象，也是就业指导活动的主体。大学生就业指导实际上是在指导者的引导帮助下，大学生自我认识、自我教育和自我提高的过程。就业指导仅仅是一种外因，是一种辅助性因素，指导者不可能把就业意识、就业观念及职业素质简单地转化为学生个人的内在品质，也不可能决定学生的就业方向。就业指导工作要富有成效，指导者就必须发挥学生的主体作用。

（四）实践性原则

大学生就业指导是一门应用性学科，具有很强的实践性。它以激励、引导、测验和训练为手段，以提高学生综合素质和求职择业及社会适应能力为目标，其目的是指导和帮助学生明确奋斗目标，正确认识社会和了解自己，在社会实践中检验和锻炼自己，培养新观念，开阔新视野，并自觉调整自己的行为以适应不断变化的社会要求。

三、就业指导的主要内容

（一）信息指导

就业信息指导是就业指导的基础，能否及时掌握社会需求信息、用人单位信息和招聘信息，已成为大学生求职的关键所在。大学生自主择业和用人单位自主选才是一个双向选择的过程，如何使这种双向选择更全面、更合理，是信息指导的最终目的。

就业信息指导是毕业生和用人单位之间的桥梁和纽带，一方面学校通过多种渠道收集和掌握人才市场供需信息，以及具体的用人单位招聘信息等，方便大学生查询和了解，及时把握机会；另一方面，就业指导还应引导大学生掌握收集信息的方法，让他们学会挖掘更多的信息来源，帮助他们学会筛选就业信息，以免掉入求职陷阱。

（二）心理指导

现代社会竞争压力大，激烈的竞争使大学生面临着巨大的心理压力。由于大学毕业生生理与心理的成熟程度存在差异，自我心理调适能力的发展明显滞后，在面临职业选择和就业竞争时，往往容易引发各种心理障碍和心理疾病。通过心理指导可以消除大学生的择业障碍，减轻心理压力，增强战胜挫折的信心，使大学生保持良好的求职心态，以平常心参与角逐和竞争。

（三）求职技术指导

大学毕业生的求职过程中还有许多技术和技巧，这些技术和技巧对于毕业生能否成功就业影响极大。通过求职技术指导，首先，可以帮助毕业生认识自己的就业条件，诸如专业、爱好、特长、志愿、身体状况和实际能力等，确定择业目标，以便在不同需求形势下选择比较适合自己的工作；其次，可以帮助毕业生掌握自我推荐的方式、应聘和面试的技巧，使毕业生克服种种困难和挫折；最后，可以帮助毕业生树立竞争意识和把握机遇的意识，以便增强大学生在求职过程中的主动性。

四、就业指导的意义

（一）有利于大学生的择业

职业选择是一种双向的选择，它包括两个方面的含义：一方面是就业者对用人单位的选择，另一方面是用人单位对就业者的选择。任何绝对意义上的单向选择，都不能构成职业与劳动者的最优化、最有效的结合。职业选择对择业者而言，是个人挑选就业岗位的过程，即个人基于对不同职业的不同看法，出于不同的兴趣爱好，结合自身条件，对职业岗位做出选择的过程。

一般说来，个人选择职业时需考虑的因素有：职业的社会地位、劳动报酬和福利待遇，工作环境、工作条件和工作地点，个人的才能、特长和兴趣爱好等。有效的就业指导，能够帮助大学生树立正确的择业观，选择较为适合自己身心特点的职业。

（二）有利于大学生就业心理的调整

由于大学毕业生涉世不深，社会经验不足，对国情和社会缺乏深刻的了解和认识，对自己究竟适合什么工作缺乏客观、科学的分析和判断，以致在众多的职业岗位面前眼花缭乱、无所适从，甚至产生盲目自信或极端悲观的心理。在市场竞争日益加剧的环境下，就业指导可以帮助学生调整心理状态，使他们能满怀信心地走进社会，把握工作机会，找到一个比较满意的工作岗位。

（三）有利于促进大学生自我提高

从一些人才市场招聘会上反馈的信息分析，不少大学生缺乏自我推销能力。求职的大学生比较注重外包装，几乎每个求职者都有一份精美的简历、各种证书，却不注重对自己职业生涯的规划和设计。有的大学生则一开口就问薪金和待遇，让用人单位产生反感。

大学生就业和其综合素质有直接关联，在招聘过程中，一些全面发展的学生总是先被用人单位所接受。社会需要的是品学兼优、基础扎实的复合型人才，所以，就业指导可以促进大学生在校期间不断积累知识、技能，提高自己的心理承受能力，为求职奠定良好的基础。

（四）有利于大学生的成长和成才

就业指导还有利于大学生今后的发展和成才。大学毕业生求职的过程是与用人单位沟通的过程，这个过程中所得到的不仅是用人单位的录用结果，还有用人单位对职业素质的要求。因此，大学生就业的过程也是受教育的过程，大学生就业指导中的一些要求，如展示真实形象、锻炼表达能力、增强团队意识、遵守市场规范等，不仅是对就业的具体指导，而且是对今后事业发展的长远指导。

就业是迈开事业的第一步，大学毕业生不能只是为了就业而就业，而要通过就业来成就事业，展示人生的价值。因此，大学生就业指导的意义在于大学生成才的全过程。

（五）有利于人力资源的合理配置

从众和盲目崇拜大城市、大企业、三资企业（在中国境内设立的中外合资经营企业、中外合作经营企业、外商独资经营企业）等心态，造成大学毕业生就业中地区流向和单位流向的失衡。在市场经济下如何合理配置人才资源，已成为社会的突出问题。

大学生就业指导通过对行业形势的分析、就业趋势的预测，为大学生提供科学合理的就业风向标。同时，就业指导还能让大学生保持与用人单位的沟通和联系，就业指导者了解用人单位的需求信息，再把信息传递给毕业生，使得供需信息畅通，解决供需不匹配的问题，实现人力资源的合理配置。

案 例

深入开展就业指导工作　正确引导学生就业观念

数字媒体技术专业毕业生李丽丽，是学院里重点帮扶的贫困生。她从入校起就一直在校图书馆勤工助学，还负责学院报栏更换工作。寒暑假时，她很少回家，而是利用假期的时间做话务员、服务员等短期兼职工作。

李丽丽大三的时候，学院把她推荐到一家影视制作公司工作，由于她个人素质较高、能力较强，用人单位给予其高度评价，并很想将其留下继续工作，但李丽丽却选择了放弃工作，返校准备专升本继续深造。

老师在与用人单位沟通之后，找到李丽丽，进一步了解她的想法。李丽丽告诉老师，之所以想专升本，是想通过求学深造改变整个家庭的命运。一番谈话后，老师认为她在理想和现实的人生分岔口没有进行全面思考，没有很好地规划自己的人生，没有对自己和家庭目前的处境进行合理分析，没有选择出一条适合自己的路。

老师帮助李丽丽分析了现实的就业情况，建议她应该先就业再继续深造，马上就业对她来说是最明智的选择，因为她不仅有三年的学费贷款需要偿还，还有面临辍学的弟弟妹妹急需她来帮助。

在与老师谈话后，李丽丽表示很有触动，经过一番深思熟虑后最终做出选择，返回原单位继续工作，缓解家庭经济压力，先就业，慢慢再根据实际情况继续深造。

【案例点评】

就业指导可以帮助大学毕业生准确评价个人特点和强项，认真评估个人目标和现状的差距，准确定位职业方向，将个人、事业与家庭联系起来，及时做出正确的就业选择。

探索活动

就业指导早知道

活动目的：

了解本校的就业指导工作情况，明确就业指导的重要意义。

活动形式：

对本校的就业指导教师、即将毕业或已经毕业的学长学姐等进行采访。

活动要求：

1. 全班同学分为若干小组，每组 2～3 人。
2. 各小组在进行访谈前准备好需要提问的问题，明确访谈目的，提高访谈效率。

活动总结：

访谈结束后，整理访谈记录，每组写一份访谈总结，谈谈你对就业指导工作的看法。

拓展延伸

大学生就业观的常见误区

党的二十大报告指出：“强化就业优先政策，健全就业促进机制，促进高质量充分就业。健全就业公共服务体系，完善重点群体就业支持体系，加强困难群体就业兜底帮扶。统筹城乡就业政策体系，破除妨碍劳动力、人才流动的体制和政策弊端，消除影响平等就业的不合理限制和就业歧视，使人人都有通过勤奋劳动实现自身发展的机会。”

近年来，国家陆续出台了许多大学生就业政策，以促进和保障大学生就业，为大学生就业护航。作为大学生，一方面要对未来充满信心，另一方面要提升自身的就业能力，并形成正确的就业观，包括就业价值观、就业劳动观和就业选择观三个方面。

1．就业价值观

就业价值观是就业选择的价值引领。中华民族历来持有以民为根本、以公为要义、以国为依持的价值追求。大学生要坚定为人民服务、为国家奉献的价值理念。

2．就业劳动观

就业的本质就是从事劳动。大学生要弘扬新时代的劳动精神、奋斗精神、奉献精神、创造精神、勤俭节约精神；要树立自力更生意识，强化责任担当意识，反对不劳而获、贪图享乐的错误思想；要紧跟时代科技发展和产业变革，不断淬炼专业技能，发挥自己的价值，朝着自己的目标努力奋斗，不懈追求。

3．就业选择观

大学生的就业选择须顺势而为。一是端正就业态度，积极面对就业。要对就业环境、未来的就业竞争程度、个人能力和岗位价值进行理性评估和认知，明确贴近个人特点、需求的职业定位和就业选择。在进行就业选择时，要摒弃观、望、等、靠的消极心理和不敢担当的逃避态度。此外，合理调整就业预期，扩大择业视野，积极转换一次性就业到位的传统观念。可先选择过渡性工作以灵活就业，也可调转方向，敢于尝试创业。二是主动出击、拓展就业方法和手段。要关注国家就业优惠政策和行业发展情况，紧盯就业态势“风向标”，紧跟政策“指挥棒”，主动寻找就业机遇。

课后练习

1．简述就业指导的原则和主要内容。

2．简述就业指导的意义。

模块二

就业信息准备

引导案例

小李想应聘某科技杂志社的网站设计工作，毕业前就开始关注该杂志社的招聘信息。该单位发出招聘信息后，小李仔细了解了该职位的岗位职责后，发现杂志社正在对原网站进行改版。他利用自己所掌握的专业知识，提出了网站改版的思路，并精心设计了网页。招聘人员看到小李的简历时，很快判断出小李具备所应聘岗位要求的能力、水平和职业意识，马上拿起电话通知他来面试。

点评：小李之所以能够得到该杂志社的面试机会，一是由于他一直在关注该单位的招聘信息，能够及时投递简历；二是他仔细了解了该单位的职位需求，精心设计其所需的网页设计方案，做到了有的放矢。

教学目标

知识目标：了解就业信息的收集途径。

能力目标：提升对就业信息的处理能力。

知识链接

就业信息是指通过各种媒介传递的有关就业方面的消息和情况，如就业形势与政策、供需情况、招聘活动及用人信息等。

一、就业信息的收集

对面临求职择业的毕业生来说，谁拥有更多、更有效的就业信息，谁就能赢得择业的主动权。毕业生可通过以下几种渠道收集就业信息。

（一）各高校的主管部门

学校的毕业生就业办公室或就业指导中心是毕业生就业的重要主管部门，与中央有关部委和各省区市的毕业生就业主管部门及有关用人单位保持着经常、密切的联系，能及时掌握国家、地方的有关政策，各地举办“双选”活动的信息，以及有关用人单位的介绍和需求信息等。它们提供的信息无论是数量还是质量，都具有明显的优势，因此，这应该是广大毕业生获取就业信息的主要渠道。

（二）各级就业主管部门和就业指导机构

教育部每年都要制定毕业生就业的有关方针、政策，各省区市的主管部门也要相应地制定地方性实施意见；教育部及各省区市的毕业生就业指导机构也要开展信息交流和咨询服务。这些也都是高校毕业生获取就业信息的重要渠道。

（三）“供需见面、双向选择”会

这类活动有的是一个省级行政单位举办或几个省级行政单位联合举办的，有的是地、市、县等行政单位联合举办或单独举办的，也有的是由一所学校举办或多校联合举办的，甚至有的是一个行业举办或几个行业联合举办的。举办单位通过这类活动来组织毕业生和用人单位直接见面，毕业生不仅可以直接获取许多机会，还可以当场做出决定、签订协议，较为简捷有效。

（四）有关新闻媒介

毕业生就业作为社会普遍关注的热点问题，近年来也引起了新闻界的普遍重视，有关就业政策、热门话题讲座和招聘广告等时常见诸新闻。另外，教育部全国高等学校学生信息咨询与就业指导中心主办的《中国大学生就业》杂志，以及各地人才市场网站等都能为毕业生提供丰富的就业信息。

（五）各种社会关系

本专业的教师比别人更清楚你适合到什么单位就业，而且往往在科研协作、兼职教学中与对口单位有着广泛的接触；校友大多在对口单位工作，对所在单位的情况了如指掌，通过他们可以获得许多具体的、准确的信息；家长和亲友对你的就业更为关心，他们与社会的方方面面有一些联系，也可以帮助提供就业信息。

（六）社会实践、毕业实习或业余兼职

大学生通过与社会的接触可加强与有关用人单位的联系，增进彼此间的了解，以便于直接掌握就业信息。如果两相情愿，那是再好不过的机遇。

（七）用人单位

毕业生开始求职时可以“普遍撒网”，向自己认为适合的用人单位写自荐信，确定重要目标后，通过电话预约，然后亲自登门拜访。这种“毛遂自荐”的方式也不失为毕业生获取就业信息、获得就业成功的途径之一。

二、就业信息的处理

毕业生在求职择业过程中获取的信息数量很大，这就要求毕业生应根据自己的实际需要对收集到的信息进行处理，去伪存真、去粗取精，提高就业信息的针对性和时效性，以便更好地为自己的求职择业服务。一般来讲，处理就业信息时，应注意以下几个问题。

（一）科学地掌握就业信息

毕业生在择业过程中需要掌握的就业信息很多，但要分清主次轻重。对于那些重要的就业信息，毕业生应通过正规的渠道来获取。例如，就业政策就应从政府机构和学校就业主管部门获取，并且应时刻关注最新动态；就业方法与技巧就应从优秀教材、就业指导课和权威专家处获取，并且注意活学活用；综合信息就应通过对比、测验和咨询等方式获取，并且应根据具体情况适时加以调整。这几类信息的变化幅度比较小，因而应有相对深刻的记忆和随时调用的意识。

（二）准确地理解就业信息

毕业生获取就业信息的渠道多种多样、真伪难辨，尤其是就业政策中的特殊规定、社会需求信息中的特定要求、用人单位信息中的工资福利待遇及进修培训部分，应特别注意并准确地理解，否则会使你做出错误的选择或使你的合法权益受到损害。

（三）有针对性地筛选就业信息

在处理就业信息时，应舍去不适合自己的信息，及时地、有针对性地保留或者寻找适合自己的信息，以节省宝贵的时间和精力。

很多用人单位在进行宣传的时候，通常只提自己的优势而掩饰自己的劣势，因此，毕业生在进行情况分析时要做到充分了解，心中有数，不要被表象的东西所迷惑。

课堂讨论

某学生在人才市场看到如下招聘广告：某服装厂招聘仓库管理员，主要职责是分类检查库存商品；单位提供入职培训，有工作经验者优先。请结合该招聘广告，分析这项工作对求职者的要求。

三、就业信息的科学利用

无论是收集信息还是处理信息，最终毕业生都是为了利用这些信息来得到自己理想的工作。在经过了认真而全面地筛选之后，毕业生可将就业信息用于以下几个途径。

（1）信息是具有时效性的，毕业生应尽快与用人单位取得联系，以免在自己犹豫不决时错失良机。

（2）根据就业信息的要求，毕业生应及时调整自己的知识、技能结构，提高自己的工作能力，弥补原来的不足。

（3）及时输出对他人有用的信息。有些信息对自己不一定有用，可是对他人却十分有用。遇到这种情况，毕业生千万不要抓住这些信息不放手，主动输出对他人有用的信息，不仅是对他人的帮助，而且他人顺利就业自然也使你减少了一个竞争者。同时，这样做还增加了与他人交流信息、增进友谊的机会。

案　例

某高校现代物业管理专业毕业生小陈，参加了学校举办的毕业生招聘会，其中广州市一家效益较好的房地产公司认为他的情况不错，愿意接收，而且表示他到公司后会有很好的发展前景。虽然小陈也愿意到该公司去，但觉得广州离家太远，气候潮湿。于是他就去找就业指导中心的老师们咨询，老师们一致认为该公司整体情况不错，应抓紧时间尽快决定。

可能是这种机会来得太容易，小陈反而做出了不去该公司的决定。对此，学校老师和公司的招聘人员都觉得遗憾和惋惜。但仅仅过了3天，小陈思想上发生了变化，又想去该公司工作了（这时公司招聘人员已经离开学校了）。后经联系，公司表示现在该岗位的招聘计划已经完成，不能接收他了。

【案例点评】

就业信息的时效性非常强，毕业生一定要抓住机会，尽快决策，不然就会错失良机，后悔莫及。

探索活动

职业信息搜索

活动导入：

请你拿出手机，用联想法想出尽可能多的与手机有关的职业或工作，然后根据自己的自身条件分析，自己是否能在手机的产业链条中找到适合自己的工作。

活动过程：

1．职业分类

根据我国目前的行业分类，将你所想到的相关职业进行归类。

我国目前的行业可以分为8大类，分别是：

第一大类：党的机关、国家机关、群众团体和社会组织、企事业单位负责人。

第二大类：专业技术人员。

第三大类：办事人员和有关人员。

第四大类：社会生产服务和生活服务人员。

第五大类：农、林、牧、渔业生产及辅助人员。

第六大类：生产制造及有关人员。

第七大类：军人。

第八大类：不便分类的其他从业人员。

2．职业信息搜索

请说一说你的职业信息来源有哪些，并在课下通过这些渠道搜索更多与手机相关的职业信息。

作业：

依据你的专业、职业兴趣和你的优势写出几个你想从事的职业，并了解相关信息。

拓展延伸

收集就业信息的注意事项

大学生在大一、大二时，要多参加自己感兴趣的活动，如体育社团、文艺社团、歌舞比赛和体育竞赛等，这些活动能让大学生认识很多人并锻炼胆识。同时，通过组织策划某些活动，大学生可以提高自己的沟通能力、解决问题的能力和抗压能力，这些在今后的就业中都是有利的竞争优势。

收集就业信息是高校毕业生求职择业前的一项重要任务。一个人如果信息闭塞，将如同“盲人骑瞎马”，要么发出“生不逢时”的感慨，要么就凑合随意地选择一个职位。因此，毕业生必须利用各种渠道、各种手段，广泛、全面地收集与就业有关的各种信息，为就业做好充分的准备。毕业生收集就业信息时，应注意以下几点。

1．广泛与重点相结合

当今社会科学技术迅猛发展，边缘学科、交叉学科不断出现，知识的渗透性更加明显，社会行业也由过去的专项性向综合性发展。所以，毕业生在收集信息时不要仅仅局限于专业对口单位，对非对口单位的需求信息也要注意收集。但是，毕业生在广泛收集的基础上，要确保有重点，重点了解专业对口单位的需求，因为这样的单位对符合专业特点的人才的需求量更大。

2．纵向与横向相结合

市场经济的发展要求地域之间加快人、财、物的流动和流通，取长补短，相互促进，形成合理完善的人才机制。所以，毕业生在收集就业信息时，一方面，要把当地的人才需求信息收集起来；另一方面，也要注意收集不同地区、不同领域的人才需求信息。

3．动态与静态相结合

社会各行业对人才的需求具有相对的连续性和稳定性，这就要求毕业生能及时准确地获取当年的需求信息（静态）；另一方面，各行业也是在竞争中求生存，其需求会随着经济的发展、市场的调节而变化（动态）。因此，毕业生还应同时了解、掌握和预测社会各行业在一个时期内对各类人才需求的动态信息，增强预见性和主动性。

课后练习

1．就业信息的收集途径有哪些？

2．如何处理收集到的就业信息？

模块三

求职准备

引导案例

应用气象学专业一位临近毕业的学生小赵，在学校举办双选会前一个学期，便开始通过多种途径了解就业信息。双选会前一个月，她到学校招生就业处咨询各用人单位的职位信息，最后获得某气象局的招聘信息，随后她决定前去应聘。在应聘之前，小赵找招生就业处和其他有关老师，帮她指导了个人自荐材料，并探讨了一些应聘技巧，最终她顺利通过气象局的面试，签订了正式的就业协议。

分析：案例中的小赵在就业前能充分利用多种途径了解就业信息，注重求职应聘各项材料的准备工作，做到了有的放矢，最终水到渠成，应聘成功，可见就业准备是就业成败的关键因素之一。

教学目标

知识目标：掌握求职信、简历的书写格式和主要内容，以及求职心理的准备。

能力目标：能够根据自身情况撰写求职信和简历。

知识链接

一、求职材料的准备

求职材料是指毕业生为了求职成功而准备和使用的各种书面材料，包括求职信、简历及其他材料。

（一）求职信

求职信是毕业生针对招聘岗位而向用人单位进行自我推荐的书面材料。

1. 求职信的格式

求职信的重点在于“荐”，在构思上一定要围绕“为何荐”“凭何荐”“怎样荐”的思路安排。求职信的书写格式与一般书信大致相同，包括标题、称呼、正文、结尾和落款。

（1）标题。标题是求职信的标志和称谓，要求简洁、醒目和庄雅。

（2）称呼。称呼是求职信中对主送单位或收件人的称呼，要求正规和准确。

（3）正文。正文是求职信的核心部分，其形式多样，风格各异。求职信的正文应当包括以下内容：① 简单的自我介绍；② 说明求职信息来源；③ 表明应聘职位；④ 阐述能胜任该职位的理由；⑤ 展示自我发展前途及潜力。

（4）结尾。结尾一般包括两个内容：① 盼回复；② 祝词。

（5）落款。求职信末尾应署名并注明日期，署名一定要手写。

2. 撰写求职信的禁忌

一般来说，撰写求职信有六大禁忌，大学毕业生书写时一定要注意避免。

（1）忌长篇大论。用人单位不会花很长时间来阅读求职信，篇幅太长会使用人单位产生厌烦心理，甚至认为求职者的概括能力不强。因此，求职信的内容应以简洁为原则，尽量在一页纸内完成。

（2）忌堆砌辞藻。即使你满腹经纶，也不要幻想用华丽的辞藻来打动招聘者。华而不实的语言属于大话、空话和套话，并没有实际的作用。那种虽无豪言壮语，但读起来亲切自然、实实在在的求职信反而能给用人单位留下深刻的印象。

（3）忌夸大其词。撰写求职信时，在措辞方面要留有余地，不要说得过于饱和。如“我能适应各种工作”“我将会给贵单位带来新的生机”之类的表述，只能给用人单位留下你刚出校门，还很幼稚的印象。

（4）忌缺乏自信。适度的谦虚是一种美德，也会使对方产生好感，但过分的谦虚则是不自信的表现。在写求职信时忌用“虽然我资历不够”“虽然我不是名校的毕业生”等语句，因为用人单位更关心的是你是否符合招聘岗位的要求。

（5）忌千篇一律。撰写求职信时要有自己的风格与特点，而不能千篇一律，落入俗套。立意新颖、语言独特及思考多元化的求职信才能给对方留下深刻的印象，引起招聘者的注意，并进而引起招聘者的兴趣，使自己赢得面试的机会。因此，撰写求职信时一定要把自己的强项写出来，将自己的“亮点”展示出来。

（6）忌粗心大意。只有经过严格修改和推敲后的求职信才能收到良好的效果，因此，毕业生要仔细检查求职信，以避免出现错别字和语法错误。撰写求职信时，个人资料也要齐全，切记要留下可随时联系上你的电话号码。

（二）简历

个人简历是一个人生活、学习、工作、经历和成绩的概括，其真正目的就是让用人单位全面了解自己，从而为自己创造面试的机会。

1. 简历的基本要素

一份完整的个人简历通常包括以下基本要素：个人基本情况，教育背景，求职意向，本人经历，知识、技能和品质，个人特长、所获荣誉及自我评价。个人简历是用人单位对求职者的第一印象，因此，求职者应认真对待。

2. 简历的形式

从形式上划分，个人简历主要可分为以下七种。

（1）完全表格式简历。这种简历综述了多种资料，易于阅读，通常适用于年轻、缺乏工作经验的求职者。采用完全表格式简历，求职者可简单列出所学课程、参加过的课外活动、业余爱好和参加过的临时工作等资料，因为不深的资历很少需要分析和说明。

（2）半文章式简历。这种简历使用较少的表格，而使用较多的文字资料。其中，表格的数量和文字资料的篇幅可以变化，以适应求职者的需求。这种简历通常适用于经验丰富的求职者，因为详述的文字资料能比高度表格化的资料承载更多的内容。

（3）小册子式简历。这是一种多页的、半文章式的活页格式简历。这种简历可以有4页、8页，甚至20页。小册子式简历的主要优点有两个：一是提供了一种可表述更多资料的便利工具；二是其封面上容纳了一份分别打印、专门设计的求职信。但这种简历需要很多专门的技能去撰写、设计，因此一般用得不多。

（4）提要式（节略式）简历。这种简历是一种简历的摘要，它是在完成了一份较长的简历后摘编而成的。经历很丰富的求职者通常会先写一份完整的简历（如2~3页）来概括他的资历，然后再从完整的简历中摘出他资历的要点。这种简历便成了他用得较多的简历，而详细的简历只有在招聘者要求时才提交出去。

（5）按年月顺序（时间顺序）式简历。这种简历通过按时间顺序排列资料及突出日期来强调时间。年月顺序通常是从最近的时间开始往前推。如在工作经历一栏中，按年月顺序式简历从最近的工作开始，然后是最近工作的前面一份工作，接下来是再前面的工作；在教育栏中也是如此，教育经历倒推排列。这种简历可以是完全表格式简历，或是半文章式简历，也可以是创造式简历。

（6）功能式简历。这种简历只强调工作的种类（功能），而不含有任何特别的时间顺序。功能式简历的主要优点是能突出求职者的实际成就，缺点是招聘者不得不自行推算时间顺序。如果严密的时间顺序对你不利，你便可使用功能式简历；如果你的职业发展已经有了进步，并且你想找的工作和你最近的工作一样，则可采用按年月顺序式简历。

（7）创造式简历。艺术界、广告界、宣传界和其他创造性领域的求职者在准备简历时往往会使用打破标准的简历形式——创造式简历。创造式简历必须运用想象力，但也必须向招聘者提供他们需要的内容。它只能用于创造性行业，一般要避免用于银行业、商业、交通运输业和制造业。

3. 撰写简历的原则

（1）简短。简历不要太长，一般应届毕业生的个人简历有一页A4纸即可。据调查，用人单位花在每份简历上的平均时间不到1.5分钟，要想在这短短的90秒内迅速抓住招聘者的眼球，简历不做到短小精悍是不行的。

（2）清晰。简历应一目了然，确保简历的阅读者一眼就能看到他们需要的信息。简历要使用简单、清晰易懂的语言，而不要用一些高深莫测的语言；尽量不使用缩略语或学生中流行的词汇。求职者打印简历，应选择合适的字体和字号。

（3）准确。一份简历能看出一个人的语言文字功底和修养，而招聘人员考查应聘者的文字能力、细心程度等内容就是从简历开始的。因此，表达清楚、准确和规范，是简历语言的基本要求。

（4）整洁。整洁的简历能使阅读者在看到详细内容之前就产生好感，这样才能使之产生阅读的兴趣。因此，简历最好用激光打印机打印，而不要使用效果不佳的油印机、复印机。另外，求职者还要注意保持简历的干净整洁。

（5）真实。求职者撰写简历应既不夸张（自负）、也不消极地评价自己（过分谦虚），更不能编造。简历一定要用心设计，内容要真实。有些简历一看就知道是抄袭他人的，有些甚至是明显的张冠李戴，这样的简历是无法给求职者争取到面试机会的。

4. 简历的投送方式

简历投送的主要方式有本人直接送达、快件或信函投寄、利用网络投送等。

（1）本人直接送达。本人直接送达是指求职者按照用人单位指定的时间将自己的简历直接送达给招聘者。采用此种方式能使求职者利用与招聘者初次面谈的机会展示自己，为自己在众多求职者中脱颖而出创造机会。

（2）快件或信函投寄。快件或信函投寄是指求职者按照指定的时间将自己的个人简历用快件或信函投寄到用人单位。采用此种方式要求求职者在快件或信函的封面上注明“应聘”字样和应聘职位，字迹要工整清楚。

（3）利用网络投送。利用网络投送是指求职者通过电子信箱将个人简历发给用人单位。这种简历投送的方式省时省力，节约招聘成本，是主要的简历投送方式之一。求职者最好选择在早上 8 点招聘者上班之前将自己的简历发送到用人单位指定的电子信箱。

（三）其他材料

除了求职信和个人简历外，毕业生求职时还应提前准备以下几种材料。

1. 毕业生就业推荐表

毕业生就业推荐表是毕业生择业过程中最重要的推荐材料，由学校每年为应届毕业生择业而专门设计，是学校对毕业生在校期间情况的反映，供毕业生向用人单位推荐自己时使用。毕业生就业推荐表是向用人单位推荐毕业生唯一正式格式的校方推荐材料，也是被用人单位认可的学校正式推荐材料，具有不可替代的权威性。用人单位一般在与毕业生正式签约前，都要求毕业生提交由学校就业指导部门签章的毕业生就业推荐表原件。毕业生就业推荐表由学校就业指导中心印制下发，毕业生填写后由教务处鉴定签章、学生工作处审核签章后生效。

2. 成绩单

多数用人单位在毕业生应聘时，会向毕业生索取其在校期间的成绩单，所以毕业生应当提前准备。毕业生打印成绩单后，应以班级为单位，到所在学院办公室由工作人员进行信息审核后，加盖学院公章；并在教务处加盖学生成绩专用章。毕业生在应聘时提供成绩单复印件，在正式签约时，将原件交予签约单位。

3. 证书及证明

毕业生在求职过程中，应整理和出具在校期间所获得的各类获奖证书、资格证书，开具参与的科研项目证明材料，并随身携带这些材料，以备用人单位查验。

4. 作品集

作品集是毕业生在校期间成果的一种直观展示，但是对于不同学科类别的学生，其作品集的表现形式是不一样的。

（1）美术、设计类专业。这些专业的毕业生可以将自己的绘画作品、设计作品进行拍照和缩印，装订成册，并在作品下方予以简要的说明和介绍。如有必要，作品集可以采用彩色印刷，以保证作品的视觉效果。

（2）工学、理学和农学类专业。这些专业的毕业生可以将自己参加的各类工程、设计类项目以“图片+设计说明书”的形式加以展现。若毕业生参与的项目较多，可单独装订成册；反之，也可附在简历之后。

（3）经济管理、舞台艺术、法学和医学类专业。这些专业的毕业生由于专业水平的表现形式更多地集中于实习实践过程中，所以作品集要以“图片+说明+图表”的形式加以体现。其中，图片与说明要表述的是毕业生实习实践的经历、水平及意义；而图表更多地用在业绩的表现中。

二、求职心理的准备

大学生不仅要学习科学文化知识，掌握专业技能，具有强健的体魄和良好的思想道德素质，还应该具备良好的心理素质。对毕业生来说，调整择业心态，做好充分的心理准备，勇敢地迎接挑战，在择业过程中是非常重要的。

（一）竞争的心理

达尔文的生物进化论提出：适者生存。同样，“适者生存”这一法则也适用于当今社会的就业市场。竞争是人类的一种本能，在知识和技能不断激增和强化的今天，优胜劣汰的市场环境让这种本能变成了人们必须具备的一种能力素质。

随着社会的不断发展进步，各国的市场经济竞争变成了人才的竞争。要成为一名合格的现代化人才，个人就必须具备竞争心理、竞争能力，并具有积极参与竞争的行动。只有这样，你才能在现今人才膨胀的社会取得进步。

（二）合作与宽容的心理

社会并不是一个人的社会，而是由许多人组成的一个大团体。一个人要想在这个社会中生存，合作与宽容是同等重要的。每个大学生都应该明白，一个宽容的集体一定会是一个团结向上的集体，到处充满矛盾与战火的团体最终肯定会一事无成。在工作和生活中，可能会遇到这样或那样的事情，大学生一定要做好合作与宽容的心理准备，用良好的心态来演绎美好生活。

（三）长远发展的心理

高校毕业生在求职的时候，应该对未来有很好的认识，把握未来的发展方向。毕业生首先做好长远发展的心理准备和自己的职业生涯规划，然后再择业、就业。人只有对自己的未来有长远的规划，在心里有目标、有方向，才能在工作和生活中不骄不躁，脚踏实地走好每一步。

（四）承受挫折的心理

每个人在从事有目的的活动或工作时，都可能会遇到各种各样的障碍和挫折，这时所表现出来的心理情绪反应被称为挫折心理。大学生要具备良好的心理素质，在遇到困难和障碍时，不要消极地面对，而是要认真地反思，找出问题的所在，积极地去解决问题，避免引起内心世界的严重扭曲。当你用充满自信的心理去面对困难，脚踏实地地去行走人生旅程时，一定能够克服人生中任何挫折，走好自己的人生路。

案　例

小董在学校里一直是个精力充沛的小伙，可最近总是显得很无奈，埋怨工作难找，急得像热锅上的蚂蚁。大专毕业的他不知道跑过多少次人才市场，光制作和打印简历等就花费了百余元，但投递过的无数简历都石沉大海。

小董越来越没有方向，越来越不自信，越来越摸不着头脑。“我该投哪些领域的公司？我该应聘哪些种类的职位？我的大专教育背景，能竞争过别人吗？”太多的问号，无数的挫折，让小董患上了求职恐惧症。

【案例点评】

即将毕业的大学生应该用平常心对待就业，充分发挥自己的实力，克服心理障碍，才能找到令自己满意的工作。

（五）放弃从众的心理

人云亦云，随波逐流，没有自己的主见，这是从众的典型特征。这种从众心理的形成可能是因为社会或群体的压力，而迫使个人放弃了自己的意见去采取顺从行为；也可能是因为个人本身就没有自己的打算和长远的人生目标，而只能跟随众人的脚步，随波逐流。

但是不管原因如何，高校毕业生在面对择业问题时，都不应该具有这种消极的心理，而应该具有很强的独立思考能力和分析问题的能力，要学会独立解决问题，力求摆脱从众的心理束缚。

（六）丢掉嫉妒的心理

嫉妒心理是指当别人的品质、才能和成就等方面高于自己时所产生的那种迫切想要贬低别人的心理倾向。这种心理是非常不可取的，是求职择业和人才成长的大敌。作为现代青年，大学生要具有同嫉妒告别，驱除私念的决心，拥有开阔的心胸和视野，在竞争中学习别人的长处，努力使自己进步，给双方一个公平的竞争平台，不可让嫉妒冲昏头脑，害人害己。

（七）摒弃虚荣的心理

虚荣心是一种很不健康的心理状态，它会妨碍求职的成功。因为，如果虚荣心过强，求职者在求职过程中就会将注意力集中在社会知名度高的职位上。他们选择职业并不是从自身的优势出发，围绕自己的爱好专长来展开，而是为了得到别人羡慕的眼光。这种求职心态非常不正常，对于个人以后的发展也是有害的。

其实，大学生在选择职业时，不是在为别人选择，而是在为自己选择。因此，大学生选择职业要从自身实际出发，摒弃虚荣心，找到属于自己的理想职业。

（八）避免攀比的心理

为了共同的目标，人们相互之间适度的竞争是无可厚非的，但如果演变成彼此攀比就不可取了。因为如果事事都想与人攀比、争胜，势必会使攀比者本身显得缺乏主见。在求职过程中，攀比心理会造成求职者的注意力过多集中到他人的就业取向上，而忽略自己的实际能力和工作取向，很容易放弃适合自己的工作，而跑去与别人同过独木桥，当然就难免失意了。

（九）抑制怯懦的心理

怯懦是一个人缺乏自信的心理表现。大学生接触社会的机会较少，对实践技能的了解也非常有限。因此，毕业生在与用人单位见面的时候，经常会出现面红耳赤、手足无措和语无伦次的现象，自己辛辛苦苦准备的“台词”一时间都抛到了脑后，这对面试非常不利。因此，毕业生在步入社会时，必须要克服怯懦心理，并且要学会用意念控制自己的情绪，暗示自己要镇静，不要胡思乱想等，告诉自己一定能成功。

（十）克服自卑的心理

自卑是自我评价过低的一种心理表现。自卑的人通常缺乏自信，缺乏勇气，自我意识里总认为自己不如别人，遇事退让，不敢竞争；他们对前途感到迷茫，对社会上的竞争感到惧怕。一般情况下，自我意识不健全、性格内向或生理有缺陷的毕业生会表现出自卑倾向。这类人尤其要克服自卑心理，要相信自己的能力、水平，不要面对问题时就对自己产生怀疑，只有这样才能很好地参与正常的社会竞争。

案　例

下面这位同学的求职心路历程，是很多大学毕业生曾经有过的。

以前听一些人说，毕业那年，人会意气风发，会被校园的学弟、学妹们投以崇拜的眼光。而当我站在即将走向求职的十字路口时，却丝毫没有这样的感觉，更多的是对自己命运的一种深层次的思考。在我求职的过程中，多少挫折、多少焦虑……让不谙世事的我一时手足无措。

对我来说，今天是个很重要的日子，我的一生将会因今天而改变。这是我昨晚在开往广州的火车上和同学的美好预想。

今天是广东省最大的一次招聘会，来之前我就在报刊上看到了铺天盖地的广告。火车是早晨6点多到站的，因一晚上在拥挤的火车上没有合眼，人显得疲惫不堪。提着简易的行李，揣着十多份简历，我们出了站台。招聘会是9点开始，但7点20分的时候，门口已经挤得水泄不通了，看来像我一样要来南方的“孔雀”还真不少。

在待价而沽的人群中穿行，我开始用诗人的眼光打量今天来的“姜太公”们，确切地说，是“姜太公”们手中的“饵”。巡视良久，总算发现了一家合资企业招聘质检人员，我如获至宝，马上排在他们面前等待面试的“长龙”中。我抬头看了看他们的招聘启事，只见范围一栏写着：本科学历以上……顿时好像挨了一棒，但我还是决定坚持到最后。“姜太公”接过我的自荐书，还没等我说话，便先开口了：“高职院校毕业生，大专学历，不行。下一个！”我很知趣，拿回了自荐书，逃之夭夭。我漫无目的地逛了一天，看着手中原封不动的自荐书，仰天长啸——工作在哪里？

接下来的一段时间，我回到学校，情绪低落，信心锐减，不敢再与用人单位面谈，整天待在宿舍里睡觉、吃零食、玩扑克。好像一个置身沙漠中的人一样，我看不见前面的路，只能感觉到逼人的死气和迷茫……

山重水复疑无路，柳暗花明又一村。正在我叹息没有伯乐的时候，学校邀请了一些招聘单位。我听到这个消息以后，想试试，但是心情很复杂，我知道自己现在的这种心态是很有问题的。我必须先让自己笑起来，让自己自信起来。我参加了几个单位的面试，都取得了成功，后来我选择了现在的单位，工作得很开心。回首自己找工作的历程，我最想说的一句话是：“守得云开见月明。”

【案例点评】

即将毕业的大学生应该提前准备迎接拒绝，坦然面对挫折。面对有限的机会，毕业生要树立一种通达乐观的得失观，用积极的态度求职择业。毕业生更要意识到，成功固然可喜，但是如果失败，也许只是塞翁失马，意味着另一种新生活的开始。

探索活动

制作自己的专属简历

活动目的：

根据自身实际情况制作一份求职简历，为求职做好准备。

活动要求：

1. 简历形式不限，可自行选择。
2. 简历内容必须符合自身实际情况，不得出现虚假信息。

拓展延伸

如何让你的电子简历更“抢眼”

据统计，规模较大的企业一般每周要接收500至1 000份电子简历，其中的80%在管理者浏览不到30秒后就被删除了。要让别人在半分钟内通过一份电子简历对你产生兴趣，其难度与跟用人单位直接见面相比更大，因此，是否拥有一份个性化的电子简历就显得极为关键。

1．放大你的“卖点”

简历中有几栏是用来给对方留下深刻印象的，也是决定对方是否给你面试机会的关键。如何写好这几部分的内容很重要，我们撰写时应从以下几个方面着手。

（1）成绩。简历要以你的傲人成绩去打动未来的雇主，所以写简历时要突出你的成绩，集中对成绩进行细节描写，运用分数或排名等量化手段加以强化。另外，简历除了回顾以往取得的成绩外，还应对自己从中获得的体会与经验加以总结、归纳。

（2）能力。简历要对你各方面能力加以归纳和汇总，扬长避短，以你无可争议的工作能力和个人魅力征服未来的雇主。简历用词应简单明确，观点鲜明，引人入胜。

（3）工作经历。简历应当包括你所有的工作历史，无论是有偿的还是无偿的，全职的还是兼职的。在保证真实性的前提下，在简历中应尽量扩充与丰富你的工作经历，但用词必须简练，不要只针对工作本身，业绩和成果更为重要。

（4）技能。简历要列出所有与求职有关的技能，直观地向雇主展现你的学历和工作经历以外的天赋与才华。能给你的求职带来帮助的技能，都可以写进简历中。

（5）嘉奖。简历中的大部分内容是经历和成绩的主观记录，而荣誉和嘉奖将赋予它们实实在在的客观性，这是令雇主注意到你已获得肯定成绩的机会。强调此奖项是你资历的重要证明，简历中还要突出此嘉奖与你所求职务的相关性。

2．扣人心弦的“开场白”

求职成功的基础就是要对自己有一个客观全面的了解，然后再根据自身的情况准备好所需材料，一般包括求职信和简历。求职信是简历的“开场白”。这个开场白的功能是激发别人有兴趣阅读下文。为了使公司了解你申请的是哪个职位，并对你有更深的印象，发送简历的时候，应连同求职信一并发出。发任何简历都应该写求职信，但这是许多求职者忽略的细节。求职信的内容包括：

（1）求职目标，明确你所向往的职位。

（2）个人特点的小结，吸引人来阅读你的简历。

（3）表决心，简单有力地显示求职信心。

在准备求职信时，我们还要注意控制篇幅，要让人事专员无须使用屏幕的滚动条就能读完。求职信可以直接在邮件内编辑，排版要工整。求职信要做到既体现个人特点又不过分吹嘘。这么做，可以让求职信成为应聘的敲门砖，长短适中，切中要害。

求职信要注意措辞和语言，千万不可有错别字；求职信和简历要一同发送，不要分开；求职信中有些关键词也是很重要的，有些公司会通过关键词搜索来寻找符合他们条件的人选。在你的电子邮件软件里创建并保存一个求职信样式，这样稍加修改你就可以用它来申请其他的职位。

3．别让简历成为“格式化”的牺牲品

模块化简历虽然是最简单易行的，但并不能满足不同公司的不同需求，尤其是我国对电子简历并没有一个统一的标准，加上求职信病毒盛行，因此电子简历必须注意到一些特殊的需要。

（1）有的放矢。人力资源部门总是收到许多不合格的简历，也就是说不适合该公司职位的简历。因此，在发简历的时候，你应该注明申请的是什么职位，并了解你能否胜任这个工作。

（2）美化“纯文本”。不少人事专员抱怨收到的许多简历在格式上都很糟糕。用电子邮件发出的简历在格式上应该简洁明了，重点突出，因为公司通常只看他们最感兴趣的部分。

精心设计纯文本格式的简历，以下有一些小技巧可供参考。

第一，注意设定页边距，使文本的宽度在 16 cm 左右，这样你的简历在多数情况下看起来都不会换行。

第二，尽量用相同字号下显示较大的字体。

第三，如果你一定要使自己的简历看起来与众不同，你可以用一些特殊符号分隔简历内容。

4．最大限度地抢夺眼球

网上求职时，主要精力应该放在拥有人才数据库的招聘网站上，要把你的简历放到他们的数据库中。因为用人单位会来这些网站浏览或直接索要符合其要求的简历。总的来说，应该让用人单位带着明确的目的来找你，这要胜过自己向大量公司无目的地发送个人简历。

在申请同一公司的不同职位时，最好能发两封不同的电子简历，因为有些求职网站的数据库软件能自动过滤掉第二封相同的简历，以免造成冗余。另外，在你发送电子简历时要错过投递高峰期，不然你的简历可能会石沉大海。

课后练习

1．毕业生需要准备的求职材料有哪些？

2．简历的基本要素包括哪些？

3．准备一封求职信。

模块四

求职择业的方式和技巧

引导案例

一群年轻人都是经过了多次筛选的佼佼者。现在，他们正面临着最后的考验，一场定时10分钟的考试。谁通过了，便可进入这家大型科技零售公司工作。

试卷共30道题，面宽而量广，这完全出乎大家的意料，这么多题，10分钟时间根本不够。许多人一拿到试卷便半秒也不敢耽搁地慌忙抢答，全然不顾监考官“请大家先将试卷浏览一遍再答题”的忠告。

试卷在10分钟后收齐，人力资源总监亲自批阅，从中挑出5份试卷。这5份试卷有一个共同特点，即1~28题全部未做，仅回答了最后两道问题。而其他试卷的答题数量则不少，最多的做了12道题。

最终，这家大型科技零售公司录用了这5个仅答了最后两道题的年轻人——原来秘密就藏在第28题中，它的内容是：前面各题均无需作答，只要求做好最后两题。

教学目标

知识目标：掌握求职的方式，了解面试的形式、内容，掌握面试过程中的注意事项；了解笔试的种类，掌握笔试的技巧。

能力目标：掌握面试技能。

知识链接

一、求职方式

毕业生要想让用人单位认识、了解和选择自己，就必须通过自荐和推荐的方式宣传、展示和推销自己。自荐和推荐是毕业生求职择业的基本环节，是就业的基础。

（一）自荐

自我推荐，比喻自告奋勇，自己推荐自己担任某项工作。概括而言，自荐的方式主要包括以下几种。

1．现场自荐

这种自荐方式要求求职者必须亲临用人单位或招聘现场，其优点是直接面对用人单位，便于展示自己的风采，容易给人留下深刻印象，如果表现出色，可能会被当场录用；其缺点是涉及面有限，有时受时间、精力和地域的限制。

2．书面自荐

这种自荐方式是通过邮寄或递送自荐材料的方式推销自己，其优点是覆盖面宽，可以扩大自荐范围，不受时空限制，不受“临场发挥”和“仪表效应”的影响，也是毕业生求职择业过程中常用的自荐方式。

3. 电话自荐

这种自荐方式是通过电话推荐自己的一种求职方式。在求职过程中，电话自荐起着“敲门砖”的作用。求职者应充分利用电话接通后那短暂的时间，用最简洁明了的语言展示自己，尽可能给对方留下一个清晰、深刻、良好的印象，为面试打下良好的基础。

4. 广告自荐

这种自荐方式主要是借助有关毕业生就业的人才杂志、报纸、广播或电视等媒体向社会推荐自己，其优点是覆盖面宽、受众广泛，缺点是会产生“广种薄收”的效果。部分长线专业、非通用专业或有特殊专长的毕业生采取这种方式往往会收到意想不到的效果。

5. 网络自荐

这是应用最广的一种自荐方式。毕业生可将自己的自荐材料甚至照片上传至专门的毕业生就业信息网站或人才招聘网站，也可以直接给用人单位的人事部门发送电子邮件。这种自荐方式的优点是受众广泛而且层次较高，供需双方可在网上及时交流、沟通，且成本相对较低。随着信息技术的飞速发展，这种自荐方式被越来越多的毕业生和企业招聘人员所接受。

6. 实习自荐

毕业生利用实习的机会，可全方位地表现自己，也更方便与实习单位领导沟通交流，以获取就业机会。

（二）推荐

推荐是由学校、老师、同学、亲友或中介机构向用人单位介绍毕业生的情况，以期被用人单位所录用，这是一种间接的求职方式。

1. 学校推荐

这种推荐方式的特点是，学校向毕业生推荐的单位往往是主动向学校提供明确的用人需求，或是与学校有密切关系、相互信任的用人单位。因此，就业信息可靠，用人单位的情况明确，值得依赖。同时在用人单位看来，学校对毕业生的情况是比较了解的，学校对毕业生的推荐可信度高，有权威性，因此，经过学校的推荐，求职者和用人单位往往容易相互认可，成功率较高。

2. 他人推荐

这种推荐方式是一种利用老师、父母和亲友推荐从而达到自我推荐目的的求职方式。有的教师与一些对口用人单位的领导或业务骨干有较为密切的联系，或已在某个行业、学科中具有较高的学术声望，因此，他们的推荐容易引起用人单位的重视和信任。当然，父母、亲友的推荐可帮助毕业生扩大自荐的范围，也会对毕业生的成功择业助一臂之力。

3. 中介机构推荐

这种推荐方式是把自己的择业信息发送到社会就业中介机构，由他们向用人单位推荐。这种推荐方式最大的好处是就业中介机构对外联系广泛，相应的被推荐者的择业面更广。但是中介机构只能作为毕业生择业过程中一个客观的中间环节，因其对供需双方缺乏深入的了解，而且一些中介机构受到利益驱动，可能会收取一定的中介费用。所以，在目前情况下，利用中介机构推荐只能是毕业生扩大就业面的一种选择。

二、求职技巧

（一）面试

面试是用人单位在规定的时间和空间内通过当面交流来考核应试者的一种招聘测试。它是毕业生在找工作时所要面临的一个重要环节。

1. 面试的形式

面试有很多种形式，根据面试的内容与要求，大致可分为以下几种。

（1）问题式面试。由招聘者按照事先拟定的提纲对求职者在特殊环境中的表现进行考核，判断其解决问题的能力，从而获得有关求职者的第一手资料。

（2）压力式面试。由招聘者有意识地对求职者施加压力，就某一问题或某一事件做一连串的发问，详细具体且追根问底，直至求职者无以对答。此面试形式主要考查求职者在特殊压力下的反应、思维敏捷程度及应变能力。

（3）随意（自由）式面试。招聘者与求职者海阔天空、漫无边际地进行交谈，气氛轻松活跃，无拘无束。招聘者通过这一面试形式可以在闲聊中观察应试者的谈吐、举止、知识、能力、气质和风度，对其综合素质进行全方位的考查。

（4）讨论式面试。在讨论式面试中，招聘者往往让多个求职者共同解决一个有趣的问题，类似于集体游戏，它可使求职者更自然地展示自己的性格和能力。此面试形式重在考查求职者的个人能力和团队合作能力，因此，求职者要把握好个人表现与小组表现的平衡，切忌以自我为中心，做出只顾自己表现而忽视小组其他成员的行为。

（5）情景式面试。由招聘者事先设定一个情景，提出一个任务或一项计划，请求职者进入角色模拟完成，其目的在于考核求职者分析问题、解决问题的能力。

（6）隐蔽式面试。这是一种特殊形式的面试，招聘者主要通过从暗中观察求职者的言行举止来决定对其的评价。这种面试方式因其隐蔽性可以使招聘者获得求职者在自然状态下的真实表现，故受到一些用人单位的欢迎；而毕业生常常因为其隐蔽性而放松警惕，有的甚至在这种面试中失败了也懵然不知。

（7）综合式面试。招聘者通过多种方式考查求职者的综合能力和素质，如要求用外语与其交谈、要求即时作文或即席演讲、要求写一段文字，甚至操作计算机等，以考查求职者的外语水平、文字能力、书面及口头表达等各方面的能力。

2. 面试的内容

面试内容也叫测评项目或测评要素，是指面试时需要测评的求职者的基本素质。常见的面试内容主要包括以下几个方面。

（1）仪表风度。这是指求职者的体型、外貌、气色、衣着举止和精神状态等。研究表明，仪表端庄、衣着整洁、举止文明的人，一般做事有规律、注意自我约束、责任心强。

（2）专业知识。对专业要求较强的岗位，在面试中，主考官往往会对求职者提出一些专业方面的问题，以了解求职者掌握专业知识的深度和广度，考查其专业知识是否符合所要录用职位的要求。

（3）实践经验。一般面试官会根据求职者的个人简历或求职登记表，做出相关的提问，了解求职者有关背景及实习实践经历，以补充和证实其所具有的实践经验。通过实践经验的了解，面试官还可以考查求职者的责任感、主动性、思维能力、口头表达能力及遇事的理智状况等。

（4）口头表达能力。口头表达能力的考查主要是看面试中求职者能否将自己的思想、观点、意见或建议顺畅地用语言表达出来。口头表达能力考查的具体内容包括：表达的逻辑性、准确性、感染力、音质、音色、音量和音调等。

（5）综合分析能力。综合分析能力的考查主要是看面试中，求职者是否能对主考官所提出的问题通过分析抓住本质，并且说理透彻、分析全面、条理清晰。

（6）反应能力与应变能力。反应能力与应变能力主要是看求职者对面试官所提的问题理解是否准确贴切，回答是否迅速、明了；对于突发问题的反应是否机智敏捷；对于意外事情的处理是否妥当等。

（7）人际交往能力。在面试中，面试官往往通过询问求职者经常参与哪些社团活动，喜欢同哪种类型的人打交道，在各种社交场合通常扮演什么角色，来了解求职者的人际交往倾向和与人相处的技巧。

（8）工作态度。对工作态度的考查一是了解求职者对过去学习和工作的态度；二是了解求职者求职应聘的态度。一般认为，在过去学习或工作中态度不认真，做什么、做好做坏都无所谓的人，在新的工作岗位也很难做到勤勤恳恳、认真负责。

（9）求职动机。面试官通过了解求职者为何希望来本单位工作，对哪类工作最感兴趣，在工作中追求什么，来判断本单位所能提供的职位或工作条件等能否满足其工作要求和期望。

（10）兴趣与爱好。面试官通过对求职者提一些诸如休闲时间爱从事哪些运动、喜欢阅读哪些书籍，以及喜欢什么样的电视节目、有什么样的嗜好等问题，来了解求职者的兴趣与爱好，以利于录用后的工作安排。

此外，面试时面试官还会向求职者介绍本单位及拟聘职位的情况与要求，讨论有关工薪、福利等求职者关心的问题，以及回答求职者可能要问到的其他一些问题等。

课堂讨论

在上述面试所考核的内容中，你还有哪些不足？你将如何完善这些不足之处？

3. 面试前的准备

（1）信息准备。一般来说，毕业生可通过用人单位的内部宣传资料、网站、杂志、报纸、广告宣传手册和新闻媒体的报道等渠道来了解用人单位的性质、规模、特色、组织机构、金融状况、发展前景和企业信誉等情况；了解用人单位对员工的职责、工作要求，以及给予员工的报酬、培训等情况；了解用人单位招聘职位的性质、工作内容、所需知识和技能。若事先对这些情况一无所知或知之甚少，则毕业生在面试时容易处于被动的境地，也容易对用人单位招聘者造成“你不关心我单位”的不良印象，从而影响面试成绩。

（2）材料准备。毕业生参加面试要带好求职信、个人简历、成绩单及有关证书（原件和复印件）等材料。如果毕业生应聘外资企业，最好将求职信、个人简历等材料准备为中英文对照格式。即使曾经发过求职信和个人简历，在面试时也应该再带上一份，以备用人单位查看。

（3）面试训练准备。毕业生缺乏求职面试经验，在面试前有必要进行一些面试技巧训练，包括学习倾听、敏捷反应、沉着应对、说话有条理和举止得体等。毕业生可以通过参加学校就业指导课或讲座、查阅有关面试的指导书籍和模拟面试等途径进行训练。

（4）心理准备。面试好比是一场考试，在测试每个人能力的同时，也在测试每个人的心理素质和临场发挥能力。因此，毕业生要成功面试，首先要充满信心。自信会让人散发出一种光芒，不仅使自己更有动力，也使招聘者心情舒畅。

（5）形象准备。招聘者对求职者的第一印象不是来自求职者的能说会道，而是求职者的穿衣、发型、气质。因此，毕业生面试前还应注意修饰自己的仪表，使穿着打扮与应聘的职业岗位相符合，与年龄、身份、个性等相协调。

（6）对可能谈论到的问题的准备。这项内容有两个方面：一是可能要你回答的问题；二是你要提出的问题。毕业生面试前，尤其要对面试过程中用人单位面试官可能向你提出的问题做好充分的准备。为了能顺利闯过面试这一关，毕业生应了解、熟悉一些常见的面试试题，这些试题主要涉及以下几类：第一，政治类试题，考核求职者的政治见解及判断是非的能力；第二，公文类试题，在录用机关工作人员时常常要涉及；第三，技能类试题，考核求职者实际动手操作的能力；第四，综合类试题，考核求职者的综合素质；第五，心理类试题，考核求职者的心理素质和应变能力。

4. 面试过程中的注意事项

（1）要谦虚谨慎。面试时，面试官往往不止一人，其中不乏专家、学者，因此，求职者在回答一些比较有深度的问题时，切不可不懂装懂，不明白的地方就要虚心请教或坦白说不懂，这样才会给用人单位留下诚实的好印象。

（2）要机智应变。面试时经常会遇到这些情况：未听清问题，听清了问题自己一时不能作答，回答时出现错误或不知怎么回答，这些情况都可能使求职者处于尴尬的境地。避免尴尬的技巧是：对未听清的问题可以请求对方重复一遍或解释一下；一时回答不出可以请求面试官提问下一个问题，等考虑成熟后再回答前一个问题；遇到偶然出现的错误，也不必耿耿于怀而打乱后面回答问题的思路。

（3）要扬长避短。每个人都有自己的特长和不足，无论是在性格上还是在专业上都是这样。因此，毕业生在面试时一定要注意扬我所长，避我所短，必要时可以婉转地说明自己的长处和不足，用其他方法加以弥补。

（4）要显示潜能。面试的时间通常很短，求职者不可能把自己的全部才华都展示出来，因此要抓住一切时机，巧妙地显示潜能。例如，应聘会计职位时可以将正在参加计算机专业的业余学习情况“漫不经心”地讲出来，可使对方认为你不仅能熟练地掌握会计业务，而且具有发展会计业务的潜力。毕业生面试要注意的是，显示潜能时要实事求是、简短、自然和巧妙，否则会弄巧成拙。

（二）笔试

笔试是指用人单位为考查求职者是否具备招聘岗位所需的知识和技能而以书面形式进行的测试。笔试是招聘过程中的一种常用考核方法，主要适用于招聘人数较多、需要考核的知识面较广或需要重点考核文字能力的情况。

1. 笔试的种类

按笔试的侧重点分类，目前求职过程中的笔试一般有以下几种。

（1）专业考试。专业考试主要是为了检验求职者的专业知识水平和相关的实际能力。一般用人单位在接收毕业生时，主要是看学校提供的推荐表及成绩单，同时再辅以自荐材料来了解其基本的知识能力等情况。但也有一些特殊的用人单位需要通过笔试的方式对求职者进行文化专业知识的再考核。例如，制药企业招聘职员要考核药理学专业知识，金融单位要考核金融专业知识，公检法机关录用干部要考核法律常识等。

（2）心理和智商测试。心理测试是要求求职者完成事先编制好的标准化量表或问卷，面试官根据其完成的数量和质量来判定其心理水平或个性差异的方法。一些用人单位常常以此来测试求职者的态度、兴趣、动机、智力、个性等心理素质。

有些用人单位还对求职者进行智商测试，其目的主要是考查求职者观察问题的能力、综合分析能力和思维反应能力。智商测试主要为一些特殊公司所采用，他们对毕业生所学专业一般没有特殊要求，但对毕业生的素质要求较高。

（3）技能测验。技能测验实际是考查求职者的动手能力和实践能力。

（4）命题写作。用人单位通过论文或公文写作的形式考查求职者的文字表达能力和分析归纳能力。例如，要求应试者限时写出一份会议通知、请示报告或某项工作总结；或者提出一个论点，让应试者予以论证或辨析等。

2. 笔试前的准备

求职过程中的笔试不同于学校平时的考试，用人单位的出题方式远比学校灵活多样。因此，在参加笔试之前，毕业生应当有针对性地做一些准备，以便充分发挥自己的水平，取得好成绩。

（1）了解笔试内容，做到心中有数。笔试的主要内容是基础知识和专业技能，其次是同专业知识有关及同用人单位有关的某些知识和技能。不同的笔试类型有不同的考试内容，毕业生在考前应做详细的了解，针对不同的情况做相应的准备。如公务员考试就有明确的考试范围，考生复习起来就相对有针对性；其他用人单位的笔试则相对灵活，范围比较大，也没有明确相关的参考书，毕业生可围绕用人单位划定的大致范围翻阅一些有关的图书资料。笔试成绩与毕业生平时的努力也有很大的关系，如果毕业生兴趣广泛，平时注意吸收各种知识，考试时就能驾轻就熟、得心应手。

（2）了解笔试重点，进行认真复习。用人单位比较重视考核求职者对所学知识的应用能力。毕业生在复习的过程中，注意要理论联系实际，学以致用，并对与招聘职位相关的各方面知识进行认真梳理，以便全面把握。毕业生复习时要广泛阅读相关知识，扩大知识面，提高阅读能力，以备应试时能自如地回答各类问题。为了适应笔试中的题量，毕业生还应培养快速阅读、快速思维和快速答题的能力。

要在笔试中取得好成绩，关键在于牢固地掌握所学知识。在系统复习前，毕业生预先制订一份合理、具体和切实可行的复习计划，掌握一个实用、有效、科学的记忆方法，无疑会为笔试打下成功的基础。

（3）了解笔试目的，运用综合能力。用人单位对毕业生进行笔试，不仅要考查毕业生的文化、专业知识，还要考查毕业生的心理素质、办事效率、工作态度、修养水平和思维方式等，所以毕业生在参加笔试时，要认真审题，领会考题暗含的主旨所在，将自己的认知水平、知识水平和能力水平通过笔试较好地展现出来。

（4）熟悉考试环境，做到有备无患。熟悉考试环境，首先是了解考场的设置情况，如自己所在考场的大小和空间位置、考场里的采光等，最好弄清自己座号的具体位置。其次还要熟悉存包处及卫生间等地方。对于求职者来说，不仅要熟悉考场环境，还应熟记考场规则，并将每场考试的起止时间、作答要求等重要事项牢记于心。

（5）保持良好的身心状态。毕业生参加笔试时，需要保持良好的心理素质。临考前，一要正确评价自己，树立自信心，调整好心理状态；二要保持充足的睡眠，以避免考试时精神不振，影响正常思维。另外，毕业生还可以适当地参加一些文体活动，使高度紧张的大脑得到放松休息，以充沛的精力去参加考试。

3．笔试的技巧

笔试的技巧因人而异，求职者可以根据笔试的情况，灵活应答。

（1）通读试卷。通读试卷后，求职者可以了解题型、题量及难易程度，以便掌握答题的速度，然后根据先易后难的原则排出答题的顺序，先攻简单的题，后攻难题，这样就不会因为攻难题而浪费太多时间。

（2）搞清题意。求职者在答题之前，必须搞清楚题目的类型、要考查的知识点和考查的目的等。因为求职笔试试题不同于平时学习过程中的考试试题，它考查的面比较广，而且随意性、灵活性大，有一些试题可能是你从来没有遇到过的类型，有些问题甚至非常古怪，这时求职者必须冷静分析，动用所有联想和记忆查找可能的线索，寻求最佳答案。

（3）积极自我暗示。笔试过程中，求职者由于准备不充分、没有经验或者题型生疏等原因，可能会感到无从下手。这时不要烦躁、慌张，因为这些情况可能对于大多数人来说都是存在的，所以求职者要对自己进行心理调节和自我暗示。例如，告诉自己“我遇到的麻烦，大家同样遇到了”“我学习成绩、个人能力都比较好，对于这类问题一样也能处理好”等。

（4）认真检查。求职者答完试卷后要进行一次全面的检查，特别注意不要漏题、跑题，要纠正错别字、语法不妥之处，如果某个问题难以确定对与错，最好的方法是保留原有答案，不要改动，因为人的第一感觉往往更可靠。

（5）注意卷面整洁。整洁的卷面给人以清新的感觉。事实上，笔试中很大一部分都是开放性问题，求职者可以用整洁的卷面来赢得印象分。

案例

前几天，小周向一家物流公司投了简历，应聘职位是客户服务代表。对方在问了几个简单问题后，微笑着对小周说：“你的条件非常适合这项工作，公司会尽快通知你参加复试。”

回到学校，小周正在吃饭的时候，突然手机响了。“喂，谁啊？”小周放下筷子开口问道。“您好，请问是舒兰吗？”电话的另一端传来一阵温柔的声音。“你打错了！”小周没好气地回答。“那您是谁呢？”小周心想，真是太讨厌了，打错了还纠缠不休，于是生气地说：“我姓周，你这人是不是有毛病啊，明知打错了还问！”“噢，是周文静吗？对不起，我打错了。”

三天后，那家物流公司还没通知小周去面试，于是小周打电话过去询问。对方说：“我们已经通过电话面试过你了，你已经被淘汰了。客户服务代表要善于倾听，有耐心、有礼貌，这样才能和客户进一步交流，为客户更好地服务。”这时，小周才如梦初醒，怪不得人家知道我的名字呢！就这样，一次再简单不过的面试，小周却以失败告终。

【案例点评】

小周同学“电话面试”失败的教训告诉我们：招聘面试的形式是多种多样的，对此，大学毕业生要有所认知和准备。另外，无论哪种形式的面试，都是对求职者已具备的综合素质或专业技能的检验，只有注重平时的积累和培养，才能从容应对各种“检验”。

探索活动

模拟面试

活动内容：

全班学生分角色扮演应聘者、面试官和招聘工作的相关人员，开展模拟面试活动，并拍摄相关视频。

活动要求：

（1）全班学生每 3～4 人为一组，各组设组长 1 名。各组参考以下资料设计面试情景，然后进行模拟面试训练。

① 某公司招聘摄像人员 2 名，要求应聘者能熟练操作常用摄像摄影设备，并且具备一定的影视后期剪辑技能。试用期一个月，月薪 5 000 元，单位可包食宿；转正后，月薪 8 500 元。

② 某旅游公司招聘民宿管家 1 名，要求应聘者具有专科及以上学历，酒店管理、旅游管理等相关专业优先；具有良好的团队合作精神，待人接物落落大方，体贴周到，有爱心；认同民宿理念，喜爱山水生活，有茶艺、绘画、园艺等爱好更佳。薪资面谈。

③ 某公司招聘新媒体运营专员 1 名，该职位主要负责公司公众号等新媒体平台的运营工作。要求应聘者具有专科及以上学历，专业不限，有新媒体运营相关工作经验者优先。

（2）模拟面试活动的时长限制在半小时以内。

（3）模拟面试活动结束后，由老师对各组成员的表现进行点评。

拓展延伸

15 个经典面试问题的回答思路

问题一：“请你自我介绍一下。”

思路：（1）介绍内容要与个人简历相一致。

（2）表达方式上尽量口语化。

（3）要切中要害，不谈无关、无用的内容。

（4）条理要清晰，层次要分明。

（5）最好事先以文字的形式写好背熟。

问题二：“谈谈你的家庭情况。”

思路：（1）简单地罗列家庭人口。

（2）宜强调温馨和睦的家庭氛围。

（3）宜强调父母对自己教育的重视。

（4）宜强调各位家庭成员的良好状况。

（5）宜强调家庭成员对自己工作的支持。

（6）宜强调自己对家庭的责任感。

问题三：“你有什么业余爱好？”

思路：（1）最好不要说自己没有业余爱好。

（2）不要说自己有哪些庸俗的、令人感觉不好的爱好。

（3）最好不要说自己仅限于读书、听音乐和上网，否则可能令面试官怀疑你性格孤僻。

（4）最好能列举一些户外的业余爱好来“点缀”你的形象。

问题四："你最崇拜谁？"

思路：（1）不宜说自己谁都不崇拜。

（2）不宜说崇拜自己。

（3）不宜说崇拜一个虚幻的或是不知名的人。

（4）不宜说崇拜一个明显具有负面形象的人。

（5）所崇拜的人最好与自己所应聘的工作能"搭"上关系。

（6）最好说出自己所崇拜的人的某些品质、某些思想感染着自己、鼓舞着自己。

问题五："你的座右铭是什么？"

思路：（1）不宜说那些易引起不好联想的座右铭。

（2）不宜说那些太抽象的座右铭。

（3）不宜说太长的座右铭。

（4）座右铭最好能反映出自己的某种优秀品质。

（5）参考答案——"只为成功找方法，不为失败找借口。"

问题六："谈谈你的缺点。"

思路：（1）不宜说自己没缺点。

（2）不宜把那些明显的优点说成缺点。

（3）不宜说出严重影响所应聘工作的缺点。

（4）不宜说出令人不放心、不舒服的缺点。

（5）可以说出一些对于所应聘工作"无关紧要"的缺点，甚至是一些表面上看是缺点，从工作的角度看却是优点的缺点。

问题七："谈一谈你的一次失败经历。"

思路：（1）不宜说自己没有失败的经历。

（2）不宜把那些明显的成功说成是失败。

（3）不宜说出严重影响所应聘工作的失败经历。

（4）所谈经历的结果应是失败的。

（5）宜说明失败之前自己曾信心百倍、尽心尽力。

（6）说明仅仅是由于外在客观原因导致失败。

（7）说明失败后自己很快振作起来，以更加饱满的热情面对以后的工作。

问题八："你为什么选择我们公司？"

思路：（1）建议从行业、企业和岗位这三个角度来回答。

（2）参考答案——"我十分看好贵公司所在的行业，我认为贵公司十分重视人才，而且这项工作很适合我，相信自己一定能做好。"

问题九："对这项工作，你有哪些可预见的困难？"

思路：（1）不宜直接说出具体的困难，否则可能令对方怀疑你不行。

（2）可以尝试迂回战术，说出你对困难所持有的态度，如"工作中出现一些困难是正常的，也是难免的，但是只要有坚忍不拔的毅力、良好的合作精神，以及事前周密而充分的准备，任何困难都是可以克服的"。

问题十：“如果我录用你，你将怎样开展工作？”

思路：（1）如果你对应聘的职位缺乏足够的了解，最好不要直接说出自己开展工作的具体办法。

（2）可以尝试采用迂回战术来回答，如“首先听取领导的指示和要求，然后就有关情况进行了解和熟悉，接下来制订一份近期的工作计划并报领导批准，最后根据计划开展工作”。

问题十一：“与上级意见不一致时，你将怎么办？”

思路：（1）一般可以这样回答：“我会给上级以必要的解释和提醒，在这种情况下，我会服从上级的意见。”

（2）如果面试你的是总经理，而你所应聘的职位另有一位经理，且这位经理当时不在场，可以这样回答：“对于非原则性问题，我会服从上级的意见，对于涉及公司利益的重大问题，我希望能向更高层领导反映。”

问题十二：“我们为什么要录用你？”

思路：（1）最好站在用人单位的角度来回答。

（2）参考答案——“我符合贵公司的招聘条件，凭我目前掌握的技能、高度的责任感和良好的适应能力及学习能力，完全能胜任这份工作。我十分希望能为贵公司服务，如果贵公司给我这个机会，我一定能成为贵公司的栋梁。”

问题十三：“你能为我们做什么？”

思路：（1）基本原则是“投其所好”。

（2）回答这个问题前最好能“先发制人”，了解用人单位期待这个职位所能发挥的作用。

（3）可以根据自己的了解，结合自己在专业领域的优势来回答这个问题。

问题十四：“你是应届毕业生，缺乏经验，如何能胜任这项工作？”

思路：（1）如果用人单位对应届毕业生提出这个问题，说明他们并不真正在乎“经验”，关键是看应试者怎样回答。

（2）对这个问题的回答最好要体现出应试者的诚恳、机智、果敢及敬业。

（3）参考答案——“作为应届毕业生，我在工作经验方面的确会有所欠缺，因此在读书期间我一直利用各种机会在这个行业里做兼职。我也发现，实际工作远比书本知识丰富、复杂，但我有较强的责任心、适应能力和学习能力，而且比较勤奋，所以在兼职中均能圆满地完成各项工作，从中获取的经验也令我受益匪浅。请贵公司放心，学校所学及兼职的工作经验使我一定能胜任这个职位。”

问题十五：“你希望与什么样的上级共事？”

思路：（1）最好回避对上级的具体希望，多谈对自己的要求。

（2）参考答案——“作为刚步入社会的新人，我应该多要求自己尽快熟悉环境、适应环境，而不应该对环境提出什么要求，只要能发挥我的专长就可以了。”

课后练习

1．求职过程中应注意哪些问题？

2．面试过程中应注意哪些事项？

模块五

职业角色转换

引导案例

毕业生赵小容刚进入微电子材料公司研发部工作一周，就被告知试用不合格，公司要终止就业协议。公司将其辞退的原因之一是该员工不注意实验室规定，经常在实验过程中聊天，浪费实验原材料，部门多次忠告后，仍无任何改进。

分析：毕业生作为刚入职的员工，应充分认识就业环境的各项要求，并适时改善自身不足，以适应单位及环境要求。而赵小容面对自身条件与工作环境不适应的情况，未采取任何明显的改进措施，这件小事显示出他本人消极的适应心理和工作态度，故失去了这次就业机会。

教学目标

知识目标：认识学生角色与职业角色的区别。

能力目标：掌握角色转换的技巧，提高心理承受能力。

知识链接

一、学生角色与职业角色的区别

学生角色与职业角色的不同之处在于：前者是受教育，掌握本领，接受经济供给和资助，逐步完善自己；后者是用自己掌握的本领，通过具体的工作为社会付出，以自己的行为承担责任，并取得相应的报酬。具体而言，二者在以下几个方面有所区别。

（一）活动方式不同

学生以学习知识为主要活动，长期以来，学生角色使大学生处在一种接受外界给予的状态；而职业角色则要求大学毕业生运用自己的知识和能力向外界提供自己的劳动。这种从接受到运用、从输入到输出的转换是一种重大活动方式的改变。

扫一扫

从学生到职业人的转变

（二）社会责任不同

学生的主要社会责任通常体现在学习过程中对自己的负责上；而职业人员的社会责任体现在对工作对象的责任中，他们的不负责将直接给社会造成损害。

（三）所处环境不同

大学生在校园里基本上是“寝室—教室—图书馆—食堂”四点一线，生活简单而美好。但职业人面临的社会环境是快速的生活节奏、紧张的工作和加班；没有了寒暑假，自由支配的时间少；还要承受不同地域的生活环境和习惯。大学毕业生由于缺乏实际工作经验，开始工作时往往不能得心应手，感觉工作压力显著增加，给心理造成极大的负担。

（四）人际关系复杂程度不同

校园里人际交往比较单纯，社会上的人际关系相对于学校中的关系要复杂得多，初出茅庐的职场人大多都会一时感觉不适应。事实上，能否适应不同的环境，与不同的人打交道，对一个人的事业成败至关重要。处理好人际关系，是每一个大学生进入社会后必须掌握的技能。

二、完成角色转换的途径

（一）正视现实，敢于面对现实

大学生在学校所接受的几乎全是正确的、健康的教育，所以其世界观、人生观和价值观的形成和发展都是比较顺利的。但是，由于其社会阅历比较浅，所以对社会、对人生价值的认识往往表现出较为理想化的倾向。在现实社会中，尤其是面对社会不良现象时，他们既看不惯，又无能为力，经常感到困惑和迷茫。因此，毕业生要充分认识和认真对待这些矛盾和冲突，大胆面对现实，努力克服不适应的因素。

（二）立足本职，树立新的意识

大学毕业生在走上工作岗位之前往往对角色转换的认识模糊，对即将从事的职业缺乏全面准确的了解。因此，大学毕业生应当树立以下几方面的意识，形成正确的职业观念。

1．独立意识

大学毕业生走上工作岗位后，成为社会认可的具有独立资格的真正意义的社会人，没有了老师的呵护、缺少了家长的关爱，在生活上要自立，尤其是工作上要独当一面，承担一定的社会责任。

2．团队意识

人是社会的人，社会的发展与进步离不开人们的密切协作。但由于学生角色中心任务的特殊性，学校环境的相对封闭性，使得一些大学毕业生的协作精神和团队意识远远不能满足职业的要求。实践证明，在人的社会联系高度紧密的今天，一项大型工程的开展、一项科研项目的完成或一个生产过程的组织与管理，单靠某个人的力量显然是不够的，必须是几个、几十个甚至成百上千个人共同劳动，互相配合，互相协作才能完成的。这就要求每一个成员都要有互相协作的团队意识，从整体利益出发，建立和谐的人际关系，创设一个友好的合作氛围。

3．主人翁意识

大学毕业生多数要参与生产、管理和决策等实践活动，对所在的单位和部门承担更多的社会责任和义务。一个人工作成绩的好坏，不仅和自己的前途有着密切的联系，而且与单位和部门的兴衰荣辱休戚相关。因此，大学生要牢固树立主人翁意识，立足本职，做好每一项工作。

（三）坚持学习，不断完善自我

大学生已经具备了获得职业技能的基础条件，即比较扎实的基础知识和专业知识。但是职业角色的适应是一个自我不断学习、不断完善的循序渐进的过程。初到工作岗位，毕业生自身的知识量不一定足够大，知识结构也不一定合理。因此，毕业生要根据职业的特点、性质、工作程序及其相互关系，不断学习新知识，增强自身素质和能力，提高工作技能和业务水平。

（四）把握自己，慎重重新选择

大学生要根据自己的专业、特长、兴趣等，寻找适合自己的工作，以免走不必要的弯路。但是，因为自身能力、机遇或者工作单位等方面的变化，一些毕业生就业后需要重新选择职业。这就要求毕业生准确地了解自己、把握自己，具体情况具体分析。一方面，毕业生要珍惜第一次职业的选择，要认真、实事求是地分析自己所从事的现有职业并从中提升自我，充分发挥自己的才能；另一方面，毕业生要在实践中进一步充分认识自我，挖掘自身的潜力，合理地适时调整自己的岗位，更好地发挥自己的聪明才智。

三、认识、适应新环境

一个人的成功既取决于个体的素质，又取决于他所面临的环境。每个特定的环境，都有其自身的传统、风格，都有不同的特点。

（一）认识新环境

毕业生走向社会，即从学生角色进入职业角色，生活环境相应地从学生生活环境进入职业生活环境。那么，毕业生要想取得成功，既要认识自己，又要认识环境。毕业生只有认识环境、适应环境，才能改造环境。毕业生必须准确把握学生生活环境和职业生活环境这两种不同环境类型的特点。

首先，学生生活环境是一种经过加工的秩序化的环境。职业生活环境是自然的、未经设计的环境。学生生活环境主要是学校教育环境，而学校教育是以为国家和社会培养人才为目的，从教学计划到教材、授课、作业，从课内到课外，从班集体的组织到环境的布置，都是经过精心设计的，有目的、有计划和有组织地引导学生获得知识技能，陶冶思想品德，发展智力和体力的一种活动。学生生活环境是遵循学生身心发展科学规律和教育培养方针模式的秩序化的环境。职业生活则主要靠自己去摸索、奋斗，再没有人为你去精心设计了。

其次，学生生活一般不直接转化为社会现实；而职业生活是现实的、郑重其事的。学生生活的一个重要特点是思想言行一般不直接转化为社会现实。你做作业是为了消化、巩固课程学习，演讲是为了训练口才和思维……错了不要紧，可以重来。职业生活则不同，你设计桥梁，建造楼房、工厂，错了一个数字，后果都不堪设想。因此，职业生活要有高度的责任感和良好的职业道德。

最后，职业生活环境比学生生活环境的人际关系更复杂、更微妙。在校期间，学生主要是为了学习掌握知识和技能，相互间不存在利益冲突，同学之间的人际关系是非常纯洁的，因而感情维持的时间也较长。而职业生活既要成就事业，又要养家糊口，职位的升迁，工资、奖金的发放，住房的分配等，都与个人利益相关，人际关系处理起来更具挑战性。

总之，认识环境是我们适应环境、适应社会和走向成功的第一步，也是重要的一步，应当引起我们的高度重视。

（二）熟悉和适应工作环境

走上工作岗位后，毕业生应尽快地完成角色转换，认清自己在工作环境中所承担的工作角色，以及这个角色的性质、职责范围等，积极地熟悉和适应新环境。在这个适应过程中，毕业生要注意克服可能出现的种种思想和心理矛盾，加强心理调适，塑造良好的个人形象和建立和谐的人际关系，在工作中积极进行自我调整，以求实的工作态度和踏实的工作作风融入工作。

1. 保持良好的试用心态

新入职人员往往都有一个试用期。试用是毕业生分配制度改革后，大多数用人单位在双向选择中采用的一种措施，是用人单位对“准”就业职员的一种考察方法。试用时间根据签订合同的时间长短而不同，可能是几个月或半年。试用期包括在劳动合同期限内，劳动关系还处于非正式状态。

试用期满后，用人单位将对劳动者进行考核测试。刚刚步入职场不具备经验的新人，用人单位会重点看他是否具有培养潜力，是否有积极的工作态度，还要看他到达新环境后与同事的合作能力。对于考核合格者会将其转为正式员工，对于不合格者会延长其试用期限或予以辞退。

对于毕业生来说，试用期是对用人单位是否符合自己要求进行了解的期限，对自己既是一种培训和考验，也是展示自己能力和水平的一次机遇。所以毕业生一方面要坚信自己既然能够通过竞争获得就业机会，也一定能顺利通过试用考核，要从容地面对领导和同事；另一方面要保持积极的工作态度，主动参与到工作中去。

毕业生进入试用期后要时刻以一位正式员工的身份要求自己，珍惜来之不易的就业机会，认真对待工作中遇到的一切人和事，用坦诚的态度多听、多问，认真了解试用期的有关规定，熟悉单位的规章制度，认真聆听领导的工作安排和具体要求，积极听取同事的意见和建议。不管工作责任的大小、职位的高低，毕业生都应以满腔的热情和高度的事业心、责任感认真对待。

2. 塑造良好的个人形象

形象是一个人在社会生活中的广告和名片。一个良好的外部形象能给人一个好的第一印象。良好的个人形象对个人的发展与前途有着不可忽视的作用。刚进入工作岗位的毕业生要树立形象意识，从一点一滴做起，逐步塑造良好的个人形象，并充分运用形象这个好武器去开拓和创造自己辉煌的事业和完美的人生。如何塑造自己的良好形象呢？

（1）仪表得体，穿着得当。仪表是人的精神面貌的外在表现，端庄的仪表会给人良好的第一印象。毕业生初到工作单位，要注意穿着打扮，衣服不一定讲究高档、时髦，追求名牌，但要符合自己的经济状况、现实身份并与单位习惯相适应。例如，科研人员、社区工作者等的仪表应考虑其工作性质和周围环境，着装应注重整洁、大方，不穿奇装异服，能体现职业形象美，应时刻注意个人卫生，勤剪指甲，勤洗澡；女性应尽量少戴配饰，可适当化淡妆，但不宜化浓妆；男性应注意修饰边幅，定期理发剃须，不宜蓬头垢面或油头粉面，以体现整洁干练为佳。

（2）言谈文明，举止得体。现实生活中，良好的个人形象不仅仅是外表的美丽得体，更重要的是内在素质和修养的体现。每个人通过一言一行体现出他的修养水平，与别人相处，要注意举止文明、彬彬有礼、言谈亲切。例如，人民教师语言要简洁，语调要亲切、自然，语速要舒缓、柔和，谈吐要文明、文雅，要耐心、谨慎地处理工作。

（3）遵规守纪，准时守信。毕业生应自觉遵守单位的作息时间和其他规章制度，讲求信用，培养不失约、不失信的诚实守信的美德。毕业生要严格要求自己，谨遵审查制度，积极主动地做好自己力所能及的工作，切忌在工作时间懒散、闲谈、干私活。

（4）团结同事，勤学好问。常言道："量小失众友，度大集群朋。"所以毕业生在平时工作中要有整体意识、全局观念，要做团结的模范，既要善于团结和自己意见相同的人，也要善于团结和自己意见不同的人，甚至是反对过自己并被实践证明是犯了错误的人，不要随意参与单位或同事间的纷争，更不要背后议论和评价同事，要以诚相见、热情待人。

毕业生刚参加工作，要树立"从零开始"的思想，从一点一滴做起。大学生虽然在学校读了十多年的书，学了多年的专业知识，但是书毕竟是书，生活中的很多道理并不在书上。从知识的获取，到能力的培养，再到经验的取得，需要一个实践的过程、一个不断总结提高的过程。刚刚进入社会的毕业生，所缺少的正是经验。所以，毕业生要善于观察、善于聆听、善于总结，多向有经验的老师学习请教，遇到问题要敢于提问。

3．建立和谐的人际关系

毕业生走上工作岗位后，和谐的人际关系是适应环境的关键，是事业上获得成功不可忽视的前提条件之一。有位著名的政治家说过："成功的第一要素是懂得如何搞好人际关系。"因此，毕业生要用心观察、弄清社会人际关系之间的多方面、多层次和多类型的特点，研究和掌握社会上人际交往的一般规律、原则和技巧，只要尽力去做，就一定能够建立和谐的人际关系。建立和谐的人际关系需要关注以下几点。

（1）尊重他人，主动真诚。尊重是一种德行，古人云："爱人者人恒爱之，敬人者人恒敬之。"尊重他人，首先要在交往中做到礼貌为先，这样才能体现对他人的敬重之情，他人才有兴趣和热情与你交往下去。其次，要善于发现别人的长处，避免触及别人的短处。毕业生初到单位，对领导、同事都不太了解，切忌自恃清高，过分强化自己的长处，给人以嘲笑、歧视他人的感觉；要谦虚待人，善于发现别人的长处，并真诚地把他人实际存在的优点用赞美的语言表达出来，切忌阿谀奉承。最后，对待他人要主动真诚，遇到单位同事要勇敢一点，主动地打招呼，做到以诚相待，这也是尊重他人的一种表现。主动交往、真诚待人的人，会给人一种亲近感，乐意与其交往的人就会多；而沉默寡言、不主动甚至躲避交往的人容易给别人一种高傲、冷漠、难以接近的感觉，影响其人际关系。尊重他人，主动真诚，可以消除隔阂，显示修养，赢来信任，换得朋友，拉近友谊。

（2）理解他人，宽以待人。理解与宽容是人与人和谐相处的基本要求。每个人在与同事交往的过程中，要将心比心，推己及人，用严厉的态度要求自己，以各种道德规范和行为准则来约束自己，要学会换位思考，设身处地地站在对方的位置上体会和感受；要用宽容的态度对待别人，不斤斤计较，不苛求于人，多一些谅解和理解，多一些相容和接纳，力争团结更多的人。人只有学会理解、宽容的待人之道，才能建立和谐融洽的人际关系。每个人在交往过程中，一方面要随和、忍让、心胸开阔，对一些非原则问题不纠缠，对一些无关大局的小事不计较；另一方面在遇到原则性问题时，要坚持原则，在必要时要据理力争。

（3）平等待人，乐于助人。平等待人是人与人之间进行社会交往、建立良好人际关系的基本前提。面对领导、同事、家长、学生，以及社会上形形色色的人，刚步入社会的毕业生要认识到他们都是平等的，在交往过程中不要因职位高低、年龄大小、工资多少或家境等方面的原因区别待人，不拉帮结派、不搞小团体，而应平等地对待每一位与你交往的人，一视同仁、公正处事，不嘲笑、讽刺和侮辱他人。此外，作为新入职的毕业生，对领导和同事要多关心和帮助。当别人有困难时，要伸出热情之手，切忌袖手旁观、落井下石。一方面，帮助别人在感动对方的同时，对自我更是一种喜悦、成长与幸福；另一方面，帮助别人有助于加深彼此之间的感情，给人留下良好的印象。

（4）注重方式，讲究技巧。刚入职的毕业生在交往过程中，要注意方式，掌握交往的技巧。首先，毕业生在工作中要少说多听，尽快熟悉环境，掌握单位人际关系情况及同事的兴趣、性格特点等，做到心中有数，在今后的工作中避免触及敏感的人和事。其次，毕业生要学会沟通，掌握交谈技巧，交谈时应选择大家最感兴趣的话题，不能只关注自己的喜好，并注重交谈礼仪。最后，交往过程中要注意时间和场合，毕业生在谈话和做事之前都要经过深思熟虑，认真思考，明确目的、实施过程及预期结果，分清时间和场合再加以行动。

总之，毕业生要清晰全面地认识职业角色，增强角色意识，主动强化角色转换意识，以积极、理智的态度，顺利实现角色的转换，积极适应职业角色和职业环境。认识到适应新的工作环境，对于毕业生事业的成功和自身价值的实现具有重要意义。

四、初入职场应注意的几个问题

（一）积极主动

一旦到了工作单位，毕业生就要处处把自己当职业人看待，努力学习实践知识，寻找、创造锻炼业务能力的机会，要做到眼勤、手勤和腿勤，多想、多问和多做。此外，要做到每天早上班，晚下班，积极主动地工作，要知道同事和领导都喜欢工作积极、态度认真、学习刻苦的新同事。

（二）诚信踏实

初到工作岗位，毕业生要严格遵守单位的规章制度，与人交往不失约、不失信，树立诚实守信的形象。同时，在外对本单位的人、事、物严守秘密，对内真诚地对待本单位的事务，这也是现代企业对员工的重要纪律要求。

（三）不斤斤计较

毕业生刚开始工作时要树立远大的理想，正确处理好赚钱与提升能力的关系。此外，毕业生要认识到工作待遇是对能力的奖励，越有能力的人，待遇越好。因此，毕业生不要过于功利、过于急躁，最好在本职岗位上踏实学习、积累经验、锻炼能力、积聚人脉、树立专业形象，这样才会有功成名就的一天。

（四）不损公肥私

毕业生就业伊始，就要树立正确的职业道德观，遵纪守法，遵守单位的规章制度，具体要做到：不把单位的一些东西据为己有；不利用自己职务之便，谋取私利；不占用办公电话谈私人事情；不收受贿赂、不贪赃枉法。尤其是在国家单位、公务部门工作的人员，损公肥私、自私自利的行为会损害国家和人民的利益，最终要受到人民的监督和法律的惩处。

（五）不找借口

毕业生刚参加工作，工作不适应、工作中出现差错是难免的，但千万不要把不适应、刚来不熟悉当借口，而要从自身主观方面找原因，不适应业务工作要学习，不适应人际关系要改善，不适应生活习惯和节奏要克服，不适应紧张压力要锻炼，不熟悉业务流程要尽快熟悉和掌握，只有这样才可以尽快进入新角色。

（六）不抱怨

有些毕业生心高气傲，总是抱怨让自己从事简单工作是大材小用，没有体现自己的价值；抱怨待遇不好；抱怨工作条件太差；抱怨要加班加点；抱怨福利太少；抱怨身边同事文化低、素质低；抱怨没人理解自己；抱怨领导不是伯乐，发现不了自己的“真才实学”和“鸿鹄之志”。

作为有远大志向的年轻人，不应挑剔工作，也不应提过高要求，即使所分配的工作难以胜任或兴趣不浓，也要先接受下来，力争做好；对于生活、工作条件，也不要提过高要求或计较一时的个人得失，而要有发展的眼光，追求个人的长远发展。

案　例

小溪大学毕业后进入一家青年杂志社担任编辑，由于文笔出色、工作认真，赢得了领导和同事的一致好评。不过，杂志社提供给新员工的薪水比较低。工作了一段时间后，有的新员工开始抱怨：“原以为进了这家杂志社能拿到很好的薪水和福利，没想到工作都快一年了，也没涨过工资。”

当时杂志社正在进行一系列新刊物的编辑工作，每人都分配了不少任务。然而，杂志社领导并没有打算增加人手，所以编辑部的人经常会被派往发行部去帮忙。这样一来，不仅新员工，就连老员工也开始出现不满情绪，整个编辑部只有小溪乐意接受领导的指派。

两年以后，当初和小溪一起入社的员工，有的已经辞职，有的虽然还在编辑部，但薪水和待遇仍然没有太大提升，而小溪不但薪水翻了几倍，还当上了编辑部的负责人。

【案例点评】

一些初入职场的年轻人对自己抱有很高的期望值，认为自己一开始工作就应得到重用，薪水俨然成了他们衡量成功的唯一标准。切记你现在的工作是为了获得更多的工作经验，当工作经验积累到一定程度时，自然会得到升职加薪的机会。

探索活动

职业角色模拟训练

活动目的：

真实体验学生角色与职业角色的不同，以更好地完成职业角色的转换。

活动要求：

1. 将全班学生分成若干小组，每组 3～5 人。
2. 每小组从以下情境中选择一种情境进行模拟训练。

（1）参加一个产品博览会，推介自己的公司和产品。

（2）在办公室接到客户投诉公司产品质量问题的电话。

（3）所在公司遭遇负面新闻报道，但该报道与事实不符。

（4）面对一名挑剔、刁难、不好应付的客户。

（5）与同事因小事发生冲突。

（6）主持重要会议时，突然有人捣乱不配合。

3. 学生也可以根据自身专业特点设计其他合适的情境。
4. 在进行模拟训练时，学生可根据现实情况对情境进行进一步细化设计，最好能根据所选情境提前写好剧本，然后按照剧本进行演练。

拓展延伸

职场新人绝对不能有的 7 种心理

1. 经常抱怨工作

办公室里经常会有那么一群人，他们总是喜欢抱怨工作，数落对工作及生活的种种不满，经常一副自怜自艾的神情。我们应该远离这样的人，并且努力让自己不要成为这样的人。工作中大家都有压力，过多的抱怨只会让自己整天处于负面情绪当中，不但让自己无法顺利完成自己的工作，更会让本来安心工作的人也被负面情绪所影响。

2. 过分消极

有的职场新人容易过分消极，对于公司的发展没有信心，甚至整天担心工资会不会发不出来了，公司是不是快要倒闭了……事实上，即使公司业务正蒸蒸日上，也免不了他们的这番担心。这些人患得患失，内心能量弱，行动力不高，而且还会影响整个团队的发展，扰乱军心。

3. 急于求成

总是有人不能脚踏实地，幻想一口吃成大胖子。诚然，每个人都希望自己的事业成功，但是一步登天是不现实的。在办公室里，急于求成的人喜欢邀功，做事不踏实，很容易破坏团队的协作和平衡，也容易带动其他人跟他一样急功近利，最终拉垮整个团队。

4. 办公室冷暴力

办公室里的人际交往对于工作的开展有着很大的影响。而办公室冷暴力是造成员工工作压力大甚至辞职的重要因素之一。工作的时候不愿意协同同事，故意疏远同事，冷淡地处理同事之间的关系，甚至有意给同事设置障碍等，这些冷暴力行为最终会导致人心涣散，团队缺乏凝聚力。

5. 自卑

过分的自卑表现为既担心得罪同事，又担心做错事挨领导批评，做事情总是一副畏畏缩缩的样子，甚至不敢承担任何的重任。这种自卑会使自身的才能被埋没，对于职场新人未来的发展十分不利。

6. 敌视别人的进步

工作中充满了竞争。有些人看到别人不停进步时会心生恨意，认为对方的进步都是领导偏心或者通过耍手段得来的，而不会从自身思考原因。一味地敌视别人的进步，只会让自己处于被动，在负面情绪的影响下，很难有好的发展。

7. 懒散

每个人多多少少都会有一些惰性。但是工作时一定要克服这种懒散的心理。因为懒散不但影响工作效率，还会使自身丧失向上的动力。更重要的是，懒散会在办公室里传播，甚至会导致整个工作氛围都变得慵懒低效。这样的人很容易被社会淘汰。

课后练习

1. 简述学生角色与职业角色的区别。
2. 大学生该如何尽快完成学生角色向职业角色的转换？

模块六

就业程序办理

引导案例

某装饰公司是由李某、张某和刘某共同出资合伙成立的，因业务发展的需要，他们计划招聘一名家装顾问。王某毕业于某学院的建筑设计专业，从事过多年相关工作，业务能力出色。经过双方协商，王某于2020年6月1日与该公司签订劳动合同，劳动合同期限为3年，工作岗位为家装顾问。劳动合同文本一式两份，全部由公司留存。其中，双方在劳动合同中约定：王某若未履行完3年的劳动合同而提前主动离职，视为违反劳动合同约定，应当支付公司违约金人民币5万元。

2021年4月20日，王某因故向该公司提出辞职，要求公司为其办理提前解除劳动合同的手续。该公司为王某办理了解除劳动合同的证明，但要求王某按照劳动合同的约定支付5万元违约金才能解除劳动合同。双方当事人由此发生争议。

思考：

（1）该公司与王某签订的劳动合同，是否符合《中华人民共和国劳动合同法》（以下简称《劳动合同法》）？

（2）该公司与王某签订了劳动合同，未将劳动合同文本交给王某一份，是否合法？为什么？

（3）对于该公司未将劳动合同文本交付王某的行为，应当如何处理？

（4）该公司与王某在劳动合同中约定的违约金条款是否合法？为什么？

分析：

（1）根据《劳动合同法》第二条“中华人民共和国境内的企业、个体经济组织、民办非企业单位等组织（以下称用人单位）与劳动者建立劳动关系，订立、履行、变更、解除或者终止劳动合同，适用本法。国家机关、事业单位、社会团体和与其建立劳动关系的劳动者，订立、履行、变更、解除或者终止劳动合同，依照本法执行”和《劳动合同法实施条例》第三条“依法成立的会计师事务所、律师事务所等合伙组织和基金会，属于劳动合同法规定的用人单位”的规定。该公司与王某签订的劳动合同适用《劳动合同法》。

（2）根据《劳动合同法》第十六条“劳动合同由用人单位与劳动者协商一致，并经用人单位与劳动者在劳动合同文本上签字或者盖章生效。劳动合同文本由用人单位和劳动者各执一份”的规定，该公司不给王某合同，违法了《劳动合同法》。

（3）如果单位承认签订劳动合同，应该将劳动合同交给王某一份；如果不承认签订劳动合同，应该按照《劳动合同法》第八十二条“用人单位自用工之日起超过一个月不满一年未与劳动者订立书面劳动合同的，应当向劳动者每月支付二倍的工资”的规定，向王某支付双倍工资。

（4）根据《劳动合同法》第二十五条“除本法第二十二条和第二十三条规定的情形外，用人单位不得与劳动者约定由劳动者承担违约金”的规定，即除了培训费和竞业限制规定之外，用人单位不得向劳动者收取违约金。该公司与王某签订的劳动合同中的违约金条款违反《劳动合同法》，是无效条款。

教学目标

知识目标：了解就业协议书的内容、签订原则和程序；了解劳动合同的基本内容和签订原则；了解派遣与改派的含义。

能力目标：能够避开就业协议书和劳动合同陷阱；熟悉毕业流程。

知识链接

一、就业协议书与劳动合同

（一）就业协议书

就业协议书是由毕业生、用人单位和学校三方签订的，明确三方在就业择业过程中的权利和义务关系的书面协议。就业协议书是用人单位确认毕业生相关信息真实可靠并接收毕业生的重要凭据，也是高校进行毕业生就业管理、编制就业方案，以及毕业生办理就业落户手续等有关事项的重要依据。就业协议书一般由教育部或各省、市、自治区就业主管部门统一制表。

1．就业协议书的主要内容

就业协议书主要包括以下内容：① 高校毕业生的基本情况；② 用人单位的基本情况；③ 高校毕业生和用人单位约定的有关内容；④ 各方应严格履行协议，任何一方若违反协议，应承担违约责任；⑤ 其他补充协议。

2．签订就业协议书的原则

就业对绝大多数的应届毕业生来说，是人生道路上的第一次职业选择。为了更好地维护自己的合法权益，毕业生在与用人单位签订就业协议书时，一定要按照原则办事。毕业生在签订就业协议书时必须遵循以下两项原则。

（1）平等协商原则。签订就业协议书的三方具有平等的法律地位，任何一方都不能将自己的意志强加给另一方。

（2）主体合法原则。签订就业协议书的当事人必须具备合法的主体资格。

3．签订就业协议书的程序

就业协议书的签订是毕业生和用人单位在供需见面、双向选择后达成一致意见的结果。就业协议书的签订一般要经过以下几个程序。

（1）毕业生本人在协议书上以文字的形式签署自己同意到选定的单位工作的意见，同时签署本人的姓名。

（2）用人单位在协议书上签署同意接收该毕业生的文字意见，并签名盖章，同时在协议书上注明可以接收毕业生档案的名称和地址。如果用人单位没有人事决定权，则需要报上级主管部门批准盖章。

（3）用人单位或毕业生将协议书送到学校毕业生就业工作部门。

（4）毕业生所在的院（系）和学校毕业生就业部门对就业协议书签署意见并签字盖章，然后再及时将协议书反馈给其他两方当事人。

4．签订就业协议书时应注意的问题

就业协议书明确了三方当事人在就业过程中的权利和义务，并且涉及毕业生的切身利益，因此具有法律约束力。毕业生在签订就业协议书时应该特别注意以下几个问题：① 确认用人单位的主体资格；② 注意与劳动合同的衔接；③ 事先约定解除就业协议书的条件；④ 明确违约责任；⑤ 认真审查协议书的内容；⑥ 按规定程序签订就业协议书。

5．解除就业协议书的方式

就业协议书的解除方式有单方解除和三方解除两种。

（1）单方解除，包括单方擅自解除和单方依法或者依协议解除。其中，前者属于违约行为，解约方应该对另两方承担违约责任；后者是指一方解除就业协议书有法律上或协议上的依据，不属于违约行为。

（2）三方解除，是指毕业生、用人单位和学校三方经过协商一致同意废除已签订的协议，使协议失去法律效力。此类解除三方当事人一致表示同意，任何一方均不承担法律责任。

（二）劳动合同

劳动合同是指劳动者与用人单位确立劳动关系、明确双方权利和义务的协议。

1．劳动合同的基本内容

根据《劳动合同法》的规定，劳动合同应当具备以下条款。

（1）用人单位的名称、住所和法定代表人或者主要负责人。

（2）劳动者的姓名、住址和居民身份证或者其他有效身份证件号码。

（3）劳动合同期限。

（4）工作内容和工作地点。

（5）工作时间和休息休假。

（6）劳动报酬。

（7）社会保险。

（8）劳动保护、劳动条件和职业危害防护。

（9）法律、法规规定应当纳入劳动合同的其他事项。

劳动合同除前款规定的必备条款外，用人单位与劳动者可以约定试用期、培训、保守秘密、补充保险和福利待遇等其他事项。

课堂讨论

经过几轮面试和笔试，某单位同意录取你并要求与你签订劳动合同，但是该合同的内容明显不规范，而你很想得到这份工作。

请问：① 这样的合同到底该不该签呢？② 遇到这种情况，你会采取怎样的行动呢？

2. 签订劳动合同的原则

《劳动合同法》第三条规定：“订立劳动合同，应当遵循合法、公平、平等自愿、协商一致、诚实信用的原则。”

扫一扫

八大劳动合同陷阱

3. 签订劳动合同时应注意的问题

签订劳动合同有许多的学问，毕业生最主要的是要注意以下几个方面的问题，以便切实地维护自己在劳动过程中的合法权益。

（1）要签订书面合同。《劳动合同法》第十条规定：“建立劳动关系，应当订立书面劳动合同。”劳动者有权要求用人单位与自己签订书面合同，并且要将合同自己保留一份。只有这样，劳动者才能够在发生劳动纠纷、争议的时候，找到事实依据。

（2）试用期也要签订劳动合同。劳动合同约定的试用期是包括在劳动合同的期限之内的，并且最长不能超过 6 个月。

（3）抵制各种不正当收费。《劳动合同法》第九条规定：“用人单位招用劳动者，不得扣押劳动者的居民身份证和其他证件，不得要求劳动者提供担保或者以其他名义向劳动者收取财物。”在签订劳动合同的同时用人单位要求劳动者交纳抵押金、风险金等做法都是不合法的行为。

（4）完整理解格式合同的内容。为了提高签约效率和节省签约劳动量，在实际签订劳动合同时，较为常见的方式是用人单位事先拟订好劳动合同，由劳动者做出是否签约的决定，劳动合同的内容不允许修改，这就是常说的签订格式合同。劳动者在签订格式合同时要注意完全理解格式合同的条款内容，并对其中的不合理部分提出异议。

（5）英文合同要慎签。不少外资企业特别是外资独资企业，要求员工签订英文合同。由于劳动合同是一种严肃的法律文件，一两个字词解释上的歧义都可能会产生意想不到的麻烦。毕业生在驾驭英文的能力上还远没有达到如此水平，而且中英文字词在使用习惯上也存在着差异，所以毕业生在签订英文合同时一定要慎重。

（6）避免合同陷阱。毕业生在签订劳动合同时，要注意避免以下合同陷阱：① 试用期陷阱；② 职位陷阱；③ 承诺陷阱；④ 合同细节陷阱。

（三）就业协议书与劳动合同的区别

就业协议书与劳动合同都是用人单位录用毕业生时所订立的书面协议，但二者分处两个相互联系的不同阶段，主要区别表现在以下几个方面。

1．签订主体不同

就业协议书是毕业生在校时，由学生与用人单位协商签订、学校参与鉴证的协定，是编制毕业生就业计划方案和毕业生派遣的依据。

劳动合同是毕业生与用人单位明确劳动关系中权利和义务关系的协议，学校不是劳动合同的主体，也不是劳动合同的鉴证方。

2．内容不同

就业协议书的主要内容是毕业生如实介绍自身情况，并表示愿意到用人单位就业，用人单位表示愿意接收毕业生，学校同意推荐毕业生并列入就业计划进行派遣等。

劳动合同的内容涉及劳动者和用人单位的权利义务更为具体明确。

3．签订时间不同

一般来说，就业协议书签订在前，劳动合同签订在后，就业协议书在毕业生到单位报到、用人单位正式接收后自行终止，双方的劳动关系以劳动合同为准。

4．签订目的不同

就业协议书是毕业生和用人单位关于将来就业意向的初步约定，一经毕业生、用人单位、用人单位主管部门和高校签字盖章，即具有一定的法律效力，是编制毕业生就业计划和将来可能发生违约情况时的判断依据。

劳动合同是上岗毕业生从事何种岗位、享受何种待遇等权利和义务的法律依据，其宗旨是保护劳动者的合法权益，一旦发生劳动争议，劳动合同就会成为解决劳动争议的重要证据。

5．适用的法律不同

就业协议书发生争议，除根据协议本身内容之外，主要依据现有的毕业生就业政策对协议的一般规定来加以解决，目前，尚没有一部专门的法律对毕业生就业协议书加以调整。

而劳动合同发生争议，应依据《中华人民共和国劳动法》来处理。

二、毕业生就业程序

（一）离校

毕业生完成学业，离开学校前要进行毕业鉴定，填写《普通高等学校毕业生登记表》，并办理必要的离校手续。

1．毕业鉴定

毕业鉴定是指在学生毕业时，对学生在校期间的思想品德状况所作的全面评价。毕业鉴定要结合毕业生本人自我评价、群众和组织评价，对毕业生做出全面、客观、准确的总结和评定。

毕业鉴定既要向用人单位提供毕业生基本素质情况，为用人单位选才、用才提供一定的参考资料，又要为毕业生指出今后努力和发展的方向，以利于其发扬优点，克服不足。

2．《普通高等学校毕业生登记表》的填写

《普通高等学校毕业生登记表》是由教育部制定的学生毕业材料之一，其内容主要包括：毕业生基本情况、学习经历、社会关系、个人总结、班级鉴定、毕业实习单位和主要内容、毕业论文题目或毕业设计、本人工作志愿和学校意见等。

《普通高等学校毕业生登记表》是需要放入人事档案的，这是毕业生在校综合情况的反映和记载，是学校对毕业生在大学期间的综合评价材料，毕业生要按照每个栏目的具体要求认真填写。学校要认真核实其中的各项内容，要以对国家负责、对毕业生负责的态度严肃对待。

3. 毕业生离校手续的办理

毕业生一般要在离校前一周左右办理离校手续，毕业生离校手续主要包括以下几个方面。

（1）到所在院系领取离校手续单。

（2）到校党团部门办理党团组织关系转递手续。

（3）到图书馆办理清缴图书及借书证等手续。如若将学校的图书损坏或丢失，应按照学校的有关规定予以赔偿。

（4）到财务部门进行费用核对、清退。

（5）到宿舍管理部门办理退宿手续，交还宿舍钥匙。如损坏宿舍内公物，应按照学校的有关规定予以赔偿。

（6）到教务部门交还借用的教学仪器和用具。

（7）对于享受国家助学贷款的毕业生，到贷款管理部门办理有关手续。

（8）领取毕业证、学位证和户口迁移证等资料。

（二）报到入职

毕业生在办理完所有离校手续后，即可持毕业证和学位证等有关证件到用人单位报到。对大部分毕业生来说，这一阶段是就业准备工作的最后阶段，它主要包括报到手续的办理、用人单位接收和安排工作岗位、毕业生户口关系的迁转和毕业生学籍档案的转移等。

需要注意的是，2022 年《国务院办公厅关于进一步做好高校毕业生等青年就业创业工作的通知》中明确规定，从 2023 年起，不再发放《全国普通高等学校本专科毕业生就业报到证》和《全国毕业研究生就业报到证》（以下统称就业报到证），取消就业报到证补办、改派手续，不再将就业报到证作为办理高校毕业生招聘录用、落户、档案接收转递等手续的必需材料。

（三）人事代理

人事代理是指政府人事部门所属的人才交流机构本着充分尊重毕业生自主择业的原则，高效、公正和负责地为各类毕业生解决在择业、就业中遇到的人事方面的有关问题，并提供以档案管理为基础的社会化人事管理与服务。人事代理工作由县以上（含县、市）政府人事部门所属的人才交流服务机构负责。

1. 人事代理的服务内容

（1）向毕业生提供人事法律、法规和政策方面的咨询服务。

（2）为毕业生保管、整理人事档案及提供档案借阅、传递服务。

（3）负责档案工资的核定调整和工龄连续计算。

（4）为毕业生办理见习期满后的转正定级和专业技术职务资格评审。

（5）代办养老保险、失业保险、医疗保险等社会保险业务。

（6）负责管理毕业生的组织关系。

（7）为毕业生挂靠户口关系。

（8）负责接转毕业生的人事关系手续。

（9）为毕业生办理出国（出境）政审呈报手续。

（10）承办与人事管理相关的其他事宜。

2．人事代理的程序

根据毕业生的不同情况，毕业生人事代理手续办理程序也有所不同。

（1）择业期内已联系到接收单位的毕业生，将有接收单位签章的就业协议书交到省、市人才交流中心，由省、市人才交流中心审核后签署人事代理意见。然后，毕业生将就业协议书送交学校，由学校统一办理户口迁移证，并将毕业生档案送交到省、市人才交流中心。毕业生持户口迁移证等材料到接收单位报到，就业单位无集体户口的，可直接落入省、市人才交流中心集体户口。

（2）择业期内暂未联系到接收单位及准备升学、出国的毕业生，持就业协议书到省、市人才交流中心，由省、市人才交流中心审核签署人事代理意见。然后，毕业生将就业协议书交至学校，由学校统一办理户口迁移证，并将其档案送交省、市人才交流中心。毕业生持户口迁移证、身份证等材料到省、市人才交流中心报到，签订人事档案管理合同，户口落入省、市人才交流中心集体户口。

（3）择业期满仍未联系到接收单位的毕业生，由户籍地人事部门所属的人才交流中心负责接收并管理毕业生的人事关系。

案　例

大学毕业生小敏是一位性格较内向的女孩子，在求职过程中曾多次碰壁。终于有一天，某单位表示同意录用她，这令她兴奋不已，不过该单位要求先试用 3 个月再签约，小敏欣然同意。转眼试用期就结束了，小敏与该单位如期签订就业协议书，但该单位在协议书上备注了以下条款：① 试用期 6 个月；② 服务期 5 年，若 5 年内提出调动、考研等要求，需向本单位缴纳每年 2 000 元的违约金；③ 其他未尽事宜按本单位有关规定执行。小敏当时一心只想赶紧把工作定下来，根本没有仔细推敲这些条款，她想当然地认为该单位是一家国有单位，肯定会按正规程序办事，应该不会有问题的。所以她毫不犹豫地在协议书上的“毕业生意见”一栏签了字。

正式报到之后，小敏方知试用期要从她报到之日算起，且试用期只拿基本工资。据说这是该单位对所有新录用毕业生的统一规定，原先 3 个月是非正式的试用，属于实习考察性质。小敏心里虽然觉得很不合理，但碍于协议书上并未注明试用起始日期，自己又不想得罪单位，更不愿失去这份工作，故只能怪自己“经验不足”。

工作了一年多时间，小敏觉得自己越来越不适应在该单位工作，尤其是复杂的人际关系及该单位某些僵化的管理模式，令她敢怒而不敢言。她暗暗开始准备考研。又过了大约一年时间，她自我感觉准备得差不多了。她想此时报考研究生考试，待正式录取大约还需半年时间，那时服务期就剩两年，大不了交两年的违约金罢了。然而事情并非她想象得那么简单，当她正式提交报告，请求单位人事部门出具证明同意她报考研究生时，单位领导首先表现得很不高兴，说这事要研究研究。

等研究了一段时间后，小敏被告知必须在办理了未满服务期违约手续（需缴纳 1 万元违约金）后方可出具同意报考研究生的证明。小敏这时再也沉默不住了，她与人事部门争执了起来，认为自己已经服务了两年半，最多只需交剩下的两年半的违约金。而单位人事部门领导却振振有词："当初签订就业协议书时，不是白纸黑字写明了 5 年内提出调动、考研要求，需要缴纳每年 2 000 元的违约金嘛，你自己还签了字呢！"小敏无言以对，想想自己的档案还"卡"在单位手中，如果一定要撕破脸皮，对簿公堂，时间和精力实在耗不起，况且到头来很有可能得不偿失，为了不影响自己考研，只好哑巴吃黄连，自认倒霉算了。

【案例点评】

小敏"吃亏"的主要原因在于当初签约时过于单纯幼稚，没有法律意识，一厢情愿地相信用人单位，对用人单位提出的要求未能及时提出异议，为日后的发展埋下了隐患。如果小敏当初精明一点，有一些法律意识，是很容易发现"破绽"并维护自己的权益的。

探索活动

情景小剧场——我毕业了

活动目的：

熟悉毕业流程，避开就业协议书和劳动合同陷阱。

活动要求：

1．将全班学生分成若干小组，每组 6～10 人。

2．每小组根据以下材料，进行剧情设计、排练。

小叶是某学校生态农业技术专业的一名大三学生，如今正面临毕业。小叶已在一家农业科学研究所实习半年，现研究所已确定接收小叶为正式员工。

3．进行剧情设计时，主要针对毕业流程，注意要与现实情况相符。

拓展延伸

常见的档案相关问题解答

（1）大学毕业生档案里包含哪些资料？

大学生毕业档案里一般包括高中学籍资料、高考报名登记表、高考体检表、高考志愿填报表、大学录取通知书、政治面貌材料、大学入学基本情况登记表、大学毕业生登记表、大学成绩表、奖励材料、处分材料及其他材料等。

（2）大学毕业后档案存放在哪里？

大学毕业生的档案通常有以下几个去向。

① 毕业后直接找到了工作，且单位有人事档案管理权的，可以将档案转到工作单位，工作单位没有人事管理权的，可以把档案转到工作所在地的人力资源服务中心。

② 把档案放在户籍所在地的人力资源服务中心或市教育局就业办。

③ 暂时存放在学校的档案室。

④ 根据当年实际情况学校也可集中托管到省人才市场或省就业指导中心。

⑤ 专升本学生档案转去本科学校。

（3）如何开调档函？

档案回户籍所在地的学生，携身份证、户口本原件及复印件前去当地人力资源服务中心开具调档函。原则上需本人办理，如本人不能前往，需委托亲友办理的，需携带委托书、委托人身份证、户口本原件和复印件和被委托人的身份证原件及复印件开具调档函（部分经办机构只能本人办理，具体可咨询当地经办机构）。档案转去其他地方的学生，到档案接收单位开办调档函，所需资料具体咨询接收单位。

（4）档案如何转出？

本人携带调档函、身份证、毕业证原件及复印件，去档案所在地即可办理。委托他人代办的，需要提供本人书面授权委托书、本人和代办人身份证原件。

（5）学籍档案遗失了怎么办？

学生要联系学校进行补档，大学档案由大学学校补档，高中档案要联系就读高中。补档手续十分烦琐，所以在毕业之后，要及时了解自己的档案的去向。

（6）档案可以由自己保管吗？

档案绝对不能由个人保管，因为档案只能公对公进行转递，由个人保管的档案容易变成“死档”而不能发挥档案的作用。

课后练习

1. 简述就业协议书与劳动合同的区别。
2. 毕业生签订就业协议书时应注意哪些问题？

模块七

就业权益维护

引导案例

某新零售商超由于规模的扩大，需要招聘 10 位配送员。人员确定后，企业和劳动者签订劳动合同，合同中有一条款：“合同期间发生工伤事故，公司方概不负责，全部由配送员个人负责。”当即就有人提出异议，但公司方人员回答说：“想干就干，不想干就请回，要来的人多得是。”出于无奈，10 位配送员只好在合同上签字。3 个月后，一位配送员张某在工作中遭遇交通事故，花去医药费 5 000 多元。出院后，张某请公司方支付医疗费用，遭到拒绝，理由是合同中已写明工伤概不负责。

分析：相对于用人单位，刚刚毕业缺乏社会经验的大学生往往是人才市场上的“弱势群体”。因此，大学毕业生要擦亮眼睛避免上当，更要学法、懂法，用法律武器保护自己。

教学目标

知识目标：了解毕业生就业的基本权益；掌握毕业生维权的途径。

能力目标：能够在就业权益受到损害时有能力维护自己的权益。

知识链接

一、毕业生就业的基本权益

大学毕业生作为一个特殊群体，在就业过程中除享有普通劳动者所享有的劳动报酬权、休息权、休假权和劳动保护权等一般权利外，还享有许多其他的权利。

（一）就业信息知情权

就业信息知情权是指大学毕业生拥有及时、全面地获取应该公开的各种就业信息的权利，它主要包括以下三个方面。

（1）信息公开。任何团体、组织和个人都不得隐瞒、截留用人信息，要全部向毕业生公布。

（2）信息及时。相关团体和组织应当将就业信息及时向毕业生公布，否则就业信息就会过时，失去了利用价值。

（3）信息全面。向毕业生公布的就业信息应当是全面完整的，部分的、残缺不全的信息将影响毕业生对用人单位的全面了解和准确判断，从而影响其对职业的选择。

（二）接受就业指导权

就业指导工作对毕业生来说意义重大，它会直接影响毕业生的职业生涯规划、就业意识、就业方向及求职择业的技巧。学校在毕业生就业指导中占据重要位置，为做好毕业生就业指导工作，学校应当设立专门机构、开设专门课程、安排专门人员对毕业生进行全方位的就业指导与服务，向毕业生宣传国家关于毕业生就业的方针、政策，帮助毕业生做好职业规划，对毕业生进行择业技巧的指导，引导毕业生准确定位，合理择业。除了学校，毕业生还可以从社会上合法的就业指导机构获得帮助。

（三）被推荐权

向用人单位推荐毕业生是学校就业工作的一项重要职责，学校的推荐对用人单位选择毕业生起着重要作用。毕业生享有被学校及时、公正和如实推荐到用人单位的权利。

学校推荐毕业生时应做到以下三点。

（1）如实推荐，对毕业生的在校表现不夸大、不贬低，实事求是。

（2）择优推荐，在公开、公正的基础上择优推荐毕业生，使人尽其才，并激发广大学生学习工作的积极性。

（3）公正推荐，根据个人的表现及能力，公平、公开和公正地推荐每一位毕业生，使广大学生都能够享受到被推荐的权利。

（四）平等就业权

毕业生在就业过程中享有平等的就业权利，有平等的机会去竞争工作岗位。毕业生应当平等地接受学校推荐，平等地参加用人单位的公开招聘。同时，用人单位在录用毕业生时应做到公平、公正和一视同仁。

目前社会上还存在着种种就业歧视，包括性别歧视、地域歧视、学历歧视、经验歧视及身体条件歧视等，毕业生在遭遇这些歧视时，应该勇敢地拿起法律武器维护自己的权益。

（五）自主择业权

根据国家规定，毕业生在国家就业方针、政策的指导下“双向选择，自主择业”，即毕业生可按照自己的意愿就业，有权决定自己是否就业、何时就业、何地就业及从事何种职业，学校、其他单位和个人均不得干涉。任何强加给毕业生的就业行为都是侵犯毕业生自主择业权的行为。

（六）择业知情权

毕业生在与用人单位签订就业协议书及劳动合同前，有权了解用人单位的主体资格、劳动岗位、劳动条件、劳动报酬及规章制度等情况。用人单位应当如实说明和介绍这些情况，不能回避或故意隐瞒某些职业危害，也不能夸大单位规模和提供给毕业生的待遇。

（七）违约求偿权

用人单位、毕业生和学校的三方协议一经签订后，任何一方不得擅自毁约和违约，如果用人单位无故解除协议，或不按照协议内容履行，毕业生有权要求用人单位承担违约责任，包括支付违约金。

有些用人单位出于单位改制、经营情况不好等原因，主动向毕业生提出解除协议，甚至个别单位在招聘时提供了虚假信息，在毕业生到单位就业后不能履行对毕业生的承诺，对于这些情况毕业生有权向用人单位提出赔偿要求。

（八）户口档案保存权

毕业生自毕业之日起，在择业期内如果没有联系到合适的工作单位，没有和用人单位签订就业协议书，也没有因回生源地自主择业、出国等情况而办理人事代理手续，有权将档案和户口保存在学校，学校应当对毕业生的学籍档案和户口关系进行妥善保管，不能向毕业生收取费用。择业期满后，学校就不再承担此义务。

二、毕业生就业权益的自我维护

（一）增强自我保护意识

激烈的就业竞争往往会使毕业生产生盲目、焦急和浮躁等不良心态，这就给了一些不法单位和机构以可乘之机，诱骗了不少毕业生。因此，毕业生要增强自我保护意识。

首先，要调整情绪，保持平稳心态，在求职前做好心理准备，防止因轻信用人单位而上当受骗。

其次，要对用人单位进行全面深入的了解，未雨绸缪。毕业生对用人单位有择业知情权，签约前，毕业生应通过多种途径多方了解用人单位的情况，最好能够实地考察一下，以做到心中有数。

最后，要慎签就业协议书和劳动合同，不可盲目草率。签约前，毕业生要仔细阅读协议书和合同的各项条款，明确双方的权利和义务，不留漏洞，以免日后产生纠纷。

（二）增强法律意识

毕业生要学习并掌握与就业有关的法律法规，当自己的权益遭受侵害时，能够积极运用法律武器维护自己的合法权益。尤其是在签订就业协议书、订立劳动合同这些用人单位容易钻空子的环节上，毕业生切记要按法律程序进行。

（三）树立契约意识

毕业生与用人单位签订的就业协议书是确立双方当事人之间劳动关系的一种契约，具有法律效力。毕业生在签约时要具备契约意识，一方面通过协议保护自己的合法权益；另一方面必须严格遵守并积极履行协议内容，未经对方同意不得擅自毁约、违约，否则就要承担法律责任。

（四）增强维权意识

毕业生不但要明确自己在就业过程中享有哪些权利，还要具有强烈的维权意识，当权益受到侵犯时，要敢于拿起法律武器据理力争，而不是选择忍气吞声，不了了之。只有这样，毕业生才能真正使自己与用人单位处于平等的地位，自己的合法权益才能得到切实的保障。

三、毕业生维权求助的途径

毕业生在权益受到侵犯时，不要惊慌失措，更不要冲动蛮干，要懂得通过合法途径保护自己的权益。

（一）依靠学校

毕业生在求职过程中遇到问题，权益受到侵犯时，应首先到学校的毕业生就业主管部门寻求帮助。学校有责任和义务维护学生的利益。学校可以制订各项措施来规范用人单位的招聘行为，还有权抵制用人单位在招聘活动中不公正甚至违法的行为。就业协议书需三方同意才生效，对不符合规定的就业协议，学校有权不同意。对于可以协商解决的问题，由学校与用人单位进行沟通，将有助于问题的顺利解决。

（二）依靠国家行政机关

当毕业生权益受到侵犯时，毕业生可向各级行政主管部门举报、投诉，如毕业生就业主管部门、市场监督管理局等。这些部门会依法对侵犯毕业生合法权益的行为进行处理。

（三）借助新闻媒体

毕业生可以借助报纸、电视和网络等新闻媒体的力量，对自己遭受的权益受侵行为进行披露、报道，充分发挥新闻媒体的舆论监督作用，以便引起社会的关注和相关部门的重视，从而促进问题的快速、有效解决。

（四）寻求法律援助

法律援助是指由政府设立的法律援助机构组织法律援助人员，为经济困难或特殊案件的人员给予减免收费、提供法律服务的一项法律保障制度。法律援助是一项扶助贫弱、保障社会弱势群体合法权益的社会公益事业，毕业生遇到就业问题时也可以到当地的法律援助中心寻求法律帮助。

（五）依靠司法机关

我国的《中华人民共和国民法典》《中华人民共和国民事诉讼法》《中华人民共和国劳动法》《中华人民共和国行政诉讼法》《中华人民共和国刑事诉讼法》《中华人民共和国治安管理处罚法》等法律、法规明确规定，被害人有权对侵犯其人身、财产权利的犯罪事实或犯罪嫌疑人，向公安机关报案或向人民法院提起诉讼。因此，毕业生可在切身利益受到侵犯时，依靠司法机关保护自己的合法权益。

课堂讨论

毕业生的就业权益遭到损害时，还可以通过哪些途径来维权？请举例说明。

案 例

2015 年 7 月 10 日，毕业生张明与某电缆制造企业签订了为期两年的劳动合同。合同期间，企业为了上新项目派张明到香港培训半年，并且双方约定，培训期间劳动合同继续有效，培训时间计入劳动合同履行期间。

2017 年 7 月 9 日，合同期满，但企业不同意办理张明解除劳动关系的手续，要求张明必须续签劳动合同，否则公司要求张明赔偿为其支付的培训费 8 000 元，为此双方发生纠纷。张明向当地劳动仲裁部门提出仲裁申请，经过调解，企业同意与张明解除劳动关系，并自动放弃收取培训费的诉求。

【案例点评】

这是一起因强迫续订劳动合同而产生的劳动纠纷。本案中，张明与该企业的劳动合同期满，双方按照合同规定的条款履行了各自的权利和义务。合同终止后，双方的劳动关系也随之解除。如果想继续维持双方的劳动关系，那就必须在双方平等自愿、协商一致的基础上续签劳动合同，如果一方不同意，则不能续订劳动合同。

探索活动

就业纠纷小法庭

活动目的：

了解毕业生就业的基本权益及维权途径，树立维权意识。

活动要求：

1．将全班学生分成若干小组，每组 8～10 人。

2．每小组从以下案例中选择一个案例进行法庭模拟训练。

（1）小张是北京市某高校食品安全与检测专业的毕业生，毕业后被一家国企质检部门录用。但在入职体检中，小张被查出携带乙肝病毒，为此，该国企拒绝录用小张。多次交涉无果后，小张将该国企诉至法院，要求赔偿因拒绝录用而造成的无法及时寻找其他工作的损失一万余元。

（2）小刘毕业前与一家日用消费品公司签订了就业协议书。毕业后，小刘按照约定入职该公司。此后，公司长期不与小刘签订书面劳动合同，经过交涉，公司答复：已经签订就业协议书，就没有必要再签订劳动合同了。小刘不服，提起仲裁申请，要求该公司支付其未签订书面劳动合同的两倍工资差额。

（3）小胡为非北京生源毕业生，毕业后入职北京市一家高新技术企业，并且由单位解决了北京户口。双方签订的劳动合同中约定，因公司为小胡解决了北京户口，所以小胡在该公司工作必须满五年，否则需每年（不满一年按一年计算）交纳一万元的违约金。两年后，小胡辞职，该公司要求小胡交纳违约金无果后便将小胡诉至仲裁委员会。

3. 在进行模拟训练时，根据现实情况对情境进行进一步细化设计，可根据所选情境提前写好剧本，然后按照剧本进行演练。

拓展延伸

就业歧视与应对

1. 性别歧视

广州某高职院校大三女生小玲最近到一家机械设备企业面试后，为遭遇的性别歧视而愤愤不平。该企业有关部门负责人明确告诉她："你的条件完全符合应聘要求，但是单位领导要求只招男生。"据了解，小玲成绩优秀，还曾在一家中等规模的机械设备公司实习过，她班上不少成绩不如她的男生早已找到了满意的工作，她却不断碰壁。

专家建议：女大学生求职前应该先调整好自己的心态，分析并确认自己的能力和优势。就算某些用人单位存在性别歧视，女大学生也要将其转化为竞争动力，积极向用人单位展示自己的长处，扭转用人单位的错误观念。

2. 健康歧视

杨某毕业于某大学人力资源管理专业。他在毕业前夕，与天津的某研究所、学校签订了三方高校毕业生就业协议。毕业后，杨某和几名同学如约到该单位报到。但是，他在参加单位统一体检时，被查出携带乙肝病毒表面抗原。随后，杨某被安排到天津市传染病医院复查，结果显示他的指标属于正常范围，且肝功能正常。但是研究所仍以携带乙肝病毒表面抗原为由，拒绝与杨某签订劳动合同，并单方解除了签订的就业协议，将杨某的人事档案退回了学校。而后，杨某将这家研究所告上了法院。

专家建议：医学研究证明，乙肝病毒经血液、母婴及性接触三种途径传播，日常工作、学习或生活接触不会导致乙肝病毒传播。没有传染性的乙肝病毒表面抗原携带者是可以就业的。根据《关于进一步规范入学和就业体检项目维护乙肝表面抗原携带者入学和就业权利的通知》的规定，不得在就业和入学体检时开展乙型肝炎项目检测。除国家核准并予以公布的特殊职业外，用人单位不得以劳动者携带乙肝病毒表面抗原为由拒绝聘用。

3. 外貌歧视

国际法专业的毕业生刘某，虽然品学兼优，但身高成了他求职时无法迈过的门槛。他的求职意向是外企，在递完简历后，对方对他表现出很大的兴趣。可等到约见时，对方一看他的身高就高兴不起来了，往往是交谈几分钟之后，对方就直言：单位对男性的身高有硬性要求，你不符合，所以我们不能接收你。

专家建议：有自信就是最大的魅力。一个人能力上的缺陷可以通过努力弥补，而身高、相貌是难以改变的，但我们可以用外在手段弥补。如果身材偏胖，宜穿深色衣服；个子矮了，可穿高跟鞋；女生还可以适当运用化妆改善形象。不过最重要的还是充实自己的内在，即多读书、多学习，以增加自信。“腹有诗书气自华”，有的人并不英俊或漂亮，但却令所有人不敢忽视，这就是自信的魅力。

4．经验歧视

这个暑期，山西一所大学的毕业生小吴过得很辛苦，由于前期未能找到如意的工作，现在的他依然奔波于各种人才招聘会，用他自己的话说叫“病急乱投医”。小吴告诉记者：“我曾到过很多招聘会，大部分用人单位都要求有工作经验，但又不认可实习经历，分明就是没有诚意招聘大学生。”小吴的遭遇不是个别现象，“来之能战、战之能胜”已经成了一些用人单位选人的潜规则。作为一种歧视现象，为人诟病已久的“经验歧视”随着就业形势的日益严峻而愈演愈烈。

专家建议：大学生找工作时，不要被企业的工作经验的要求吓倒，符合条件的职位要勇敢申请。大学生在面试过程中，要强调自己的实习经历和能迅速适应环境的能力。

课后练习

1．毕业生有哪些就业的基本权益？

2．毕业生维权求助的途径有哪些？

模块八

实习

引导案例

张岩是上海某高职院校物流类专业的毕业生。当初选择专业时，她看好的就是物流这一行业巨大的发展潜力和良好的就业前景。但是，她也清醒地认识到自己在选择这一专业时，有一定的“跟风”倾向。为此，她从大二暑假起，就开始在相关行业中寻找实习单位。她的目标非常清晰，就是想慢慢地了解自己到底适合哪种工作，适应哪些企业的文化氛围，从而给自己确定一个准确的职业定位。

临近毕业时，她已在三家公司实习工作过。尽管没有找到归属，但她发现了自身的两个问题：一是自己的商业敏感度不够高；二是自己更适合做与人直接打交道的工作，而不适合做一成不变的重复劳动。

在企业的实习工作经历，让她掂出了自己的分量，明白了自己前行的方向。恰巧此时，学校领导提到，有一个留校做校团委干事的名额，她马上意识到这是一个极好的机会：因为这一工作就是要直接与人打交道，同时，留校也便于她进一步深造……一切都与她想要的东西吻合，于是她果断决定回到学校。

教学目标

知识目标：了解实习的概念和作用；了解实习与学习的关系。

能力目标：可以在实习过程中找出适合自己的职业；提高自主学习的能力，在提高学习效率的基础上更好地进行实习。

知识链接

一、实习概述

实习即在实践中学习，一般包括大学里学校安排的实习和公司里安排的员工实习。就业之前的实习对大学生来说是必不可少的，实习可以帮助大学生验证自己的职业选择是否正确，了解目标工作的内容，学习工作及企业标准，找到自身与理想职业要求的差距。

二、实习与学习

某机构关于实习成本的调查结果显示，有65%的受访者表示在毕业前一年乃至更早的时候就开始实习了。而在毕业前一年就开始实习，让大学生的实习时间不可避免地与在校上课时间相冲突。如何协调两者的时间，如何在实习与学习中取得效益最大化，就成为了大学生实习的一大课题。

（一）选择恰当的时机，做有准备的实习

对大学生来说，一份好的实习经历对将来找工作大有好处，但是否一定要和上课时间冲突呢？其实，学校通常会安排足够的时间给应届毕业生实习、找工作。对于还未临近毕业的大学生来说，在考虑实习时间的时候，可以将实习尽量安排在周末或寒暑假，尤其现在众多公司，包括世界 500 强的大公司每年都会招募在校大学生做暑期实习。1～2 个月的时间说长不长，但只要把握住机会，大学生也能获取宝贵的工作经验。

（二）合理请假，将实习风险降到最低

根据有关调查，90%以上的公司管理者表示对经常请假的实习生不满，实习生经常请假会对团队的工作有影响，让管理者不能按正常情况给实习生安排哪怕是最基本的工作，导致工作成本升高，这也预示着这样的实习生对于部门或是公司的贡献不大，最终会被管理者辞退。

实习中的大学生在请假这个问题上，应注意以下几点：① 不影响工作；② 合理请假；③ 及时沟通。

（三）寓学习于实习，提高实习质量

大学生在面对实习还是学习的两难选择时，其实可以换一个思路，实习和学习并不应该是两个不可调和的矛盾体。善于学习、善于思考，将课本知识融于实践生活，学习能成为实习的催化剂，实习也能是学习的好帮手，将两者结合而非对立更能让大学生取得进步。

案　例

曾利用暑期找实习工作的大学生小强说：“我在大二的时候找到过实习工作，但是对方要求我一周五天全勤出席。当我兴冲冲地去辅导员处请假的时候却被告知学校规定大三之前学生不能以实习之名请假。如果翘课去实习的话，上课出勤率不过关的我恐怕会挂科，没办法我只能放弃那次实习。”

虽然学生渴望实习的心情可以理解，但学校也有自己的考量，据小强的学校方面称，学校不允许大二的同学请假去实习是因为大二的课程安排得比较满，学生一旦去实习恐怕会耽误学业。而学校也在大三阶段安排了大量空余时间让学生去实习，没有必要急在这一时。

【案例点评】

小强的情况并非个例，现如今用人单位对高校人才的争夺已经向低年级学生开始发展，不少公司就是通过招揽实习生的方式在大学生中物色人才，而抱着“找工作难，找好工作更难”心态的大学生则对这些实习岗位非常向往，一旦录用又意味着一场学校与公司的博弈战。

探索活动

模拟实习

活动目的：

直观地了解职场与学校的不同，提高人际交往能力；正确处理实习与学习的关系。

活动要求：

1．将全班学生分成若干小组，每组 3～5 人。

2．每小组从以下情境中选择一种情境进行模拟训练。

（1）实习时，同事都将复印、打扫等工作交给你去做。

（2）学校要求回校办理毕业相关手续，为此向实习单位领导请假。

（3）实习单位要求的工作时间与专业课上课时间相冲突。

3．学生也可以根据自身专业特点设计其他合适的情境。

4．在进行模拟训练时，根据现实情况对情境进行进一步细化设计，可根据所选情境提前写好剧本，然后按照剧本进行演练。

拓展延伸

大学生实习的建议

1．选大公司

实习的公司最好是大公司，业务要好，你实习的岗位可能是该公司的某一个工厂或部门，但它还有其他工厂和部门，实习期间你若表现好，这个工厂或部门也许没有合适的机会让你留下来，但其他的工厂和部门可能会有机会供你选择。特别是在互联网公司实习，你还可以认识许多业界大牛，了解互联网公司真实的运作情况。

2．选好项目

实习时，最好选择能在实习期间出成果的项目。这样就能为你的简历增加一处亮点。

3．深入了解企业的实际情况

实习的时候要更深入地了解企业的实际情况和问题，理论和实际相结合，给企业解决实际问题。有一个具体的成果，让企业真正认识到你的价值。最后，用书面文字进行总结，甚至通过发表文章给自己做推广、营销。

课后练习

1．简述实习的作用。

2．大学生该如何协调实习与学习？

先锋人物

魏红权：在平凡岗位上做最好的自己

1985 年魏红权从技校毕业后进入武汉重型机床厂（后为武汉重型机床集团有限公司，简称“武重集团”）工作。参加工作后的他很快进入了角色，开始跟着师傅学基本功。魏红权师从“全国劳动模范”余维明，他在工作中苦练基本功，挫、刮、锯、斩，样样按照师傅教的操作方法反复练习，还常利用下班和周末休息时间到书店购买相关书籍进行自学。他很快掌握了各项基本技能，在工作中不断成长，独当一面，并立志要做像师傅一样的人，受人尊重、为厂争光。

20 世纪 90 年代初，厂里承接中德合资企业二十多套汽车专用模具生产任务，包括复合多冲头模具、弯曲成形模具、冲压剪切模具等，模具板材厚度均为 16 mm，要求使用寿命达万次以上。而当时加工技术存在技术难度，厂里多次召开专题会讨论解决方案，当时工作仅七年的魏红权大胆提出个人方案，该方案提出后得到了领导和老师傅们的认同和支持，经过进一步完善立即应用于生产过程中，并进行反复模具装配试冲，终于攻克难关达到质量要求，圆满完成该项目的生产任务。

在国家“863”计划项目中，武重集团承担用于加工重型船用螺旋桨制造的七轴五联动数控重型车铣复合机床 CKX5680 的研制工作。项目中，魏红权独立解决装备中出现的主轴、万能旋转摇摆铣头、直角铣头精度超差难题，确保重型船用水下螺旋桨加工的精度要求，满足国防装备建设需要。同时，魏红权解决了国家科技重大专项项目 DL250 超重型数控卧式铣床主轴顶尖锥孔精度超差难题，通过对轴向轴承的提精及采用对主轴锥孔自磨和研磨的加工方法，确保了产品质量，该项目打破了国外技术封锁和限制，成功地为国家战略装备的研制提供了关键的加工技术保障。

2016 年 10 月 24 日上午，“大国工匠进校园”湖北首场活动在武汉职业技术学院隆重举行。魏红权应邀参加该活动，并现场进行装配技术和研磨技术实操展示。他利用十多分钟时间，将原本普通的零件表面由雾面变成平整光亮的镜面，赢得现场观众一阵赞叹和掌声。

点拨

魏红权坚守在一线岗位，脚踏实地、精益求精，奉献于中国制造，将一项项平凡的工作做到工匠境界，用自己的实际行动诠释着工匠精神。魏红权说：“工匠精神就是要追求完美，要对自己的职业有执着的追求，要有锲而不舍的精神，坚守岗位、努力奋斗，在平凡的岗位上做最好的自己。”在今后的工作中，我们要向魏红权这样的国家工匠学习，对待工作兢兢业业、一丝不苟，在平凡的岗位上做最好的自己。

第三部分
创业指导

模 块 一

创新与创业

引导案例

创新创业使命

某职业学院学生杨程，在一次暑假下乡活动中，跟着学校支教队前往湖南湘西某县进行支教活动。其间，他了解到，生活在该县的孩子普遍读完初中后就不再上学了。而且很多村子里的小学教室还是老旧的二层楼木房子，并且一所学校只有一位老师。这位老师既要全科教学，又要管理学生的生活。了解到这些状况后，杨程就经常利用寒暑假来这里支教，并且组织身边的同学朋友开展支教支医、家访助学、农业调研等活动。

在这个过程中，杨程深刻地认识到，要增加当地农民的收入就要充分发挥当地农产品的特色，打造当地独特的品牌。于是，他开始对当地的农产品进行调研。结果发现，当地农民只能靠采摘山上的茶叶为生，但他们并不知道这些茶叶有什么特殊之处。于是，杨程着手研究当地的茶叶。最终，杨程惊讶地发现，该地的茶叶中含有能缓解抑郁症症状的成分。于是，杨程将这个结果上报给学校，并得到了校团委的大力支持。

申请专利后的杨程，想将茶叶投入生产，但当时的他身无分文。后来，在学校的帮助下，杨程获得了省级专项基金，终于开启了他的创业之路。然而创业之路充满了艰辛，杨程不断调整心态、改变思路，最终选择“先做生产，再做市场”，并通过与大型茶叶公司开展合作，终于使公司有了起色。

在与该县政府的良好沟通下，再加上多年积累的感情基础，杨程的茶叶公司与当地1 000多名茶农签订了合作协议，建立了“茶农—基地—公司—市场”的完整产业链，也初步实现了杨程带领当地农民脱贫致富的承诺。

教学目标

知识目标：掌握创新的概念和方法；了解创业的概念和意义；认识创业的要素及各要素之间的关系；掌握创业的过程。

能力目标：帮助大学生提高自主学习的能力，使其能够对创新创业产生正确的认知和积极的想法。

知识链接

一、创新概述

（一）创新的概念

创新是以新思维、新发明和新描述为特征的一种概念化过程。创新有三层含义：第一，更新；第二，创造新的东西；第三，改变。换句话讲，并不是说只有重大的发明创造才是创新，实际上，对各种产品、工作方法、商业模式、服务模式的改进等都属于创新。

（二）创新的意义

创新是人类特有的认识能力和实践能力，是人类主观能动性的高级表现，是推动民族进步和社会发展的不竭动力。一个民族要想走在时代前列，就一刻也不能没有创新思维，一刻也不能停止各种创新。

大学生是当代青年的杰出代表，是历史的创造者和社会进步的推动者。因此，大学生需要带着创新精神，顺应时代潮流奔涌向前、与时俱进，用创新思维，实现人生理想，创造人生价值，以中国梦为指引，为祖国前途、民族命运、人民利益而奋斗。

（三）创新的类型

1. 产品创新

产品创新就是研究开发和生产出能更好地满足顾客需要的产品，使其性能更好，外观更美，使用更便捷、更安全，总费用更低，更符合环境保护的要求。产品创新主要包括开发具有新功能的产品，改进产品的结构和外观。例如，将用在衣服鞋帽上的拉链移植到手术中，来取代用线缝合的传统技术，从而发明了手术拉链。

2. 技术创新

技术创新是指采用新的生产方法或新的原料生产产品，以达到保证质量、降低成本、保护环境或使生产过程更加安全和省力的效果。技术创新主要包括工艺路线的革新、材料的替代和重组、工艺装备的革新及操作方法的革新。

扫一扫

技术创新案例

3. 制度创新

扫一扫

制度创新案例

制度创新是从社会经济角度来分析企业系统中各成员间正式关系的调整和变革。制度是组织运行方式的原则规定。企业制度主要包括产权制度、经营制度和管理制度三个方面的内容。

制度创新的方向是不断调整和优化企业所有者、经营者、劳动者三者之间的关系，使各个方面的权利和利益得到充分的体现，使组织中各种成员的作用得到充分的发挥。

4. 职能创新

职能创新就是在计划、组织、控制、协调等管理职能方面采用新的更有效的方法和手段。我国企业承担着国家发展和民族复兴的重要使命，因此职能创新任务紧迫。

5. 结构创新

结构创新是指设计和应用新的更有效率的组织结构。结构创新按其影响系统的范围可分为技术结构的创新、经济与社会结构的创新。

6. 环境创新

就企业来说，环境创新的主要内容是市场创新。市场创新主要是指通过企业的活动去引导消费，创造需求。新产品的开发往往被认为是企业创造市场需求的主要途径。其实，市场创新更多是通过企业的营销活动来进行的，即在产品的材料、结构、性能不变的前提下，或通过市场的地理转移，或改进交易和支付方式，来寻找新用户。也可以通过广告宣传等促销工作，来赋予产品一定的心理使用价值，影响人们对某种消费行为的社会评价，从而诱发和强化消费者的购买动机，增加产品的销售量。

案　例

拍毕业照赚钱

大学毕业只有一次，而千篇一律的毕业照，已无法满足现在追求个性的大学生的需求。当你看到网络上一张张充满创意的毕业照时，却不知道有三个小伙子为了这精彩的一瞬间付出了两个多月的努力，也收获了巨大的回报。安庆某学校学生杨某、姚某和宋某在毕业之际利用创意毕业照这一商机，仅用了两个月时间就赚得40万元。

4月份是学校毕业生集中返校进行论文答辩和拍摄毕业照片的时候。从这一时间开始，杨某每天早上都被电话叫醒——毕业班的同学纷纷找他咨询拍照事宜。召集摄影团队之后，从早上七点半开始，他们按照流程单上的班级顺序逐个拍摄毕业照，摆造型、想创意，每天几乎从日出拍到日落，晚上还得分类整理服装及照片，整理完后已接近零点，然后整个团队还要商量第二天的工作安排，直到凌晨才能睡觉。“就这一段时间，整个人感觉像打了鸡血一样在工作。”杨某说道。

毕业季开始后，他们所在学校的100多个毕业班级中，有73个班级找到他们团队拍毕业照。团队三个人不仅提供服装拍毕业照，还负责将照片制作成相册，同时还将其中一些照片制作成纪念品，最后还承担班级毕业聚会的拍摄任务。“整个一条龙服务，忙完一个班级，已经累得不行了。”姚某说道。最忙的时候他们一天拍了20个班级的毕业照。他们向每个学生收费120元，短短两个月的时间，他们三个人已经收入30多万元。不仅如此，他们还到其他学院去拍摄毕业照，收入10多万元。

“虽然那段时间异常辛苦，但这也是我人生的第一桶金。”杨某说。另外，他也给毕业十年后回到母校的校友做过拍照服务，并从中受到启发，想到了校友服务这一新业务，把业务范围从“在校时”拓展到了“毕业时”和“毕业后”，去做校友们回校的“接待员”，给他们安排“衣食住行游购娱”一条龙服务。

二、创业概述

（一）创业的概念

创业是指承担风险的创业者通过寻找和把握创业机会，投入已有的技能知识，配置相关资源，创建新企业，为消费者提供产品和服务，为个人和社会创造价值和财富的过程。这个概念包括以下几层含义。

（1）创业是一个创造的过程，即创业者要付出努力和代价。

（2）创业的本质在于商业价值机会的发掘与利用，即要创造或认识到事物的一个商业用途。

（3）创业的潜在价值需要通过市场来体现，即市场是实现财富目标的渠道。

（4）创业以追求回报为目的，包括个人价值的满足与实现、知识与财富的积累等。

（二）创业的要素

1. 创业的关键要素

创业的关键要素包括创业机会、创业团队和创业资源。

（1）创业机会就是创业者可以利用的商业机会。从创业过程的角度来说，创业机会是创业的起点，创业过程就是围绕着创业机会进行识别、开发、利用的过程。

（2）创业团队是指在创业初期（包括企业成立前和成立早期），由一群才能互补、责任共担、愿为共同的创业目标奋斗的人所组成的特殊群体。

（3）创业资源是指创业企业在创造价值的过程中需要的特定资产，包括有形与无形的资产。它是企业创立和运营的必要条件，主要表现为创业人才、创业资本、创业技术和创业管理等。

2. 创业各要素之间的关系

我们可以从以下几个方面来认识创业各要素之间的关系。

（1）创业机会是创业过程的重要驱动力，创业团队是创业过程的主导者，创业资源是创业成功的必要保证。创业过程始于创业机会，而不是资金、战略、网络、团队或创业计划。开始创业时，创业机会比资金、团队及合适的资源更重要。在创业过程中，创业机会与创业资源之间经历着一个“适应→差距→适应”的动态过程。

（2）创业过程是创业机会、创业团队和创业资源三个要素匹配和平衡的结果。创业团队要善于配置和平衡，借此推进创业过程，包括对创业机会的理性分析和把握，对创业风险的认识和应对，对创业资源的合理配置和利用，对团队适应性的认识和分析等。

（3）创业是一个连续不断地寻求平衡的行为组合。三个要素的绝对平衡是不存在的，但创业过程要保持发展，必须追求一个动态的平衡。这期间创业团队必须思考的问题包括：目前的团队能否领导组织未来的成长？组织面临怎样的资源状况？下一阶段的运作与成功面临哪些困难与陷阱？这些问题在组织发展的不同阶段会以不同的形式出现，牵涉到组织的可持续发展。

（三）创业的过程

创业过程包括从产生创业想法到创建新企业并获取回报的整个过程，通常可分为以下六个主要环节。

1. 产生创业动机

创业动机是创业的原动力，它推动创业者去发现和识别市场机会。创业活动的主体是创业者，创业活动首先取决于个人是否希望成为创业者。创业动机不仅是打算创业的一时冲动，更是对创业目标与预期收益的深思熟虑。

2. 识别创业机会

识别创业机会是对可能成为创业机会的诸事件的分析和对创业预期结果的判断。创业机会一般分为两种：一种是意外发现的，一种是经过深思熟虑后发现的。国家产业政策的调整、新技术的出现、人口和家庭结构的变化、人们的物质和精神需求的变化、流行时尚等都可能形成创业机会。创业者应该具有敏锐的嗅觉，能够及时、准确地识别创业机会，识别之后，还要对创业机会进行评价和提炼。这里需要创业者将知识、经验、技能和其他市场所需的资源进行整合。

3. 整合有效资源

资源是创业的基础性条件，整合资源是创业者开发机会的重要手段。强调整合资源，是因为创业者可以直接控制的可用资源往往很少，许多成功的创业者都有白手起家的经历。创业者需要整合的资源包括基本信息（有关市场、环境和法律问题）、人力资源（合作者、最初的雇员）、财务资源等。

4. 创建新企业

创建新企业需要进行大量的准备工作，其中创业计划、创业融资和注册登记尤为关键。创意能否变成行动，关键看它能否形成一个周密的创业计划；资金不足往往成为创业的“瓶颈”，因此创业融资在企业的创建过程中至关重要；当创业者完成创业计划并获得融资之后，就可以按照法定程序进行注册登记，包括确定企业的组织形式、设计企业名称、向工商行政管理机关提出企业登记注册申请、领取营业执照等。

5. 实现机会价值

创业者整合资源、创建新企业的目的是实现机会价值，并通过实现机会价值来实现自己的创业目标。这是创业过程中的重要环节，确保新创建的企业生存是创业者必须面对的挑战，但创业者不能仅仅考虑企业的生存，同时还要考虑企业的成长，企业不成长就无法生存得更好，在激烈竞争的环境中尤其如此。创业者需要了解企业成长的一般规律，预见企业不同成长阶段可能面临的问题，采取有效的措施予以防范和解决，使机会价值得到充分的实现，同时不断地开发新的机会，把企业做活、做大、做强、做长。

6. 收获创业回报

对回报的正当追求是创业活动的目的，有助于强化创业者对事业的执着追求。对创业者来说，创业是获取回报的手段和途径。回报可能是多种多样的，对回报的满意程度在很大程度上取决于创业者的创业动机。多数创业者的创业动机首先是自己成为决策者和领导者，然后才是追求利润和财富，最终得到社会的认可，实现人生的价值。

案例

“90后”女孩磁性剪纸掘金30万元

王某是四川某高职学校的学生。在上学期间，她发明了磁性剪纸专利产品。该产品使用的材料是可以循环利用再生产的环保材料，只要有铁的地方都能直接吸附上去，灵巧便携。因为不容易剪断、撕破，所以它比普通剪纸上手快，能让人在10分钟内就体验到剪纸的乐趣。

提起磁性剪纸的发明过程，王某笑着说：“纯属偶然。”一次帮亲人装扮婚车时，王某感觉这么漂亮的剪纸用起来却很不方便。于是，她就和父亲商量，能不能找到一个既不破坏剪纸的艺术效果，又易于成品收藏使用的好办法。父女两人很快投入到这项创造发明中。经过各种反复选择试验，王某终于找到了一种特殊的磁性材料来代替传统的剪纸材料。使用这样的材料剪出的艺术剪纸很容易就可以吸附、粘贴在铁质的物品上，用水及清洁剂喷在背面还可以轻易地粘在玻璃等光滑物品上，且不会破坏剪纸。磁性剪纸解决了长期以来传统剪纸容易掉色、变色及收藏不方便的问题。

之后，王某在校期间创办了一家磁性剪纸文化创意公司。在不到一年的时间里，她的公司已经发展了十余家加盟商，经济收入高达30余万元。

【案例点评】

“剪纸”对于我们来说并不陌生，“剪纸”难吸附的特性也许大家已经习以为常。但是这一现象却引起了王某的注意，王某尝试去改进它。王某通过分析，找到了一种特殊的磁性材料来代替传统的剪纸材料，创造性地发明了磁性剪纸，并获得了创业的成功。

这则案例告诉我们：创意其实就在我们身边，只要我们留心观察，勇于质疑，勤于思考，就能有好的创意。这则案例还告诉我们，有了好的创意后，还要勇于实践，将创意转化为产品，这样才能获得事业的成功。

（四）大学生创业的意义

1. 大学生创业是社会就业的扩容器

随着大学的扩招，毕业生人数不断增加，在满足社会对高层次人才需求的同时，也带来了大学毕业生就业难的问题。提高在校大学生的创业意识，培养其创业能力和创新创业精神，鼓励和支持他们进行自主创业，是解决当前大学毕业生就业难的重要途径。

2. 大学生创业是社会进步的推进器

创业活动促进了社会经济体制的改革和深化。创业是将创造性带进组织的一种完整概念，其核心就是创新，包括技术创新、组织创新、管理创新和制度创新等。创新会改变现有的技术、组织、管理和制度形式，推动社会的进步。

3. 大学生创业是科技创新的加速器

创新是创业的主要驱动力量，创业是新理论、新技术、新知识、新制度的孵化器，也是新理论、新技术、新知识、新制度转化为现实生产力的加速器。

创业往往伴随着新技术、新产品、新工艺、新方法进入市场，科研成果转化型的创业企业往往伴随着新技术或新工艺的产生与发展，这对中国科技水平和综合国力的提高有着巨大的促进作用。

4. 大学生创业促进了全新成才观的形成

习惯思维告诉我们，大学生应该安安心心读书，升本、考研，找一个好工作。大多数大学生压根儿就没想过自己去开公司、去走其他的路。

创业观的出现，给传统的成才观造成了猛烈的冲击。在新的社会环境中，大学生对未来的选择日趋多元化。创业可以作为未来的就业选择，这势必会对大学生的学习生活产生深远的影响。他们将重新设计自己的成才道路，并为成才做好应有的准备。

可以说，虽然最终选择自主创业的学生只是少数，但通过创业教育使大学生树立创业意识比创业本身更有意义。因为在创业意识的推动下，大学生将更加重视自身素质的完善和提高。

5. 大学生创业有助于为国家造就一批年轻的管理人才

创业的艰苦过程，不仅磨炼了大学生创业者的意志品质，还培养了大学生创业者的市场观念，训练了他们的决策管理能力，锻炼和提高了他们自身的素质，从而有助于为国家造就一批年轻的管理人才。

案 例

用无人机给农业插上“科技翅膀”

处在“大众创业、万众创新”的浪潮中，广州南洋理工职业学院信息工程学院2019级数字媒体技术专业的大二学生麦海涛成为创业弄潮儿，他创办的科技有限公司在短短三年里已有发明专利一项，实用新型专利两项。

受到触发，投身无人机行业

“00后”麦海涛不仅是学校宣传部的一位骨干成员，还是学校的创业达人、创业之星，更是一名拥有5年以上无人机航拍经验的航拍教员。

麦海涛告诉记者，2019年7月，他无意中看到一则关于“因人工喷药中暑、害虫爆发等找不到喷洒农药的工人”的农业新闻，触动了他开一家“无人机农药喷洒”科技有限公司的想法。

2019年7月11日，麦海涛在家乡湛江市遂溪县市场监督管理局注册成立了湛江市云鸽科技有限公司，主要业务包括植保无人机喷药防治服务，无人机销售，无人机维修，航测航拍应用、培训和出租等业务，是一家集大数据、人工智能、云计算等技术应用于三农的科技服务公司，是经中国航空器拥有者及驾驶员协会（AOPA）审定合格的专业级培训基地。

创业艰辛，屋漏偏逢连夜雨

“无人机新兴产业需要经过市场的磨炼和考验，真正做活做大的才是强者。”麦海涛介绍。他在创业初期完全是摸着石头过河，遇到了很多难题。第一，招人难。新兴无人机行业的员工在人才市场很稀缺，对新入职员工要采取多方位多角度传授技术的培训方式，使其尽快熟悉植保无人机的每一项功能，这样才能尽快上手，并把技术传授给更多的新人。第二，工作强度大。这项工作的每一个细节都要他亲历亲为，每天都有忙不完的事，加班到凌晨是常态。第三，资金困难。创业不到两个月，他们的资金就用完了，融资处处碰壁，所幸在家人与朋友的支持下，咬着牙坚持了下来。正是因为克服了这些困难，公司才能在无人机行业不断提高竞争力和影响力。

2020 年 9 月，麦海涛的创业公司与广州南洋理工职业学院签订了校企合作协议，开展校企深度合作，实现产教融合。学校聘请公司 33 位员工作为企业教师，参与学校的产学研工作，开展无人机操作与维修课程的实践教学，完成教学任务 128 节，指导无人机创业团队 88 个，提供实习岗位 60 个。

此外，学校也委派具有大数据、人工智能、企业管理、会计等不同专业背景的 6 位老师担任麦海涛创业团队的指导老师，从而加速了公司的发展，公司三年营业总额达到 2 294 万元，利润总额达到 1 207.2 万元。

在校大学生，创新创业的标杆

2021 年 6 月 18 日，麦海涛一大早接到湛江市河头镇双村 700 多亩农田的红薯杀虫订单，他立即安排 3 名植保无人机飞手和 2 名配药师携带好药物及设备奔赴现场执行喷洒任务。他们仅用了 3 小时 20 分钟就完成了药物喷洒工作，高效的飞防作业让在场的农户无不点赞。

无人机喷洒农药具有成本低、效果好、药物可直达作物根部、省工省时等优点。麦海涛介绍，目前公司服务用户覆盖广东、贵州、湖南、江西、安徽等多省。喷洒面积超过 500 万亩，航测、航拍里程超过 1 000 千米，带动就业超过 200 人。随着公司的发展，业务不断拓展，逐年购置不同功能无人机的数量将翻倍，直接和间接带动的就业人数也将翻倍。

“麦海涛虽然是一名大二学生，但他已经是广州南洋理工职业学院服务三农的创业达人了。”广州南洋理工职业学院信息工程学院院长介绍。麦海涛创办的科技公司已经成为学校服务三农的创业先锋，树起了创新创业的标杆，铸就了服务三农的品牌。

【案例点评】

麦海涛无意间看到的一则新闻，触动了他创业的决心。在创业初期，麦海涛虽然遇到了很多困难，但他采取了一系列有效措施予以防范和解决，最终把企业做大做强。由麦海涛团队研发的无人机喷洒农药技术应用到农业上，不仅有效解决了农作物病虫害的问题，而且带动了就业。

探索活动

情景模拟——合伙创办小吃店

活动目的：

通过创业模拟使学生在活动中体会创新、合作、坚持在创业过程中的重要作用，培养学生的决策能力、创新能力、经营管理能力和人际交往能力。

活动内容：

以五个同学为一个创业团队，模拟合伙开一个小吃店。另外，留下三个同学，一个模拟房东，另外两个模拟客人，给各创业团队的小吃店打分。小吃店启动资金为20 000元。其中，房租在3 000元～5 000元；店铺装修和设备费在5 000元～10 000元；其他为现金储备。具体活动流程如下。

（1）各小组内部协商，确定组织架构和分工，包括店长、厨师、采购员、服务员等。

（2）各小组派出人员与房东谈判，以最低的房租租下店铺。

（3）各小组内部协商，确定经营的项目、店铺装修方式和营销策略等（要有特色，有创意）。

（4）将以上第（2）（3）条的结果记录在纸上。

（5）模拟客人的同学到各小组查看，并根据表3-1-1为各小组打分。

表3-1-1　探索活动评价表

单位：分

评分标准	满分	实际得分	备注
人员分工是否合理	20		
房租（房租越少，分越高）	20		
经营项目的创意效果	20		
店铺装修的创意效果	20		
营销策略的创意效果	20		
总分	100		

拓展延伸

教师可以组织学生进行自我介绍，让学生们介绍自己学习和生活中的3个“最”，即最高兴的事、最烦恼的事、最喜欢的人分别是什么，然后再谈一下对创业的认识，如何才能成功创业。通过这个活动，可以锻炼学生的沟通能力并加深学生对创业的理解。

课后练习

1．创新的类型有哪些？
2．创业的关键要素有哪些？

模 块 二

创新能力培养

引导案例

大学生发明旅行神器

与很多年轻人一样，王佳炎爱好旅行，一空下来就喜欢拖着旅行箱四处游玩。每次出门前，总是有一个问题困扰着他：应该带一个大箱子还是小箱子？有一次，王佳炎带着一个20寸的旅行箱去桂林旅游，结果要回家的时候发现，东西根本塞不下，“这个时候我就想，要是箱子可以伸缩，可以变成24寸的，该多好。”

回到学校后，工业设计专业的王佳炎就把这件旅行囧事和班里的小伙伴们吐槽了一番，并提出了设计可伸缩旅行箱的想法。

想到了就去试试，王佳炎和小伙伴们立马行动起来，从最开始的调研，到草图绘制、方案修改、最终定稿，再到后来的三维建模、做出首版模型，再到最后的选取材料、反复试验、做出成品模型，整个过程用了一年多的时间。

“我们从大一就开始设计这个旅行箱，现在都快要读大三了，产品更新了好几代。”王佳炎说，“最开始，我们设计的是布料伸缩帘，但它既不能调节档位，用起来也很费力，于是就被否定了。”

现在，最新面世的超伸缩旅行箱，用的是铝合金的“X”形伸缩支架，可根据箱内物品的增减，多档调整箱体厚度，从而进行相应的容量调节。箱体容积最大可以扩增至收缩状态的两倍，也就是一个箱子可以变为两个箱子那么大。

这个超伸缩旅行箱不仅在浙江省第十六届“挑战杯”大学生课外学术科技作品竞赛上获得了一等奖，而且已经通过了相关检测机构的检测认证，获得了行业承认的质量检测报告，还受到了企业的青睐。

王佳炎透露，箱子在结构方面还在继续完善，与他们签订合同的企业主要面向国外市场，“当我们的箱子完善到符合外贸产品的标准后，就会推向市场。到时候，消费者就能在市面上买到这个超伸缩旅行箱了。”

外出旅行时，难免买些好吃好玩的，到准备返回，整理旅行箱的时候，很多人都遇到过行李箱不够大的问题。而杭州大二学生王佳炎给出的解决方法是：自己动手设计制造一个容量能大能小的旅行箱。所以，从某种角度讲，创新就是想方设法解决生活中的问题，创新意识就是思维不被现实情况所限制。

教学目标

知识目标：了解创新意识的含义和常见的思维枷锁；掌握培养创新意识的意义和突破思维枷锁的方法；掌握5种创新技法。

能力目标：能用新颖独创的方法解决实际问题，打破思维枷锁；学会运用5种创新技法。

知识链接

一、培养创新意识

（一）创新意识的含义

创新意识是指人们根据社会和个体生活发展的需要，引起创造前所未有的事物或观念的动机，并在创造活动中表现出的意向、愿望和设想。它是人类意识活动中的一种积极的、富有成果的表现形式，是人们进行创造活动的出发点和内在动力，是创造性思维和创造力的前提。

（二）培养大学生创新意识的意义

创新已成为当今这个时代的标志和潮流，一个没有创新能力的民族，难以屹立于世界先进民族之林。人才质量的高低在很大程度上也取决于其创新意识和创新能力的高低。各行各业对人才的需求也体现在对人才创新意识和创新能力的需求。因而拥有创新意识也是整个社会对人才的一个关键性的要求。

二、突破思维枷锁

（一）常见的创新思维枷锁

束缚青年学生创新思维的枷锁大致有以下五种。

1．从众型思维枷锁

大多数人都有从众心理，即人云亦云，缺乏独立思考的能力。例如，流行的穿衣打扮并不一定适合每一个人，但大众往往喜欢跟风。

2．权威型思维枷锁

权威型思维枷锁是指思维中的权威定式。人是教育的产物，来自教育的权威定式使人们逐渐习惯以权威的是非为是非，对权威的言论不加思考地盲信盲从，唯独缺少“自我思索、冲破权威、勇于创新”的意识。一味盲从权威，青年学生的思维就失去了积极主动性。

3．经验型思维枷锁

经验是相对稳定的东西，然而这种稳定性又可能导致人们对经验的过分依赖乃至崇拜，从而形成固定的思维模式，结果就会削弱头脑的想象力，造成创新思维能力的下降。从思维的角度来说，经验具有很大的狭隘性，它束缚了人的思维广度。而创新思维要求青年学生必须摆脱思维的束缚，拓展思路，海阔天空。

4．书本型思维枷锁

书本讲述的是一种系统化、理论化的知识，是千百年来人类经验和体悟的结晶，它可以带给我们无穷多的好处，但如果我们一味地死读书，也是不行的。青年学生不应该成为书本的奴隶，而应该活学活用，读书不为书所累，“睹一事于句中，反三隅于字外”，善于驾驭知识，理论联系实际，做书本的主人。否则，死抠书本将严重影响一个人创新思维的发挥。

5. 自我贬低型思维枷锁

有的人做事没有信心，总认为“我不行，我做不到”，而从来不敢去尝试一下。只有及时打破这种思维枷锁，从内心深处树立起信心，才会发现自己的潜力。

对于青年学生来说，思维的枷锁就像一座监狱，只有将守旧观念丢掉，勇于冲破思维的藩篱，才能走进创新的世界。很多大学生会将自身未来职业局限在某一行业中，对于自身的要求也主要限制在技术方面及职业发展理念的思维定式之中。因此，大学生应跳出传统的思维定式，在前人工作的基础上大胆开拓，形成创新性的思维模式。

（二）突破创新思维枷锁的方法

对人们来说，思维枷锁一旦形成，就很容易演变成一种非理性的思维模式。对于创新而言，突破思维枷锁，从思维方法上寻求解决办法是非常必要的。

1. 跳出传统的思维定式，进行科研创业活动

很多大学生将自身未来的职业局限在某一领域内，规划的未来生活是按部就班地上班、评职称和晋升，而忽视了创新创业大潮带来的机遇。大学生应跳出传统的思维定式，在前人工作的基础上大胆开拓勇于实践的创新意识，形成创新性的思维模式。

扫一扫

提高创新能力的“345”法则

目前，国家已经出台了相关政策与标准，大力支持和鼓励大学毕业生进入到同行业的企业、科研机构、社会组织中兼职，或者利用与本人所学专业相关的创业项目在职创办企业，加速科技成果转化为现实生产力。因而对于大学生来说，可以多参加科研创业活动，培养自己的创新精神和实践能力。

2. 避免先入为主，注重培养创新意识

人们在生活中往往会先入为主，凭自己的主观猜测和印象做出判断。这样就很容易形成对人或对事的思维定式或偏见，从而阻碍创新。因此，大学生应避免先入为主。此外，面对快速发展的社会，大学生除了要学习基本知识、概念与技术以外，最主要的是训练和培养自己的创新意识。知识在更新，技术在变革，唯有创新是不变的法则。

大学生可以通过积极参加学术研究、专题讲座、论文交流、创新创业大赛、辩论赛等活动，拓宽自己的思路，提高整合知识的综合能力，激发自己的创新意识。

3. 提高知识水平，推进学习过程的互动与交流

一个人的知识和修养水平越高，观察和分析问题的能力就越强，盲目跟风的可能性就越小。对创新思维来说，一定的知识和经验是必要的，但是过度依赖知识和经验却是有害的。因此，我们要学会搜集与处理知识，灵活运用知识，形成自己的独立判断，不要人云亦云。

创新不仅仅来源于自身，也来源于生活。因此，突破创新思维的枷锁还需要个人在学习的过程中注重交流与思考。学生之间的交流与互动可以保证彼此之间能够形成良好的学习氛围，容易发现新的事物和观念；学生与教师之间的交流与互动，不仅可以保证教师发现学生的创新思想与理念，进行客观评估与鼓励，而且可以保证学生在学习过程中具有一

定的动力，也能将创新作为一种习惯，有利于今后的学习和工作。

三、掌握创新技法

（一）头脑风暴法

头脑风暴法又称智力激励法或自由思考法（畅谈法、畅谈会、集思法）。

1. 头脑风暴法成功的关键

头脑风暴法成功的关键是探讨方式，即群体能进行充分、非评价性和无偏见的交流，具体可归纳为以下几点。

- ❖ 自由畅谈：参加者不应该受条条框框的限制，而应放松思想，从不同角度、不同层次、不同方位，大胆地展开想象，尽可能地标新立异，与众不同，提出独创性的想法。
- ❖ 延迟评判：当场不对任何设想做出评价，既不肯定或否定某个设想，也不对某个设想发表评论性的意见，一切评价和判断都要延迟到会议结束后才能进行。
- ❖ 禁止批评：每个人都不得对别人的设想提出批评意见，因为批评会对创造性思维产生抑制作用。即使认为是幼稚的、错误的，甚至是荒诞离奇的设想，亦不得予以驳斥。
- ❖ 追求数量：会议的目标是获得尽可能多的设想，追求数量是它的首要任务。参加会议的每个人都要抓紧时间多思考，多提设想。至于设想的质量问题，自可留到会后的设想处理阶段去解决。

2. 头脑风暴法的操作程序

- ❖ 准备阶段：① 主持人应事先对所议问题进行一定的研究，弄清问题的实质，找到问题的关键，设定解决问题所要达到的目标；② 选定与会人员，一般以 5～10 人为宜，人数不宜太多；③ 确定会议的时间、地点；④ 准备好本子、记录笔等记录工具；⑤ 布置场所。
- ❖ 头脑风暴阶段：① 主持人简明扼要地介绍有待解决的问题；② 与会人员畅所欲言；③ 记录人员记录与会人员的想法；④ 结束会议。
- ❖ 选择评价阶段：① 将大家的想法整理成若干方案，再根据相关标准进行筛选；② 经过多次反复比较，优中择优，最后确定 1～3 个最佳方案。

（二）奥斯本检核表法

奥斯本检核表法是指针对某种特定要求制订检核表。所谓检核表，是指根据需要研究的对象的特点列出有关问题，形成列表，然后一个一个地来核对讨论，从而发掘出解决问题的大量设想。

奥斯本检核表法原有 75 个问题，可归纳为 9 组问题，其核心是改进。9 组问题包括：能否他用、能否借用、能否扩大、能否缩小、能否改变、能否代用、能否调整、能否颠倒、能否组合，如表 3-2-1 所示。

表 3-2-1　奥斯本检核表

序号	检核类别	检核内容
1	能否他用	现有的东西（如发明、材料、方法等）有无其他用途？保持原状不变能否扩大用途？稍加改变，有无别的用途？
2	能否借用	能否从别处得到启发？能否借用别处的经验或发明？外界有无相似的想法，能否借鉴？过去有无类似的东西？有什么东西可供模仿？谁的东西可供模仿？现有的发明能否引入其他的创造性设想之中？
3	能否扩大	现有的东西能否扩大使用范围？能不能增加一些东西？能否添加部件？延长时间？增加长度？提高强度？延长使用寿命？提高价值？加快转速？
4	能否缩小	缩小一些怎么样？现在的东西能否缩小体积？减轻重量？降低高度？压缩、变薄？……能否省略？能否进一步细分？
5	能否改变	现有的东西是否可以做某些改变？改变一下会怎么样？可否改变一下形状、颜色、音响、味道？是否可以改变一下意义、型号、模具、运动形式？……改变之后，效果又将如何？
6	能否代用	可否由别的东西代替，或由别人代替？可否用别的材料、零件代替？用别的方法、工艺代替？用别的能源代替？可否选取其他地点？
7	能否调整	能否更换一下先后顺序？可否调换元件、部件？是否可用其他型号？可否改成另一种安排方式？原因与结果能否对换位置？能否变换一下日程？……更换一下，会怎么样？
8	能否颠倒	倒过来会怎么样？上下是否可以倒过来？左右、前后是否可以对换位置？里外可否倒换？正反是否可以倒换？可否用否定代替肯定？
9	能否组合	组合起来怎么样？能否装配成一个系统？能否对目的进行组合？能否将各种想法加以综合？能否对各种部件进行组合？

1. 能否他用

某个东西，“还能有其他什么用途？”“还能用其他什么方法使用它？”……这能使我们的想象活跃起来。当我们拥有某种材料时，为扩大它的用途，打开它的市场，就必须善于进行这种思考。有人想出了 300 种利用花生的实用方法，仅仅用于烹调，他就想出了 100 多种方法。橡胶有什么用处？有家公司提出了成千上万种设想，如用它制成床毯、浴盆、人行道边饰、衣夹、鸟笼、门扶手、棺材、墓碑等。炉渣有什么用处？废料有什么用处？边角料有什么用处？……当人们将自己的想象投入这条广阔的“高速公路”上时，就会以丰富的想象力产生更多的好设想。

2. 能否借用

当伦琴发现“X 射线”时，并没有预见到这种射线的任何用途。通过联想借鉴，现在人们不仅已用“X 射线”来治疗疾病，外科医生还用它来观察人体的内部情况。同样，电灯在开始时只用来照明。后来，人们通过改变光线的波长，发明了紫外线灯、红外线加热灯、灭菌灯等。科学技术的重大进步不仅表现在某些科学技术难题的突破上，也表现在科学技术成果的推广应用上。一种新产品、新工艺、新材料，必将随着它的越来越多的新应用而显示出强大的生命力。

3. 能否扩大

在自我发问中，研究“再多些”与“再少些”这类有关联的内容，能给想象提供大量的构思设想。使用加法和乘法，便可能使人们扩大探索的领域。

“为什么不用更大的包装呢？”——橡胶工厂大量使用的黏合剂通常装在一加仑的马口铁桶中出售，使用后桶便被扔掉。有位工人建议将黏合剂装在五十加仑的容器内，容器可反复使用，因而节省了大量马口铁。

“能使之加固吗？”——织袜厂通过加固袜头和袜跟，使袜子的销售量大增。

“能改变一下成分吗？”——牙膏中加入某种配料，便成了具有某种附加功能的牙膏。

4. 能否缩小

例如，袖珍式收音机、微型计算机等就是缩小的产物。没有内胎的轮胎、尽可能删去细节的漫画，都是省略的结果。

5. 能否改变

如汽车，有时改变一下车身的颜色，就会增加汽车的美感，从而增加销售量。又如面包，给它裹上一层芳香的包装，就能提高嗅觉诱惑力。据说女款游泳衣是婴儿衣服的模仿品，而滚柱轴承改成滚珠轴承就是改变形状的结果。

6. 能否代用

通过取代、替换的途径可以为想象提供广阔的探索领域。例如，用充氩的办法来代替电灯泡中的真空，可使钨丝灯泡的亮度提高。

7. 能否调整

重新安排通常会带来很多的创造性设想。飞机诞生初期，螺旋桨安排在头部。后来，人们将螺旋桨装到了飞机的顶部，就发明了直升机。这说明通过重新安排可以产生种种创造性设想。商店柜台的重新安排，营业时间的合理调整，电视节目的顺序安排，机器设备的布局调整等，都有可能产生更好的结果。

8. 能否颠倒

这是一种反向思维的方法。它在创造活动中是一种颇为常见和有用的思维方法。第一次世界大战期间，有人就曾运用这种“颠倒”的设想建造舰船，建造速度也有了显著的提升。

9. 能否组合

例如，把铅笔和橡皮组合在一起成为带橡皮的铅笔，把几种部件组合在一起变成组合机床，把几种金属组合在一起变成种种性能不同的合金，把几种材料组合在一起制成复合材料，把几个企业组合在一起构成横向联合……

（三）“5W2H”分析法

扫一扫

5W2H 分析法

“5W2H”分析法又叫七何分析法，W、H 是英文单词的第一个字母。“5W2H”分析法包括 5 个 W 开头的问题和 2 个 H 开头的问题。这 7 个问题分别是：

（1）What——是什么？目的是什么？做什么工作？

（2）How——怎么做？如何提高效率？如何实施？方法怎样？

（3）Why——为什么？为什么要这么做？理由何在？原因是什么？造成这样的结果

是为什么？

（4）When——何时？什么时间完成？什么时机最适宜？

（5）Where——何处？在哪里做？从哪里入手？

（6）Who——谁？由谁来承担？谁来完成？谁负责？

（7）How much——多少？做到什么程度？数量如何？质量水平如何？费用产出如何？

发明者通过以上问题，寻找发明思路，进行设计构思，从而做出新的发明项目。

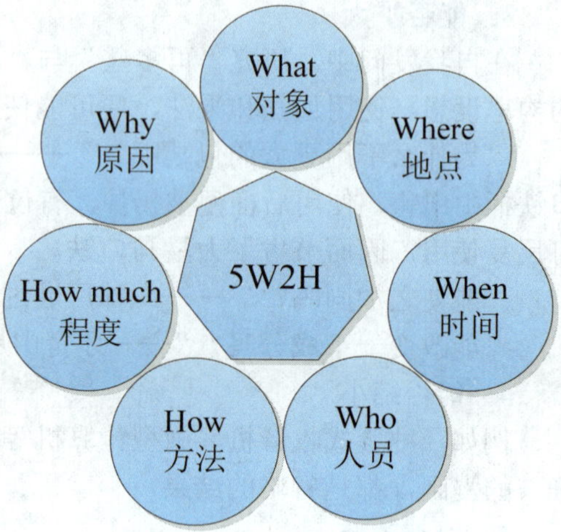

（四）组合创造法

组合创造法是指从两种或两种以上实物或产品中根据原理、材料、工艺、方法、产品、零部件等不同的属性抽取合适的技术要素，进行重新组合，从而获得新的产品、新的材料、新的工艺的方法。它包括以下几种类型。

1. 主体附加法

主体附加法就是在某种产品上附加一种新的成分，使主体产品的功能或性能略有拓展，能使消费者在购买主体产品的同时获得锦上添花式的附加利益。例如，可更换衣服的玩具娃娃、带指南针的手表（见图 3-2-1）、可显示温度的保温杯（见图 3-2-2）、带照相功能的手机等。

图 3-2-1　带指南针的手表

图 3-2-2　可显示温度的保温杯

2. 同类组合法

同类组合法是指对两个或两个以上相同或相似事物进行简单叠合的方法。在同类组合中，参与组合的对象与组合前相比，其基本性能和基本结构一般没有什么根本性的变化。例如，多头铅笔（见图 3-2-3）、自行婴儿车（见图 3-2-4）等。

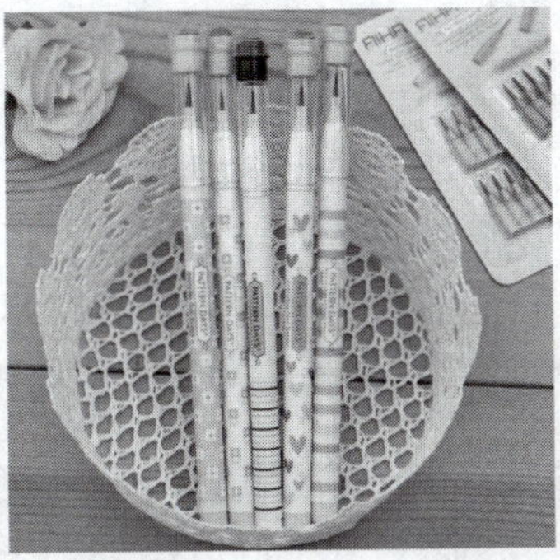

图 3-2-3 多头铅笔

图 3-2-4 自行婴儿车

3. 异类组合法

异类组合法是指对来自不同领域的两种或两种以上不同类事物进行叠合的方法。在异类组合中，被组合的因子来自不同的方面，各因子彼此间一般没有明显的主次之分，参与组合的因子可以从意义、原则、构造、成分、功能等任意一方面或多方面互相进行渗透，从而使组合后的整体发生变化。例如，可视电话是将可视屏幕和电话进行有机组合再创造的结果。

（五）分析列举法

分析列举法是通过分析，尽可能全面地排列出某一事物的相关内容，尽可能做到事无巨细、全面无遗。这种方法有助于形成多种构思方案。分析列举法具体包括特性列举法、缺点列举法、希望点列举法和成对列举法。

1. 特性列举法

运用该技法首先要把研究对象的主要属性逐一列出，进行详细分析，然后探讨能否进行改革或创新。特性列举法在运用中要对创新对象的全部特性进行列举，列举得越全面越详细，越容易找到创新和改进的方面。要着手解决的问题越小，越容易获得创新的成功。

特性列举法的具体步骤如下。

第一，将分析对象的特性尽可能详细地列出，对象要具体、明确。

第二，从名词特性、形容词特性和动词特性三个方面进行列举。名词特性指的是对象的整体、部分、材质和制作方法等，形容词特性是指对象的形状、性质、颜色等，动词特性则是指对象的效用和功能等。

第三，在上述各项目下尽量尝试对各种可替代的属性进行置换，以产生新的设想和方案。

第四，提出新的方案并进行讨论评价，努力按照实际需要进行改进。

2. 缺点列举法

缺点列举法也是常用的一项创新技法，是抓住事物的缺点进行分析，以确定发明目的的创新技法。

缺点列举法的具体步骤如下。

第一，尽量列举事物的缺点，需要时可事先广泛调查研究，征集意见。

第二，将缺点加以归类整理。

第三，针对所列缺点逐条分析，研究其改进方案，或能否缺点逆用、化弊为利。

3．希望点列举法

希望点列举法是将提出来的种种希望，经过归纳确定发明目标的方法。例如，人们希望像鸟一样飞上天，于是就发明了飞机；人们希望冬暖夏凉，就发明了空调设备；人们希望打电话时能看到对方的形象，就发明了可视电话；人们希望夜间上下楼梯时，路灯能自动亮，自动灭，于是就发明了光声控开关。这都是人们根据自己的希望和需求创造出来的。

希望点列举法的具体步骤与缺点列举法基本相似，不再一一赘述。

4．成对列举法

成对列举法是把任意选择的两个事项结合起来，成对列举其特征，或者把某一范围内的事物一一列举，依次成对组合，从中寻求创新设想。

成对列举法的具体步骤如下。

第一，列举，即把某一范围内所能想到的所有事项依次列举出来。

第二，强迫联想，即任意地选择其中两项依次组合起来，想象这种组合的意义。

第三，对所有的组合做分析筛选。例如，要设计新式多功能家具，可以先列举各种家具及室内用具：床、箱子、桌子、沙发、椅子、茶几、书架、台灯、衣柜、衣架、镜子、花盆架、电视、音响等。然后，两两配对组合：床和沙发、灯和衣架、桌子与书架、床和箱子、床和灯、镜子与柜子、电视与花盆、音响和台灯等。最后对所有方案进行分析，发现许多方案均可发明出新式家具，有些方案事实上已经成为产品，如床和沙发组合成的沙发床、镜子和柜子组合成的带穿衣镜的柜子、床和箱子组合成的床底可兼做储物柜的组合床等。

案 例

青年学生另类创业——坚持卖咖啡

柳荫大道有一家不显眼的小店，进去却别有一番洞天：成排的书架，精致的手工点心，新鲜烘焙的咖啡……除了品书外，这里还会定期举行电影欣赏活动。

边上课边创业，每天只睡 5 小时

这家店是由四名年轻人在大学期间创办的，目前其中两位已毕业，还有两位仍在读书。

小徐算是四人中的引领者。当时他发现学校周边没有特色的咖啡馆，加之自己非常喜欢咖啡馆的氛围，于是决定在附近开一家咖啡馆。小徐一进校就认识的其他三位伙伴，一听到小徐的创业想法就一致赞同。

创业初期，四人将平时积攒下来的零花钱、奖学金、生活费及兼职的钱凑到一起，共筹集了 10 万元启动资金。随后，他们以近 4 000 元的价格，在离学校不远的临街，租了一个约 150 平方米的二层铺面。

为了节省开支，在装修、购置设备上都是靠他们自己想办法。从二手市场淘桌椅、饰品，然后回来自己上漆改造，自己粉刷墙面，向高级咖啡师学艺，研习咖啡制作技术，花了差不多两个月的时间，咖啡馆终于正式开门营业了。

自从开了咖啡馆，小徐他们就有点忙不过来了，“一个月瘦了 13 斤，为了经营好咖啡馆，常常是深夜两点才睡觉，而早上 7 点又要起床上课。”尽管很累，但大家都觉得值得。

每月亏损 5 000 元，他们将咖啡和图书结合

在开店之前，四人都做好了明确的分工，有负责做线上线下宣传的，有负责运营的，有负责财务的。但是，开业一周来的顾客却并不多，都是熟悉的同学来捧场，真正的顾客屈指可数。

由于顾客少，又要交纳房租、水电气费，每月店里亏损 5 000 多元。随着时间推移，周边 KTV、茶吧、咖啡馆也多了起来，原本不好的生意更是雪上加霜。

在这期间，小徐与其他合伙人想到把咖啡馆与书店结合起来，通过环境优势吸引顾客。于是，他们就把自己平时收藏的图书搬到店里，后期又与某图书公司合作共建咖啡图书馆，向顾客提供免费借阅图书服务。

同时，小徐又对咖啡馆的咖啡品质进行提升。为此，他还前往当地有名的烘焙咖啡馆学习。通过升级改造，店里的生意有了很大的起色。

盈利后开分店，欲打造地方咖啡文化

在差不多亏损了 3 个月后，店里的生意逐渐好了起来，有的顾客来晚了，常常会没有位子。客人多了麻烦事也来了，本来咖啡店应给顾客提供清净、舒适、放松的阅读环境，但人多后就会嘈杂，影响顾客的阅读质量。于是他们有了开分店的打算。

半年后，小徐与伙伴们的第二家分店开业；10 个月后，第三家分店也正式开业了。三个店加起来每月盈利在 15 000 元左右，每年就 15 万元左右的收入，但大家并没有急于分红，而是将钱继续用于投资，提升咖啡馆的品质，并希望做成当地的校园品牌咖啡馆。

【案例点评】

四名学生经过努力，不仅实现扭亏为盈，而且已拥有三家咖啡馆。他们运用组合创造法，将咖啡与图书相融合，创办了咖啡图书馆。与此同时，他们想打造地方咖啡文化，为当地的咖啡文化贡献自己的力量。另外，想要创业成功，就必须坚持，因为成功的路上并不拥挤，坚持梦想的人不多，要相信成功就在你前方！

探索活动

营销创新探索活动

活动目的：

通过活动，使学生学会运用创新技法。

活动内容：

以小组为单位，每个小组从自身熟悉或感兴趣的行业里选择一个产品（服务），为该产品（服务）设计一个广告词。该广告词要满足以下几点：

（1）广告词能体现产品的功能或特点。

（2）广告词能满足消费者的某种需求。

（3）广告词能触动消费者的购买欲。

每个小组将设计的广告词说给其他小组听，其他组评判该广告词是否成功，并指出广告词存在的问题，评判标准见表 3-2-2（获得 60 分即算成功）。

表 3-2-2　探索活动评价表

单位：分

评分标准	满分	实际得分	备注
广告词是否有创意	20		
广告词是否体现产品（服务）的功能或特点	20		
广告词是否满足了消费者的某种需求	20		
广告词能否触动消费者的购买欲	20		
其他	20		
总分	100		

活动讨论：

（1）为了卖出该产品（服务），你们小组采用了哪些创新技法？关于产品（服务）的目标人群、价值标准，你们是怎样设想的？

（2）为了成功推销该产品（服务），你们的营销方案进行了何种创新？

拓展延伸

请大家结合自身特点说说自己最喜欢用的是哪种创新技法，理由是什么？

课后练习

1. 常见的思维枷锁有哪些？
2. 常见的创新技法有哪些？

模 块 三

创业素质提升

引导案例

肩上有担当　创业有信仰

杨大炜，长沙某职业技术学院2020届毕业生，他主导的创业项目荣获2019年湖南黄炎培职业教育奖创业规划大赛一等奖（高职组第一名）、第三届中华职业教育创新创业大赛金奖（高职组冠军）。他本人也荣获第六届“新时代湖南向上向善好青年”、2020年度“湖南省普通高校百名优秀大学生党员”、第二届“青春正当时 三湘追梦人”湖南省高校大学生就业创业优秀典型人物等荣誉称号。杨大炜毕业后便创立了自己的公司，奋力深耕在创业的道路上。

寝室洗澡现痛点，创业意识渐萌芽

早在大学期间，杨大炜就走上了自主创业的道路，他的创业项目始终聚焦在困扰大众的痛点问题上。在大学学习的三年里，始终有一句话激励着杨大炜——“上为国家分忧，下为群众解愁。”这句话让杨大炜的创业信念愈发坚定，他认为，国家从来都不缺企业家，而缺能为国家和群众做实事的创业者。

带着这份强烈的责任感，杨大炜把目光放在了大学生日常生活中的痛点上。在校生活期间，大学生在寝室洗澡时经常会遇到热水供应不足、出水压力不够、蓄水温度不高等问题。洗澡这件几乎每天都要重复的事，却成为许多同学的生活痛点。杨大炜自己对此也深有感触，大学一年级时，杨大炜就经常遇到在寝室洗澡没热水或者热水压力很小的窘况。

经过调查，杨大炜发现上述问题并不是学校中央热水系统机组的问题导致的，而是因为使用的人太多。尽管出现热水压力小、流量小等现象的主要原因是中央热水系统机组的增压阀未开启。然而，如果一直开启增压阀，肯定会导致能源浪费和设备老化速度加快等；如果选择在学生集中洗澡的时间段临时开启增压阀，又需要后勤工作人员到每一栋宿舍楼的楼顶手动操作控制箱，但这个时间段的后勤工作人员早已下班回家。杨大炜意识到，想要解决这些长期给学校后勤工作人员和大学生们带来困扰的问题，就必须另辟蹊径。由此，创新意识在杨大炜的心中渐渐萌芽。

正式开启创业，学校大力扶持

在确定了“解决洗澡时的热水供应问题”这一创新方向后，杨大炜正式组建创业团队开始研发新产品。从此，杨大炜就没有了放假的概念，只要一有空闲时间，他就研究相关的资料。与此同时，学校也给杨大炜提供了非常重要的帮助。例如，免费为其提供办公场地，让杨大炜的团队拥有研发产品的独立空间；给予杨大炜资金上的扶持，让杨大炜的团队安心进行产品创新；派遣指导老师为其在产品推广方面提供帮助，弥补杨大炜的团队在运营、市场推广方面的不足，争取让杨大炜的创新产品顺利转化成为市场商品。在多方的努力下，杨大炜的团队终于研制出一款智慧热水产品，并在浙江大学、南昌大学等全国20余所高校的寝室大楼应用。

大学毕业后，杨大炜带领团队成员成立了自己的公司，并与母校达成合作，成立了师生共建的“专创融合科研室”，以便为更多的同学提供创新科研帮助和创业指导。目前，学校的“专创融合科研室”已带领40余名学子走上了创新创业的道路。

创业实现价值，坚守助人初心

杨大炜之所以选择研发智慧热水产品，是因为他想解决同学们洗澡难、洗澡不舒适的问题，希望能用自己的绵薄之力为大学校园带来一些改变，让同学们的校园生活变得更美好。大学3年，杨大炜带领团队共取得国家实用新型专利3项、软件著作权4项，完成国家级产品认证1项。

毕业后，杨大炜为母校的12名应届毕业生提供了技术研发、市场营销、财务管理等就业岗位，其中30%是家庭经济较为困难的学生。同时，他的公司还在近期达成400万元人民币的融资意向，公司估值已达4 000万元人民币以上。

目前，杨大炜的创业事迹已被中央电视台、人民日报、新华社、湖南卫视、安徽卫视、湖南日报等全国二十余家主流媒体报道，获得了广泛的社会效益和价值，他的价值观和创业理想正在影响更多的创业者。

分析：杨大炜的创业之路起源于他强烈的社会责任感和创新思维，这是他创业成功的基础。那么，创业者还需要哪些必备的创业素质？

教学目标

知识目标：了解创业素质的概念和构成；掌握创业者必备的创业素质。

能力目标：培养大学生的创业素质。

知识链接

一、创业素质的概念

素质是指事物本来的性质或素养，是人的活动的主观条件和内在根据，是人才质量或品质的代名词。创业素质是指个体在创业社会实践活动中全面地、较稳定地表现出来并发生作用的身心组织要素结构及其技术水平。

创业素质是知识经济社会人才素质的重要内容，是制约创业实践活动最终达到创业目标的不可或缺的主体因素。

二、创业素质的构成

创业素质主要由创业意识、创业知识、创业能力和创业品质四个有机部分构成。

（一）创业意识

创业意识是一个十分复杂的心理因素，其形成不是一时的冲动或凭空的想象，而是源自人的一种强烈的内在需要。创意上升为创业动机就形成了心理动力。

大学生要自主创业，首先要具备创业意识，没有创业意识，再好的知识条件、能力条件也不可能在创业实践中发挥作用。因此，当代大学生在规划自身的职业生涯时，要在心中植入创业意识的基因，埋下创业意识的种子，这种意识一旦遇到合适的创业机会，就会萌芽，而不会丧失创业机会。

（二）创业知识

创业知识包括专业技术知识、经营管理知识和综合性知识。创业知识是创业活动基本的认知知识，为人们的心理和行为活动提供信息框架和背景，其广度和深度决定了创业活动的广度和深度。

（1）专业技术知识是从事某一专业或职业所必须具备的知识，一般是与专业、职业能力结合在一起发挥作用的。

（2）经营管理知识是从事经营管理工作必须具备的知识，包括领导、组织、管理、沟通和协调等方面的知识。

（3）综合性知识是发挥社会关系运筹作用的多种专门知识，包括政策、法规、工商、税务、金融、保险、人际交往、公共关系等。

在创业知识的构成中，经营管理知识和综合性知识，是创业成功与否的决定因素，是一种较高层次的、具有重要价值的知识。它们具有内部资源配置和社会关系运筹的特征，并与专业技术知识结合在一起，共同发挥作用。

（三）创业能力

创业能力是直接影响创业实践活动效率的重要因素，主要包括学习能力、创新能力、组织管理能力、沟通协调能力、团队合作能力、风险决策能力、市场营销能力等。

扫一扫

创业的三大核心要素

（1）学习能力是大学生创业能力的基础能力之一。一方面，要具有通过书本学习而掌握创业过程中所需要的与创业相关的各个学科知识的能力；另一方面，要具有在实践中不断总结和学习专业技术和经营管理经验的能力。

（2）创新能力是创业能力的重要组成部分。创新是知识经济的主旋律，是企业化解外界风险和取得竞争优势的有效途径，它包括两方面的含义，一是大脑活动的能力，即创造性思维、创造性想象、独立性思维和捕捉灵感的能力；二是创新实践的能力，即在创新活动中完成创新任务的具体工作的能力。创新能力是一种综合能力，与知识、技能、经验、心态等有着密切的关系。

（3）组织管理能力是指为了有效地实现目标，灵活地运用各种方法，把各种力量合理地组织和有效地协调起来的能力，包括出色的领导水平、统率能力和用人能力等。

（4）沟通协调能力是指管理者在日常工作中妥善处理好上级、同级、下级等各种关系，使其减少摩擦，能够调动各方面积极工作的能力。一个优秀的管理者，要想做到下级安心、上级放心、同级热心、内外齐心，必须要有良好的沟通协调能力。

（5）团队合作能力是指建立在团队的基础上，发挥团队精神、互补互助以达到团队最大工作效率的能力。对于团队的成员来说，不仅要有个人能力，更需要有在不同的位置上各尽所能、与其他成员协调合作的能力。

（6）风险决策能力是指决策者在对未来情况不完全确定，但是确知各种决策后果及各种后果出现概率的情况下做出准确决断的能力。

（7）市场营销能力是指企业管理者把握、适应、影响、完成市场营销活动，追求企业利益最大化的经营能力。

对大学生来说，具备各种创业能力是创业成功的必要条件。因此，大学生从规划职业生涯时，就需要不断培养自身的创业能力。

（四）创业品质

创业品质是指对创业者在创业实践过程中的心理和行为起调节作用的个性心理特征，它与人固有的气质、性格有密切的关系，其核心是情感与意志。创业品质主要包括独立性、坚韧性、敢为性、克制性和适应性等因素。

（1）独立性是指个人在思维和行为受他人影响时，能够独立地思考、判断、选择、行动的品质。

（2）坚韧性是指为达到某一目标而坚持不懈、不屈不挠、顽强拼搏的心理品质。

（3）敢为性是指敢于行动、敢冒风险、敢于拼搏，并勇于承担行为后果的心理品质。

（4）克制性是指自觉调节和控制自己的情绪和情感，善于克服盲目冲动和私利欲望的品质。

（5）适应性是指能及时适应环境和条件的变化，善于进行自我调查和角色转换，善于交往、合作、共事的心理品质。

以上四个方面是大学生创业素质的主要内容。它们紧密联系，缺一不可。创业意识是心理导向，让创业者满怀激情地投入到创业实践之中；创业知识则为创业者插上理性的翅膀，让他们少走弯路；创业能力是衡量创业水平高低的标尺，是创业成功的必要条件；创业品质为创业者排除险阻，克服困难，使之走向成功。

拓展阅读

创业宣言

我怎会甘于庸碌，打破常规的束缚是我神圣的权利，只要我能做到。

赐予我机会和挑战吧，安稳与舒适并不使我心驰神往。

我不愿做个循规蹈矩的人，不愿唯唯诺诺麻木不仁，

我渴望遭遇惊涛骇浪，去实现我的梦想，

历经千难万险，哪怕折戟沉沙，也要争取成功的欢乐而冲浪。

一点小钱，怎能买动我高贵的意志，

面对生活的挑战，我将大步向前。

安逸的生活怎值得留恋，乌托邦似的宁静只能使我昏昏欲睡。
我向往成功，向往振奋和激动，
舒适的生活怎能让我出卖自由，怜悯的施舍更买不走人的尊严。
我已学会独立思考、自由的行动，
面对这个世界，我要大声宣布——这，是我的杰作！

三、创业者必备的创业素质

创业是极具挑战性的社会活动，是对创业者自身智慧、能力、气魄、胆识的全方位考验。一个人要想获得创业成功，必须具备以下基本素质。

（一）诚信为本

诚信就是“诚实无欺，信守诺言，言行相符，表里如一”。诚信不仅是为人处世的基本准则，更是经商之魂。在创业经商过程中，诚信是第一品质，是创业者的“金质名片”，也是参与各种商业活动的最佳竞争利器。

（二）直觉敏锐

灵活敏锐的商业意识是兴企之源，创业者需要具备敏锐的直觉。在资源条件和市场条件相同或相近的情况下，为什么有些创业者能取得较大的成就，有些创业者投入较大而获得的却是较小的收益甚至是铩羽而归？造成这种差别的一个重要因素就是创业者是否具备对商机和市场的敏锐直觉。

（三）把握机遇

机遇往往是留给那些有准备的人。当机遇来临时，能够把握机遇的人往往能拔得头筹。对创业者来说，机遇稍纵即逝，因此需要创业者在不断的市场磨砺中把握住机会，成就一番事业。

（四）追求创新

创业者应该具备不断追求创新的素质，要有不满足现状的意识，要有不断推陈出新的精神。创新是推动经济和社会发展的主导力量，是一个民族兴旺发达、长盛不衰的动力源泉。创新是立业之本，创业是更高水平的创新。

（五）敢于竞争

创业者需要具备敢于竞争的素质，在市场的浪潮中拼搏前进。经济领域的竞争是市场主体为了追求自身利益而力图胜过其他市场主体的行为和过程。竞争促进经济发展和社会进步，但要遵循自愿、平等、公平和诚实守信的原则，要遵守公认的商业道德，不能滥用竞争权利。

（六）承担责任

企业是具有很强社会属性的组织。因此，创业者不能只关注业务本身的发展，还要关注企业的社会价值，把政府、社会大众思考的问题和公司本身的业务发展有机地融合在一起，承担起相应的社会责任。

案　例

诚信是创业成功的“王牌”

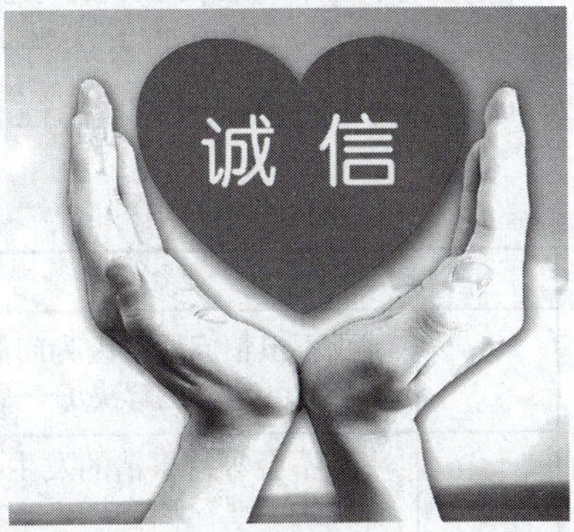

有一天，一位外商拿着一个天量订单，找到了一位企业家。在最终签约前，外商提出了两个条件：一是需要有一家实力强大的公司做担保，二是要实地考察这位企业家的工厂。看似两个很常规的条件，对于当时羽翼未丰的企业家来说，却似两颗定时炸弹，随时都可能把这个天量订单炸得无影无踪。

这位企业家回去后，磨破嘴皮也没有任何一家有实力的公司愿意为他的小公司做担保，这让他有些心灰意冷；再看看自己简陋的厂房和陈旧的设备，要过实地考察这一关几乎不可能。此时，有人给他出主意：“我们可以先花点钱，租用一间大工厂，反正那个外商也看不出来。”但他坚决反对：“即使订单泡汤，也绝不能糊弄别人。你要相信世界上每一个人都精明，要令人信服并喜欢和你交往，那才是最重要的。”

第二天，他硬着头皮把外商请到了工厂里，如实向外商介绍自己工厂的情况。令他倍感意外的是，外商刚走出车间，就要求与他签订合约。他面有难色地说：“对不起，先生，我的工厂太小，没有任何一家有实力的本地公司愿意为我做担保。”外商笑着说：“你的诚信，就是最好的担保。”企业家继续说：“非常感谢您对我的信任，可是，这个订单对我来说实在太大了，我的这个小工厂的生产能力无法满足您的需要。现在，我手里的资金有限，还无法继续扩大生产规模。”外商坚定地说：“我可以预付一笔订金，你扩产需要多少？你说个数吧！”

由此可见，诚信真的是可以当钱用的。

【案例点评】

诚=言+成，即说到做到；信=人+言，即言而有信，不说假话。诚信是为人之道，是立身处世之本。做企业和做人一样需要诚信。“人无信不立，业无信不久”，一个企业要想获得长远发展，就必须讲诚信。从企业创造价值的角度看，诚信是企业珍贵的无形资产，它可以提升企业的品牌知名度，并将其转化为企业的竞争优势；诚信也是一种生产力，它可以降低成本、提高效率。因此，诚信是对创业者创业的内在要求。

探索活动

自知之明活动

活动目的：

一个成功的创业者要具备很强的心理素质、道德素质和专业素质。你是否具备这样的素质？下面我们通过这个活动，使你对自己的素质有一个基本的了解。

活动内容：

1．表 3-3-1 至表 3-3-11 是有关创业者素质的测评表，各表中的 A 栏和 B 栏中各有一些表述。如果 A 栏里的表述符合你的情况，请在 A 栏左侧的空格中填写 2；如果 B 栏里的表述符合你的情况，请在 B 栏右侧的空格中填写 2。在自我评价时要诚实。

表 3-3-1　独立自主素质测评

	A	B	
	我不惧怕问题，因为问题是生活的组成部分，我会想办法解决每一个问题	我发现解决问题很难。我害怕这些问题，或者干脆不想它们	
	我不会等待事情的发生，而是努力促使事情发生	我喜欢随波逐流并等待好事降临	
	我总是尝试做一些与众不同的事情	我只喜欢做我擅长做的事情	
	我在行动上很少受他人影响和支配，能把自己的主张决策贯彻到底	我在行动上会受他人影响，觉得他人意见好，就会按照他人的想法去做	
	当我遇到困难时，我会尽全力去克服困难	如果我遇到困难，我试图忘掉它们，或等待其自行消失	
	总计	总计	

表 3-3-2　冒险素质测评

	A	B	
	我坚信，要在生活中前进必须冒风险	我不喜欢冒风险，即便有机会得到很大的回报也是这样	
	我认为风险中也蕴含机会	如果可以选择，我愿意以最稳妥的方式做事	
	如果我喜欢一个想法，我会不计利弊地去冒风险	我只有在权衡了利弊之后才会冒风险	
	即使投资于自己企业的资金亏掉了，我也愿意接受这样的现实	投资于自己企业的资金可能会亏掉，我难以接受这样的现实	
	不论做任何事，就算我对这件事有足够的控制权，我也不会总是期待完全控制局面	我喜欢完全控制自己所做的事情	
	总计	总计	

表 3-3-3　顽强执着、坚定信心素质测评

A		B	
	即使面对极大的困难，我也不会轻易放弃	如果存在很多困难，真的不值得为某些事去奋斗	
	我不会因为挫折和失败沮丧太久	挫折和失败对我的影响很大	
	我相信自己有能力扭转局势	一个人能力有限，运气起很大的作用	
	如果有人对我说不，我会泰然处之，并会尽最大的努力改变他们的看法	如果有人对我说不，我会感觉很糟糕并会放弃这件事	
	在危急情况下，我能保持冷静并找出最佳的应对办法	当危机升级时，我会感到慌乱和紧张	
	总计	总计	

表 3-3-4　诚信品质测评

A		B	
	我言行相符，我所做的即是我心里所想的	我所想的和我表现出来的行为往往不相符	
	在路上拾到钱包后会主动归还给失主	在路上拾到钱包后据为己有	
	乘坐公共汽车或地铁时从不逃票	常常为逃票而沾沾自喜	
	对别人承诺的事情一定要做到	会经常因为某些原因而未能履行对他人的承诺	
	认真完成老师布置的每一次作业	觉得作业完成得差不多就行，没必要追求精益求精	
	总计	总计	

表 3-3-5　责任心品质测评

A		B	
	在公交车上，见到老人会主动让座	在公交车上，见到老人上车，视而不见	
	外出时，找不到垃圾桶，会把垃圾带回家	外出时，找不到垃圾桶，随便找个隐蔽的地方将垃圾扔掉	
	节省开销，尽力为父母、为家庭减轻负担	只要是自己喜欢的就会购买，从不考虑自身的经济实力	
	经常帮助有困难的同学和朋友	很少帮助有困难的同学和朋友	
	发奋学习专业知识，学习各种技能	学习不是首要的事，经常和同学逛街、上网、唱歌	
	总计	总计	

表 3-3-6　守法律己品质测评

	A	B	
	有令必行，敢于担当	做事找借口，推卸责任	
	在生活中、学习中严格要求自己	差不多就行，从不严格要求自己	
	严格遵守校纪校规	经常违反校纪校规	
	熟悉法律，依法办事	不了解法律，触犯法律自己却不知情	
	能控制自己的情绪、行为和习惯	不能控制自己的情绪、行为和习惯	
	总计	总计	

表 3-3-7　勤劳节俭品质测评

	A	B	
	花钱有计划，合理分配每月的生活费	每月的生活费都不够花	
	爱惜粮食、不挑食、不剩饭	经常将吃不完的饭菜扔掉	
	出门关灯、关水	出门时忘记关灯、关水	
	会节省开销	只要是自己喜欢的就会购买	
	不与别人比吃穿	别人有的，我也要有	
	总计	总计	

表 3-3-8　专业能力测评

	A	B	
	热爱自己所学的专业	对自己所学的专业毫无兴趣	
	努力学习专业知识，学习各种技能	学习不是首要的事，经常和同学逛街、上网、唱歌	
	除学习课本知识，还经常参与课外实践	很少参与课外实践	
	一次性通过各科考试，没有“挂科”的现象	偶尔会有“挂科”的现象	
	非常精通自己所学的专业	对专业知识一知半解	
	总计	总计	

表 3-3-9　社交能力测评

	A	B	
	我与别人沟通得很好	我与别人沟通有困难	
	很喜欢当众演讲	为自己的演讲水平不佳而苦恼	
	喜欢结交朋友，参加社交活动	朋友很少，很少参加社交活动	
	愿意做会议主持人	做主持人就发怵	
	喜欢在宴会上致祝酒词	不喜欢在宴会上致祝酒词	
	总计	总计	

表 3-3-10　管理能力测评

A		B	
	喜欢做大型活动的组织者	不擅长组织大型活动	
	做事情有计划，无论何时何地，都能有目的地行动	做事情没有计划，想到什么就做什么	
	一旦需要做出决定，我常能尽快地做出决定	我尽可能长地推迟做决定的时间	
	能经常思考对策，扫除实现目标的障碍	很少进行思考、总结	
	能严格约束自己的行动	不能严格约束自己的行动	
	总计	总计	

表 3-3-11　创新能力测评

A		B	
	我擅长讲笑话、说趣事	我不擅长讲笑话、说趣事	
	有想法，喜欢尝试新事物	从来不做那些自寻烦恼的事	
	遇到问题能从多方面探索它的可能性，而不是拘泥于一条死路	认为按部就班、循序渐进才是解决问题的方法	
	不拘泥于一成不变的生活	喜欢传统的、稳定的生活方式	
	总是想办法说服别人接受自己的观点	喜欢接受别人的观点，而不是说服他人接受自己的观点	
	总计	总计	

你的得分：

将每张表中的得分相加后，分别填入表 3-3-12 中 A 栏和 B 栏对应的框里，然后在相应的位置打“√”或“×”。如果你 A 栏得分为 6～10 分，说明你在这些方面的能力和素质是你的强项，请在“强”下面画“√”；如果你 A 栏得分为 0～4 分，说明你在这些方面的能力不太强，请在“不太强”下面画“√”。如果你 B 栏得分为 0～4 分，说明你在这些方面的素质或能力有点弱，请在“有点弱”下面画“×”；如果你 B 栏得分为 6～10 分，说明你在这些方面的素质或能力是弱项，请在“弱”下面画“×”。

表 3-3-12　创业素质评价表

素质	A	强（6～10 分）	不太强（0～4 分）	B	有点弱（0～4 分）	弱（6～10 分）
独立自主						
敢于冒险						
顽强执着、坚定信心						
诚实守信						
责任心						
守法律己						

表 3-3-12（续）

素质	A	强（6～10 分）	不太强（0～4 分）	B	有点弱（0～4 分）	弱（6～10 分）
勤劳节俭						
专业能力						
社交能力						
管理能力						
创新能力						
总分						

如果你 A 栏的总分为 60 分或更高，说明你具备较高的创业素质。

如果你 B 栏的总分为 60 分或更高，说明你需要对自己的弱项加以改进，将弱项转变为强项。

2．自我测试后，请你的同学或朋友利用上面的表格再对你进行一次评价，比较两次评价的结果，进而更客观、准确地评价你的创业素质。

3．写一份《我所具备的创业素质》的报告，约 800 字，针对不具备的创业素质要写出具体的改进措施。

活动检测：

活动结束后，教师可根据表 3-3-13 的内容进行打分。

表 3-3-13　探索活动评价表

单位：分

评分标准	满分	实际得分	备注
能客观准确地描述自己	20		
能针对自身问题提出有效的解决方案	20		
报告撰写认真、符合要求	20		
能积极参与活动	20		
其他	20		
总分	100		

拓展延伸

创业素质测评

许多人都希望拥有一份属于自己的事业，进行以下测试可以帮助你了解自己是否适合创业。

测试

请根据自己的实际情况，回答下列问题。在回答时，一定要根据第一印象回答，不要做过多的思考。

（1）你是否为了某个理想而设计了两年以上的行动计划，并且准备按计划进行直到完成？

（2）在学习、工作中，如果没有别人的督促，你可以自主地完成分派的工作吗？

（3）你是否喜欢独自完成自己的工作，并且做得让自己满意？

（4）你的朋友们是否经常请求你的指引和征求你的建议？

（5）你有没有成功赚外快的经历？

（6）你是否能够连续十小时以上专注地投入个人感兴趣的事情？

（7）你是否习惯保存重要资料，以备需要时可以随时提取查询？

（8）在平时生活中，你是否关心别人的需要并热衷于服务大家？

（9）即便不十分擅长，你是否也喜欢艺术、体育等类型的丰富的活动？

（10）你是否曾经带动集体，完成一些集体活动并得到好评？

（11）你是否喜欢参与竞赛，并且看到自己表现良好？

（12）当你为别人工作时，发现其管理方式不当，你是否会想出适当的管理方式并建议改进？

（13）当你的工作需要别人协作时，你是否总能说服别人来帮助你？

（14）当储蓄达到一定数额时，你是否能想出好的理财计划，而不是让钱沉睡在银行里？

（15）当你要完成一项重要的工作时，你是否总给自己足够时间仔细完成，绝不草率？

（16）对于重要聚会你是否从不迟到？你是否能充分利用时间？

（17）你是否有能力安排工作环境，达到有效率地专心工作？

（18）你交往的朋友中是否有较多有成就、有智慧、有眼光、有远见的人物？

（19）你在平常的生活中，是否被认为是受欢迎的人？

（20）当你需要经济支援，是否能说服别人帮助你？在募款时，是否充满自信而不害羞？

（21）你是否可以为了工作而牺牲个人娱乐时间？

（22）你对自己要完成的工作有足够的责任感吗？

（23）你在工作时，是否有足够的耐心与耐力？

（24）你是否能在很短的时间内结交许多新朋友，而且能使新朋友对你留下深刻的印象？

分析

以上问题回答“是”得 1 分，回答“否”不计分，请统计你所得的分数。以下几种情况可以帮助你确定未来的选择。

A 型，打工型：得分在 0～5 分。你暂时不太适合自己创业，可先以员工的身份培养工作方面的专业能力。

B 型，提升型：得分在 6～10 分。你具有一些基本的创业素质，创业失败的可能性较大，如果迫切希望创业，则要寻求一些有经验的人士指导，以减少创业风险，增加成功的可能性。

C 型，补充型：得分在 11～15 分。比较适合自己创业，但需要分析所回答为“否”的问题，并需要补充培养所欠缺的一些创业素质。

D 型，积累型：得分在 16～20 分。你已经完全具备了创业的基本要求，但需要选择合适的方向，积累管理经验，建议从小事业慢慢开始，不一定以现在做的事情作为未来的事业。

E 型，行动型：得分在 21～24 分。你一定要抓住机会去创业。如果你不去创业一定会对上级产生威胁，甚至一旦受到上级压制，你可能会成为一个组织的麻烦。你需要利用这种潜能，发现机会，一旦机会到来，就去大干一场。

课后练习

1．创业素质的构成有哪些？

2．大学生必备的创业素质有哪些？

模块四

创业团队建设

引导案例

团结奋进、创业有为的大学生团队

山东省青岛市城阳区有3个男青年，他们各自怀揣着梦想在大学相遇，后来成为好友并一起走上了创业之路。如今，他们的事业虽然已经小有成就，但他们却并不满足，表示创业团队还会继续奋斗，将创业进行到底。

3个大学生组团走上创业路

许真、闫和伟和刘虎是青岛某大学的学生。其中，刘虎在土木工程系主修工程管理，是创业项目的发起人，在公司主要负责工地施工业务；许真和闫和伟在设计系主修室内设计，他们两人不光是同班同学，还是室友，在公司主要负责设计业务。

一天，怀揣着创业梦想的刘虎找到了设计系成绩优异的许真和闫和伟，希望他们能和自己一起创业。提到那时的情景，许真笑着说："当时就在我们宿舍谈的，我想他是个挺靠谱的人，做事也很周到，不管成与不成，都一起试试吧！"后来，他们3个成为合伙人，接着又从学校财务管理专业招募了一位同样有创业梦想的伙伴，成立了一家室内设计工作室。

骑自行车"零装备"就敢跑客户

对于几个毫无社会经验的大学生来说，创业初期尤为艰辛。闫和伟表示，那时他们做了很多现在看起来很"傻"的事。闫和伟回忆："几年前，某社区回迁房项目刚刚竣工，我们就到处打听哪天给业主交钥匙，等到了那天就蹬着自行车跑去找业务。跟那些有装修需求的业主沟通时，人家觉得我们是大学生，根本不给我们机会，反正当时挺狼狈的。"

许真表示，刚创业的时候，为了省钱，很多苦力活都是他们自己干。许真回忆："其实我主要是负责设计的，但有时候刘虎在工地上忙不开，我也过去帮忙。一张木工板让搬运工搬运，每扛上一层楼就得多付给人家一块钱，一箱瓷砖每搬上一层楼也得多付一块钱。我当时觉得，要是自己搬上5楼就能省5块钱，够吃一顿饭了！于是干脆就自己搬了。因为经常搬这些建材，我们每个人手上都长了老茧。"

同时干20多个工地，一年下来3个人全瘦了

创业的前两个月，3个人每天都出去"找活儿"，但是一个项目都没有找到。后来，他们集中力量在黄营社区拿下了一个项目，把这个项目完成后，他们一下子得到了大家的认可。刘虎回忆："那是最让人兴奋的一段时间，每天都有客户来找我们装修，最后那个单元20多家住户的装修项目我们都接了。"

从此以后，他们开始起早贪黑地忙碌起来：每天早上6点到工地，晚上10点回宿舍，回宿舍以后还要设计图纸、算价格，每天忙得经常只能吃上一顿饭。许真表示，那时候虽然每天都很累，但心里感觉很踏实。就这样奋斗了一年，3个人全瘦了，许真和闫和伟瘦了10多斤，刘虎瘦了20多斤。

"我们还在路上，想开大公司"

如今，3个人已经成为学校里的创业明星。谈及自己的理想，3个人都表示，他们的理想“在更远的路上”。闫和伟说：“最近看了电影《中国合伙人》，觉得跟影片里的很多东西都产生了共鸣，而且真实的情况是，现实比电影里更加残酷。这一年来，我们赚过钱，也赔过钱，吃过苦，也走过弯路，现在公司虽然发展起来了，但还属于小公司，缺乏人才，没有完善的管理制度，面临着发展瓶颈。”

刘虎说：“最近，我们连续 5 天晚上都聚在一起开会，讨论公司未来的发展方向。我们想壮大公司的规模，还曾开玩笑地憧憬着等我们把公司做成国内最好的生态装饰大品牌的时候，谁来做华北地区的总经理，谁来做华南地区的总经理。近期公司也会继续增资，以便接下来能接到更大的工程项目。”

他们还表示，希望公司能对社会有更多贡献，能帮助更多的人把家装修得“真正像个家”；也希望自己能为学校的学弟学妹们做点事，如将来公司可以作为学校设计系的实习基地，帮助更多有创业梦想的同学提高自己的技能。

教学目标

知识目标：了解创业团队的概念、组成要素；掌握组建优秀团队的要点；掌握企业员工招聘和甄选的流程。

能力目标：能够分析创业团队要素；能够招聘与甄选优秀员工。

知识链接

一、创业团队的概念

团队就是合理利用每一个成员的知识和技能协同工作，以解决问题、达到共同目标的共同体。而创业团队就是由少数技能互补的创业者组成，为实现共同的创业目标，为达成高品质的结果而努力的共同体。

二、创业团队的组成要素

创业团队需具备目标（Purpose）、人（People）、定位（Place）、权限（Power）和计划（Plan）五个重要的组成要素。这五个要素简称“5P”。

（一）目标

创业团队应该有一个既定的共同目标为团队成员导航。没有目标，这个团队就没有存在的价值。目标在创业企业的管理中以创业企业的愿景、战略等形式体现。

（二）人

人是构成创业团队最核心的力量。三个及三个以上的人就形成一个群体，当群体有共同奋斗的目标时就形成了团队。在一个创业团队中，人力资源是所有创业资源中最活跃、最重要的资源。应充分调动创业者的各种资源和能力，将人力资源进一步转化为人力资本。

目标是通过人员来实现的，所以人员的选择是创业团队中非常重要的一个环节。在一个团队中可能需要有人出主意，有人制订计划，有人实施，有人协调不同的人一起工作，还要有人监督创业团队工作的进展、评价创业团队最终的贡献。不同的人通过分工来共同完成创业团队的目标。

（三）定位

创业团队的定位包含以下两层意思。

（1）创业团队在企业中处于什么位置，由谁选择和决定团队的成员，创业团队最终应对谁负责，创业团队采取什么方式激励下属。

（2）成员在创业团队中扮演什么角色，是制订计划还是具体实施或评估。是大家共同出资，委派某个人管理；还是大家共同出资，共同参与管理；或是共同出资，聘请第三方（职业经理人）管理。这体现在创业企业的组织形式上，也就是说企业是合伙企业还是公司制企业。

（四）权限

创业团队中领导人的权力大小与其团队的发展阶段和创业企业所在行业相关。一般来说，创业团队越成熟，领导者所拥有的权力相应越小；在创业团队发展的初期，领导权相对比较集中。

（五）计划

创业团队的计划包含以下两层意思。

（1）由于目标的最终实现需要一系列具体的行动方案，因此，可以把计划理解成达到目标的具体工作程序。

（2）只有在有计划的操作下，创业团队才会一步一步地贴近目标，从而最终实现目标。

三、组建优秀创业团队的要点

由于组建创业团队的基石在于创业愿景与共同信念，因此创业者需要提出一套能够凝聚人心的愿景与经营理念，从而形成共同的目标与企业文化。一般而言，要组建一个优秀的创业团队，应特别注意以下几点。

（一）彼此了解

创业团队的所有成员都应该相互非常熟悉，知根知底。“知己知彼，百战不殆”，在创业团队中，团队成员都应非常清醒地认识到自身的优势和劣势，同时也要清楚其他成员的长处和短处，这样可以

扫一扫

如何管理创业团队

很好地避免团队成员之间因为相互不熟悉而造成的各种矛盾、纠纷，从而强化团队的向心力和凝聚力。

需要注意的是，我们这里所说的了解是真正的了解，而不是表面上的了解。例如，尽管许多青年学生创业时选择的合作伙伴都是亲戚、同学、朋友、校友等，但还是很快就失败了，其根本原因在于虽然他们选择的合作伙伴都是“熟人”，但是他们对这些“熟人”并没有真正地了解。

（二）相互信任

信任是解决分歧、达成一致的唯一途径。青年学生创业团队不仅要志同道合，更需要彼此信任。最初创业时，要把最基本的责、权、利说得明白透彻，尤其股权、利益分配，包括增资、扩股、融资、撤资、人事安排及解散等。这样在企业发展壮大后，才不会出现因利益、股权等的分配分歧产生矛盾，最终导致创业团队解体的局面。

案 例

相互信任，才能成就梦想

在上海某学校，有一名攻克了某种高级观赏鱼人工养殖的学生，名叫王楠。王楠毕业时，就用这个颇有技术含量和难度的科技项目开始了自己的创业之旅。

他首先攻克了这种鱼在人工海水下的养殖，紧接着又在老师的帮助下攻克了人工繁育的课题。于是，他创业的企业里，从此就有了漂亮的观赏缸——类似我们常见的热带鱼缸，在清澈的水里，游动着彩色的观赏鱼，美丽而让人喜爱。

为了开办公司，他找到了一个与他性格不同但优势互补的搭档张玉。王楠是技术型的，可以负责公司的技术问题；而张玉是营销型的，可以负责公司的销售和外联工作。

公司在天使基金的帮助下顺利开张了，由于产品填补了市场空白，一时间生意兴隆，他俩很开心。但是好景不长，渐渐地王楠发现公司的业务虽然好，可就是不盈利。经过细心地观察和打探之后，他发现张玉在外边新开了自己的公司。原来，张玉因担心王楠在公司壮大后挤走自己，而提前找好了出路。

是沟通不够，还是利益分配不均？一心只顾技术改进的王楠，也确实缺乏企业管理知识。这个因为彼此优势互补而结合的团队，最终因为彼此之间的信任问题导致合作失败了，也导致了创业的失败。

（三）理念一致，目标相同

首先，所有团队成员都必须认同大家共同确定的创业目标、分配制度、管理制度、企业发展战略、经营理念、企业文化等，都必须保持对企业长期经营的信心。

其次，所有团队成员都必须认识到团队是一个整体，所有成败都是整体的而非个人的。大家必须同甘共苦，必须将团队利益置于个人利益之上。团队中没有个人英雄主义，每位成员的价值表现为其对团队的贡献。大家愿意牺牲短期利益来换取长期的成功果实，而不计较短期的薪资、福利、津贴等。

再次，所有团队成员都必须对工作抱有满腔激情，必须要有每天长时间工作的准备。任何人不管其专业水平多么高，如果没有激情，将无法适应艰苦的创业生活。

最后，所有团队成员均应了解企业在成功之前将会面临的挑战，并承诺不会因为一时困难而退出。如确有特殊原因需提前退出团队，必须将股权优先转让给其他团队成员。当企业面临困难时，大家必须齐心协力，共同面对，一起解决。

（四）取长补短，相得益彰

从人力资源管理的角度来看，建立优势互补的创业团队是保持创业团队稳定的关键。研究表明，大多数创业团队在创立时，并未充分考虑到成员专业能力的多样性，反而大多是因为有相同的技术能力或兴趣，至于管理、营销、财务等能力则较为缺乏。

因此，要使创业团队发挥最大的能量，在创建团队时不仅要考虑成员之间的关系，更重要的是考虑成员特点之间的互补性，如彼此之间性格、经验、专长、技术等的互补，以此来达到团队的平衡。

一般来说，一个优秀的创业团队必须包括以下几种人。

（1）一个很好的“领袖”。此人必须能够高瞻远瞩，能够为企业制订明确的战略、战术；必须有很好的人品，处事公正，能够服众，能够团结整个团队；还必须具有很好的协调能力，能够及时化解团队成员的矛盾。

课堂讨论

以中国古典文学名著《西游记》中的唐僧师徒为例，阐述创业中领导者的重要性，以及领导者的魅力所在，目的是使准创业者明白自己肩负的责任。

（2）一个很好的“管家”。此人主要负责企业的日常运营及各项规章制度的制订。由于企业日常事务非常琐碎，因此，此人必须心思缜密、工作细致。

（3）一个很好的“财务总管”。资金是企业的生命线，因此，创业团队中最好有一个好的“财务总管”，能合理地安排企业收支，帮助企业融资。

（4）一个很好的“营销总监”。我们经常说，产品是基础，营销是龙头。如果营销不行，产品就不能变成收益，企业只有关门大吉。

此外，如果创业企业是一个技术类企业，可能还需要一个很好的技术专家，帮助企业不断地将技术或产品推陈出新，始终处在行业的前沿。

课堂测试

团队合作能力测试

请同学们根据下面的测试题进行团队合作能力测试，并与同学讨论测试结果。

（1）如果某位中学校长请你为即将毕业的学生举办一次介绍公司情况的晚间讲座，而那天晚上恰好播放你一直在看的电视剧的最后一集，你会（ ）。

A. 立即接受邀请

B. 同意去，但要求改期

C. 以有约在先为由拒绝邀请

（2）如果某位重要客户在周末 17:30 打来电话，说他们购买的设备出了故障，要求紧急更换零件，而主管人员及维修工程师均已下班，你会（ ）。

A. 亲自驾车去 30 km 以外的地方送货

B. 打电话给维修工程师，要求他立即处理此事

C. 告诉客户下周才能解决

（3）如果某位与你竞争最激烈的同事向你借一本经营管理畅销书，你会（ ）。

A. 立即借给他

B. 同意借给他，但声明此书无用

C. 告诉他书被遗忘在火车上了

（4）如果某位同事为方便自己去旅游而要求与你调换休息时间，在你还未想好如何度假的情况下，你会（ ）。

A. 马上应允

B. 告诉他你要回家请示家人

C. 拒绝调换，推说自己已经参加旅游团了

（5）你如果在急匆匆地驾车赴约途中看到你秘书的车出了故障，停在路边，你会（ ）。

A. 毫不犹豫地下车帮忙修车

B. 告诉他你有急事，不能停下来帮他修车，但一定帮他找修理工

C. 装作没看见他，径直驶过去

（6）如果某位同事在你准备下班回家时，请求你留下来听他“倾吐苦水”，你会（ ）。

A. 立即同意

B. 劝他第二天再说

C. 以家人生病为由拒绝他的请求

（7）如果某位同事要去医院探望亲人，让你替他去接一位搭乘夜间航班来访的重要人物，你会（ ）。

A. 立即同意

B. 找借口劝他另找别人帮忙

C. 以汽车坏了为由拒绝

（8）如果某位同事的儿子想选择与你同样的专业，请你为他做些求职指导，你会（　　）。

A. 立即同意

B. 答应他的请求，但同时声明你的意见可能已经过时，他最好再找些最新的资料作为参考

C. 只答应谈几分钟

（9）你在某次会上发表的演讲很精彩，会后有位同事向你索要演讲纲要，你会（　　）。

A. 同意，并立即复印

B. 同意，但并不十分重视

C. 同意，但转眼即忘

（10）如果你参加一个新技术培训班，学到了一些对许多同事都有益的知识，你会（　　）。

A. 返回后立即向大家宣布并分发参考资料

B. 只泛泛地介绍一下情况

C. 把这个课程贬得一文不值，不透露任何信息

不同答题情况的评价如下。

如果全部选A，则说明你是一位极善良、极有爱心的人，但你要当心，千万别被低效率的人拖后腿，应该有自己的主见。

如果大部分选A，则说明你很善于合作，但并非失去个性，认为礼尚往来是一种美德，在商业生活中亦不可或缺。

如果大部分选B，则说明你以自我为中心，不愿意为自己找麻烦，不想让自己的生活规律、工作秩序受到任何干扰。

如果大部分选C，则说明你是一个名副其实的孤家寡人，不善于同别人合作，几乎没有团队意识。

四、企业员工的招聘与甄选

员工招聘与甄选的步骤如下。

第一步，明确招聘需求，拟定招聘计划。企业招聘员工时，需考虑以下几点：哪些岗位需要招聘员工；这些员工应具备哪些技能和其他要求；各个岗位需要招聘的具体人数；要向这些员工支付多少工资。

第二步，发布招聘信息。信息包括招聘的岗位、人数、岗位职责和岗位要求等内容。

第三步，分析申请表。根据申请表和简历，结合岗位需求信息来迅速判断这些应聘者是否满足岗位的需求。筛选过后，将符合条件的应聘者汇总到备选名单中。

第四步，对应聘者进行笔试和面试。企业不但需要考虑员工的专业技能，还要把握员工的素质与品行。所以，企业还要对应聘者进行面试甚至笔试，而不能仅凭个人简历就做出招聘决定。一般来说，如果企业更注重研发人员的专业知识水平，就可将笔试部分赋以较大的权重；而招聘营销人员时，企业可能更加注重应聘者在面试过程中表现出来的能力，所以要加大面试部分的考核。

面试时，可通过以下技巧性的问题，掌握应聘人员的基本情况。

（1）请介绍你原来的工作经历，谈谈你有哪些知识技能？

（2）你为什么想来本企业工作，你希望得到什么职位？

（3）为什么要离开原来的单位？如何评价你原来的工作？原单位的同事和上下级怎样评价你？

（4）以前的工作经历中，你最满意的地方是什么？最不满意的地方是什么？

（5）你认为你有哪些优点和缺点？

（6）如果有人对你态度不好，你会做出怎样的反应？

（7）你是怎样支配业余时间的？有什么兴趣爱好？

除了一般的提问之外，还可以利用专业的职业测评技术，评价应聘人员的各种素质和能力，这能更加科学地帮助企业判断应聘者是否符合岗位的需要，是否有良好的意愿来本企业工作。

第五步，甄别录用。通过层层筛选后，招聘人员对应聘者的专业知识及能力都有了大致的了解。在综合考虑应聘者的笔试和面试成绩后做出是否录用的决策。

案　例

资金不够一起凑，仨“90后”上演长春版“中国合伙人”

在电影《中国合伙人》中，成东青、孟晓骏、王阳，因为拥有同样的梦想而一起打拼事业，共同创办英语培训学校，最后功成名就实现梦想。在长春，有三个“90后”也上演着“中国合伙人”式的故事，他们合伙开了一家科技公司，共同研发了一种智能激光清雪设备。

创业梦：仨“90后”组成“中国合伙人”

郑某，女，1991年生；小宿，男，1993年生；刘某，男，1991年生。据介绍，郑某有过在世界500强企业工作的经历。郑某跟小宿是多年的好朋友，而小宿和刘某则是同学，创业前他们经常小聚。

三个人中，郑某性格最爽朗，但骨子里却没有小宿和刘某放得开。“跟他们俩接触，我思想转变挺大的。”郑某坦言，她以前做事情，总是先考虑赚钱，更在意物质的东西。但小宿和刘某聊的都是“回馈社会”“改变世界”这些让她激情澎湃的话题。三个人都有着共同的创业梦。于是，他们成立了一家科技有限公司，组成了“中国合伙人”。

创业初：生意陷困境不放弃

创业之初，他们有着共同的想法：把国外较为先进的技术引进来，再创新变成真正有意义、有价值的产品。他们研发的第一个产品是车载健康枕，资金是创业中遇到的最大难题。三个人倾囊而出，凑了近 40 万元，作为公司的启动资金。年末，在第一批产品投入生产之前，资金链断了。三个人再凑，小宿和刘某去跟朋友借钱，郑某则把房子抵押到银行去贷款。他们想的是：产品生产出来之后，两三个月资金就能回笼，借的钱就可以还上了。

但由于对市场了解不够，健康枕生产出来之后，销量跟他们预想的差很远，价格也达不到预期。产品销售不出去，资金全押在里面，生意陷入困境。“我们三个真想坐在地上哭啊！”郑某说，“我们在一起抑郁了三天。”之后，三个人又重新上路。“从没动摇过，我们在一起聊的，只是总结经验，研究怎么把东西卖出去。”郑某说。

创业帮：生意不错感情仍然很好

公司刚成立时，股东只有郑某和小宿，刘某只是来帮忙。哥们儿式合伙，仇人式散伙，是许多企业最常见的聚散模式，也是三个人最为担心的。“生意没做成，朋友还掰了，这是我们最不愿看到的结果。”郑某说。

然而，共同创业三年后，他们的生意不错，感情仍然很好。郑某骨子里挺“男人”，比较直，有什么说什么；刘某性格也比较急躁，但一般不发火，比较严谨；小宿性格平和，有耐心，能包容人。“我们经常一起工作到很晚，但总能说说笑笑的，很开心，感觉像在一个宿舍生活一样。”郑某说。

创业路：研发激光清雪设备

小宿是技术负责人，他介绍了研发的智能激光清雪新技术。小宿说，长春冬天的雪很大，机械除雪对路面会造成破坏，而且融雪剂对路面及树木也有伤害。他们研发的智能激光清雪设备，激光束离地 50 厘米即可清雪。它的优势是：第一，能耗小，只相当于一个电吹风；第二，不需要任何融雪剂，对路面不造成任何破坏；第三，能解决机械清雪解决不了的问题，可以清除冰雪混合物；第四，可以清除电线杆上的纸质小广告及外墙上的涂鸦等。

创业经：想创业要跟着政策走

创业半年后，公司进入创业园，这时他们才发现以前走了不少弯路。“我们刚开始的时候，只知道埋头苦干，没有去看政府的政策，后来才知道这样越做越错。”郑某说，创业困难无非就是三点：资金、人才和市场。他们经历了许多创业者都经历的错事——不懂市场。“只知道自己有技术，但不去考虑后果，没有试水的经验。”郑某说，进驻创业园之后，享受到了较低的房租价格，后来干脆申请了房租减免。另外，政府有关部门还会给他们提供一些创业贷款及业务指导，这些都是他们之前不了解的。

【案例点评】

正所谓“物以类聚，人以群分”。如果我们身边聚集的都是一些有价值的人，那么我们的价值也能从他们身上得到体现，这种团队的合作精神非常值得称道。本案例中，三个合伙人遇到挫折后能够很快调整心态，重新振作；性格互补，创业多年感情仍然很好；敢冒风险，敢于引进最新技术；善用政策，跟着政策走。这些都是他们创业成功值得借鉴的经验。

探索活动

模拟公司招聘的面试环节

活动目的：

使学生掌握企业员工招聘和甄选的流程。

活动内容：

以小组为单位，4～5人为一组，模拟公司招聘的面试环节。

考场设置：布置面试场所，如摆放考官座位牌、水杯等。

人员设置：每小组设置主考官一名，应聘人员3～4人。小组自行设计招聘职位。

面试过程如下。

（1）学生轮流进入“考场”面试。

（2）主考官要求应聘者用1分钟时间做一个自我介绍。

（3）主考官针对应聘者的简历进行提问及追问。

（4）让应聘者主动提出问题，面试官进行解答。

（5）每个应聘者面试时间控制在5分钟左右。

（6）主考官根据应聘者各方面的表现，客观评分，最后进行综合评价。

活动检测：

活动结束后，教师可根据表3-4-1给各小组进行评分。

表3-4-1　探索活动评价表　　　　单位：分

评分标准	满分	实际得分	备注
掌握招聘流程	20		
能合理设置公司职位	20		
语言表达能力强	20		
仪表端庄、举止得体	20		
应变能力强	20		
总分	100		

拓展延伸

推荐同学们观看电影：《中国合伙人》。

推荐理由：

该影片主要讲述了从20世纪80年代至今，三个年轻人从学生时代相遇、相识，拥有同样的梦想至一起打拼事业，共同创办英语培训学校的创业励志故事。他们在创业的过程中曾不被人看好，也遇到过很多困难，但是，在经历了很多磨难后最终获得了成功。该影片向人们展示，只要有梦想、有信仰，创业就一定能取得成功。

看完影片后，请思考以下问题：

（1）电影中，成东青、孟晓骏、王阳为什么能创业成功？

（2）他们三个分别具有哪些创业者的素质？

（3）结合影片说说该创业团队体现了哪些组建优秀创业团队的要点？

课后练习

1．创业团队的组成要素是什么？

2．员工招聘与甄选的步骤是什么？

模块五

创业资源整合

引导案例

彭某是江苏某职业学校数字安防技术专业的学生。上学期间，他利用周末或节假日到上海市徐汇区的“百脑汇”打工，为客户组装电脑。在装机过程中，他学会了组装电脑的流程并找到了销售电脑的渠道，同时也掌握了一些营销技巧。他率先在电脑城里打出了“整体装机只挣 100 元”“元部件价格全透明”的广告，消费者看到后纷纷去他所在的店铺装机。一时间，生意好到一个人忙不过来了。

彭某不甘心一直给别人打工，想开创自己的事业。于是，他用打工积累的钱租了一个摊位，请了几位工人，开启了自己的电脑维修、装机服务。到毕业那年，他的资产已经超过了 20 万元。他把这些资金作为启动资金，注册了公司。截至 2016 年，彭某的企业的注册资本已增资到 1 000 万元人民币。

创业资金是一项重要的创业资源。很多成功的创业者，在创业初期都是通过个人积蓄或向亲友借款以筹得创业资金的。彭某，一个普普通通的大学生，通过努力工作，用自己积累的积蓄作为启动资金，创办了自己的公司，并取得了创业成功。这是个人的成就，也是智慧与勇气闪耀的光芒。

教学目标

知识目标：熟悉创业资源的分类，掌握创业资源的获取途径和整合过程。

能力目标：能够根据实际情况分析创业所需的资源，并对资源进行整合。

知识链接

一、创业资源的概念

创业资源是指企业在创立及成长过程中所需要的各种生产要素和支撑条件，是创业企业在创造价值过程中所需要的特定资产。

对于创业者来说，只要是对其创业项目和创业企业的发展有所帮助的要素，都可以归入创业资源的范畴。创业者既要积累个人资源，也要善于创造性地整合社会资源，以创造有利于创业的良好条件。

二、创业资源的分类

（一）按性质分类

按性质不同，创业资源可以分为人力资源、财务资源、物质资源、技术资源和组织资源。

1. 人力资源

人力资源不仅包括创业者及创业团队的知识、技能和经验等，也包括团队成员的专业智慧、判断力、视野和愿景，甚至包括创业者本身的人际关系网络。创业者是创业企业最重要的人力资源，其价值观念和信念是创业企业的基石，其所拥有的人际和社会关系网络使其能够接触到大量的外部资源，降低潜在的创业风险。鉴于企业之间的竞争主要是人才之间的竞争，高素质人才的获取和开发便成为创业企业可持续发展的关键因素。

2. 财务资源

财务资源主要是指货币资源，通常是创业企业向债权人、权益投资者或通过内部积累筹集的负债资金、权益资金和留存资金。一般来说，创业初期企业以不高于市场平均水平的资本成本及时筹集到足额的财务资源，是创业企业成功创办和顺利经营的前提条件。

3. 物质资源

物质资源是创业企业经营所需要的有形资源，如建筑物、设施、机器和办公设备、原材料等。一些自然资源如矿山、森林等有时也会成为创业企业的物质资源。

4. 技术资源

技术资源包括关键技术、制造流程、作业系统、专用生产设备等。通常技术资源包括三个层次：一是根据自然科学和生产实践经验而发展成的各种工艺流程、加工方法、劳动技能和诀窍等；二是将这些流程、方法、技能和诀窍等付诸实施的相应的生产工具和其他物资设备；三是适应现代劳动分工和生产规模等要求的对生产系统中所有资源进行有效组织和管理的知识、经验和方法。技术资源大多与物质资源相结合，可以通过法律手段予以保护，部分技术资源会形成组织的无形资产。

5. 组织资源

组织资源一般是指企业的正式管理系统，包括企业的组织结构、作业流程、工作规范、信息沟通、决策体系、质量系统，以及正式或非正式的计划活动等。有时候组织资源也可以表现为个人的技能或能力。其中，组织结构是一种能够使组织区别于竞争对手的无形资源。那些能将创新从生产功能中分离出来的组织结构会加速创新，能将营销从生产功能中分离出来的组织结构能更好地促进营销。

（二）按存在形态分类

按存在形态不同，创业资源可以分为有形资源和无形资源。

1. 有形资源

有形资源是指具有物质形态的、价值可用货币度量的资源，如组织赖以生存的自然资源，以及建筑物、机器设备、原材料、产品、资金等。

2. 无形资源

无形资源是指具有非物质形态的、价值难以用货币精确度量的资源，如信息资源、关系资源、权力资源及企业的信誉、形象等。无形资源往往是使有形资源更好发挥作用的重要手段。

（三）按重要性分类

按重要性不同，创业资源可以分为核心资源和非核心资源。

1. 核心资源

核心资源包括技术资源和人力资源。这些资源涉及创业企业有别于其他企业的核心竞争力。

2. 非核心资源

非核心资源主要包括场地、资金和环境等。这些资源是创业企业成功创办和持续经营的基本资源。

扫一扫

创业融资

（四）按来源分类

按来源不同，创业资源可以分为内部资源和外部资源。

1. 内部资源

内部资源是指创业者或创业团队自身所拥有的可用于创业的资源，如创业者自身拥有的可用于创业的资金、技术、创业机会信息等。

2. 外部资源

外部资源是指来自外部机会的发现，是创业者从外部获取的各种资源，包括从朋友、亲戚、商务伙伴或其他投资者筹集到的投资资金、空间、设备或其他原材料等。

三、创业资源的获取

创业资源的获取是指在确认并识别资源的基础上，得到所需资源并使之为创业服务的过程。创业资源的获取不仅决定着把创业设想转化为创业行动，而且决定着企业这一契约组织的形成方式。

（一）影响创业资源获取的因素

影响创业资源获取的因素主要有创业导向、商业创意的价值、创业资源的配置方式、创业者的管理能力及社会网络等。

1. 创业导向

创业导向是一种态度或意愿。这种态度或意愿会导致一系列创业行为。创业导向会通过促进机会的识别和开发，进而促进资源的获取。因此，创业者要注重创业导向的培养和实施，充分关注人员特质、组织文化和组织激励等影响创业导向形成的重要因素，采取有效的方式获取资源，并在资源的动态获取、整合和利用过程中，注意区分不同资源，充分发挥知识资源的作用。

2. 商业创意的价值

创业的关键在于商业创意。商业创意为资源获取提供了杠杆，但获取资源还有赖于创意的价值被资源所有者认同的程度。换言之，一种能被资源所有者认同的、有价值的商业创意，才有助于降低创业者获取资源的难度。

3．创业资源的配置方式

由于创业资源的异质性、效用的多维性和知识的分散性，人们对于同一创业资源往往具有不同的效用期望。其中，有些期望难以依靠市场交换得到满足。因此，通过资源配置方式创新，能够开发出新的效用，使之更好地满足资源所有者的期望，创业者就有可能从资源所有者手中获得资源使用权，以开展生产经营活动。

4．创业者的管理能力

创业者的管理能力是企业软实力的主要表现。创业者的管理能力越强，获取资源的可能性就越大。创业者的管理能力可以从其沟通能力、激励能力、行政管理能力、学习能力和协调能力等多方面予以衡量。创业者通过管理能力获取必要资源的同时，还能为创业企业创造良好的发展环境。

5．社会网络

社会网络是机构之间及人与人之间比较持久的、稳定的多种关系结合而成的网络关系。由于创业资源广泛存在于各种资源所有者手中，这些所有者又处于一定的社会网络之中，而且人们对于商业活动的认识和参与，客观上会受到自己所处网络及在网络中地位的影响；所以，社会网络对于创业资源的获取具有重要的意义。

不同的社会网络和网络地位，为人们之间的沟通协作提供了不同渠道。在社会网络中处于优势地位的创业者，具有较好的社会关系依托，可以有选择地了解不同对象的效用需求，有针对性地对不同对象传递商业创意，有目的地获取不同资源所有者的理解和信任，最终成功地从不同网络成员那里获取所需的资源，为自己进行资源配置方式创新提供基础。

除上述因素外，创业者的资源辨识能力和外部社会环境等也会对创业资源的获取产生一定影响。

案　例

拼凑资源，让苍蝇帮芒果传粉

芒果花有一种特殊的味道，所以每到开花的季节，海南的芒果园就臭气熏天，也很少有蜜蜂前来传粉。一直以来，芒果园主要依靠人工授粉，但这种方法成本极高，而且速度慢，满足不了芒果花花期的授粉要求。芒果园的果农们绞尽脑汁想办法来吸引蜜蜂，如用糖水引蜂或者把蜂箱搬到园里，强迫蜜蜂传粉，结果证明这些办法都不行。就在果农心灰意冷的时候，科学院的专家帮忙想出了一个“拼凑”创新的好点子。专家建议果农收集农贸市场的渔业垃圾，撒在树干上和树底下，臭鱼烂虾引来了苍蝇。苍蝇虽然不会传粉，但它在叮芒果树上的臭鱼烂虾时，腿上的绒毛就会沾满花粉，最终在树干间飞来飞去完成授粉。花期结束后，果农对这些臭鱼烂虾再进行填埋处理，还顺便解决了施肥问题。

【案例点评】

用苍蝇代替蜜蜂帮助芒果传粉，是物质资源拼凑的一个典型案例。不花一分钱，果农利用苍蝇和臭鱼烂虾两种厌弃性资源，并将它们重新组合，产生传粉和施肥两大效果。不得不说，这是授粉的创新，而且是一种集约型的、创造性的资源整合。

（二）获取创业资源的途径

获取创业资源的途径分为市场途径和非市场途径两大类。当创业所需要的资源有活跃的市场，或者有类似的可比资源进行交易时，可以采用市场途径；其他情况下则可以采用非市场途径。

1. 通过市场途径获取创业资源

通过市场途径获取创业资源包括购买和联盟两种。

- 购买：利用财务资源通过市场购入的方式获取外部资源，主要包括购买厂房、设备等物质资源，购买专利和技术，聘请有经验的员工及通过外部融资获取资金等。需要注意的是，诸如知识，尤其是隐性知识等资源虽然可能会附着在非知识资源之上，通过购买物质资源（如机器设备等）得到，但很难通过市场直接购买。因此，知识资源主要需要创业企业通过非市场途径去开发或积累。
- 联盟：通过联合其他组织，对一些难以或无法自己开发的资源实行共同开发。这种方式不仅可以汲取显性知识资源，还可以汲取隐性知识资源。但联盟的前提是联盟各方的资源和能力互补且有共同的利益，而且能够对资源的价值及其使用达成共识。

提　示

显性知识是指能明确表达的知识，即人们可以通过口头传授、教科书、参考资料、期刊、专利文献、视听媒体、软件和数据库等方式获取，或者通过语言、书籍、文字、数据库等编码方式传播，也容易被人们学习的知识；隐性知识与显性知识相对，是指那种我们知道但难以言述的知识。

2. 通过非市场途径获取创业资源

通过非市场途径获取创业资源包括资源吸引和资源积累等。

- 资源吸引：发挥无形资源的杠杆作用，利用创业企业的商业计划和创业团队的声誉，通过对创业前景的描述来获得或吸引物质资源、技术资源、人力资源和资金等。
- 资源积累：利用现有资源在企业内部通过培育所形成的资源，主要包括自建企业的厂房、设备，在企业内部开发新技术，通过培训来增加员工的技能和知识，通过企业的自我积累获取资金等。

提 示

究竟是通过市场途径还是非市场途径获取资源，主要依赖于资源在市场的可用性和成本等因素。例如，若证明某种资源快速进入市场能够带来成本优势，则可采用外部购买方式。但无论如何，采用多种途径同时获取不同资源总是正确的选择。

（三）获取创业资源的技巧

为了及时足额并以较低成本获取创业所需要的资源，创业者需要掌握一定的获取创业资源的技巧。

1. 充分重视人力资源的获取

人力资源在创业资源中的决定性作用要求创业者必须充分重视人力资源的获取。创业者一方面应努力增强自身能力的培养，另一方面应充分重视创业团队的建设。一支知己知彼、才华各异、能力互补、目标一致和彼此信任的团队是创业资源中最为重要的资源，也是创业成功必不可少的保证。

2. 以能用和够用为原则

不是所有的资源都是创业所需的资源，创业者在获取资源时应坚持能用的原则，只有满足企业需求、企业可以支配并使其充分发挥作用的资源，才是需要获取的资源。另外，资源的使用是有代价的。因此，在获取创业资源时应该本着够用的原则，而不是多多益善。一方面，资源的有限性使创业者难以筹集更多的资源；另一方面，当使用资源的收益不能弥补其成本时，资源的使用并不能给企业带来效益。

3. 尽可能获取多用途资源和杠杆资源

资源自身的特性决定了其用途。有的资源可能在不同场合具有不同的用途，获取具有多用途的资源可以帮助创业者应付创业过程中出现的意外。在知识社会，具有独特创造性的知识是现代社会的高杠杆资源，对于杠杆资源的合理利用，有助于创业者取得一定的杠杆收益，达到事半功倍的效果。

四、创业资源的整合

创业资源的整合是一个复杂的过程，是创业企业对不同来源、不同层次、不同结构、不同内容的资源进行选择、汲取、配置、激活和有机融合的过程，以使之具有更强的柔性、条理性、系统性和价值性，并对原有的资源体系进行重构，摒弃无价值的资源，以形成新的核心资源体系。创业资源的整合过程可以分为资源扫描、资源控制、资源利用和资源拓展四个步骤。

（一）资源扫描

创业者要知道自己获取资源的能力及企业所拥有的最初资源。将已有资源识别出来，包括所有有价值的有形资产和无形资产，如人才、技术、设备、品牌等，找到自己的资源优势和不足，

扫一扫

如何整合外部资源

同时认清哪些属于战略性资源，哪些属于一般性资源，还要确定资源的数量、质量、使用时间及使用顺序。

扫描自身已有资源的同时，也要对外部环境进行扫描，及时发现创业企业所需的资源，确定自己所缺的创业资源可以从哪些渠道获得，以及谁拥有这些重要资源，并对各种资源获得的难易程度进行排序；进而寻找利益交集，对资源所有者的利益需求进行深度分析，并与自己所拥有的资源进行比较，找到利益契合点。这通常需要创业者具有行业知识和一定的社会关系网络。创业者在初始创业阶段会利用与自己关系较近的资源网络，随着业务的向前发展而逐渐扩充这一网络。

（二）资源控制

资源控制的范围包括创业者自身拥有的资源、通过交易等形式可获得的资源，以及通过社会网络等形式可以控制的资源。在许多情况下，创业者自身拥有的资源（如教育、经验、声誉、行业知识、资金和社会网络等）存在于创业团队中。在特定的行业，创业团队中成员的社会网络资源和技术对于企业的成功至关重要。在获取资源的过程中，需要判断这种资源对实现企业的目标是否重要，如果重要，则需创造性地设计出双赢的合作方案，以形成长期互利关系。

（三）资源利用

在获取和控制大量资源的基础上，创业企业开始对这些资源进行配置和利用，将它们合理有效地配置到最能发挥其使用效益的地方去，体现出这些资源的价值。企业资源在未整合之前大多是零碎的、低效的，要发挥这些资源的最大使用价值、产生最佳效益，就必须运用科学方法对各种类型的资源进行细化、配置和激活，将有价值的资源有机地融合起来，使它们相互匹配、互为补充、互相增强。

在配置资源之后，新的资源或者说竞争优势就会形成，企业必须利用区别于其他企业的这种优势来赢得市场。资源在整合并转化为企业内部的独特优势之后，创业者需要协调各种资源之间的关系，匹配有用的资源，剥离无用的资源。通过协调，使资源的联系更加紧密，更加具有匹配性，形成“1+1>2”的局面，并为下一步拓展奠定基础。

（四）资源拓展

资源拓展即将以前没有建立起联系的资源建立联系，将新获取的资源与已有的资源进行联结融合，进一步开发潜在的资源为企业所用，这也是企业持续竞争优势的根本来源。开拓创造过程能为创业企业带来新的能力，从而使其能够更充分地发现和掌握创业机会。

案　例

“石油女孩”的创业故事

陆玲玲是一家珠宝定制店的店主。虽然她在成都盐市口的第一个店面还没运营多久，但她早就有了自己的一套生意经，“个性化的定制方式及高性价比的产品，使很多人开始选择定制珠宝”。

谈门槛：需要专业知识及相关的人脉资源

珠宝是奢侈品，而珠宝定制更需要专业的知识。想要在这一行创业立足，除了必备的专业知识以外，还要具备相关的资源，如渠道、人脉、圈子、客户等。陆玲玲之前在北京做过这样的工作，了解了不少渠道，也积累了一定的人脉和资源。现在，很多客户就是以前积累起来的，而新客户也多数是通过老客户介绍而来的。显然，陆玲玲在这方面有了自己的优势。

算投入：店铺成本 300 万元，原料花销占大头

有了客户目标后，财力也是一个重要因素。店面虽小，但成本也要 300 万元左右。其中，货物原料花费 200 多万元，店面装修花费 50 多万元，其他的就是店铺租金、人员聘用等费用。陆玲玲笑称：“虽然看起来费用较多，但风险较小，即使经营失败，宝石还可以转卖，损失的无非是租金、水电等费用，而这些相对较少。”“现在每月支出五六万，营业收入基本上能够保证日常的开支；如果在旺季，收入是现在的 2～3 倍，一年平均下来收入近 100 万元，大概一年半时间就能收回成本。”但相对于钻石来说，陆玲玲更看好宝石的销售市场。因为宝石价格要低于钻石，而且种类也较多，顾客有更多的选择。

看市场：北京竞争激烈，成都才是蓝海

如果将珠宝定制市场比喻成海洋，那么北京市场就是红海，竞争激烈，成都市场则是蓝海，发展空间很大。所以陆玲玲最终选择在成都开店。她打算将其打造成优质的精品会所。同时，为方便外地客户，她建设开通了网站。

生意经：比商场便宜 30%，面向特定群体

陆玲玲认为自己是靠个性化定制和高性价比取得了与知名珠宝品牌的非对称优势。陆玲玲说：“我们提供的是个性化的珠宝定制，即根据客户的需求进行设计。而且，裸钻的设计加工比商场要便宜 30%，性价比更高。”

小店商品的款式都是自己设计的。独特的设计、繁多的款式及产品的不断创新，是小店的取胜之道。“我考察过本地其他的珠宝定制店，可以说，我们的款式设计是最丰富的，有 300 多种，而且宝石的品类也非常丰富。”陆玲玲自信地说道。

珠宝定制需要有准确的定位，特定的客户群体使小店在各个方面更有针对性。小店面向的是高端客户群体，主要是 25～40 岁这一年龄段的人群。陆玲玲说：“成都是一个时尚城市，人们的消费能力高，经济发展好。而且，现在的年轻人喜欢这样的个性化消费，而成功人士也喜欢享受生活。”

拥有明确的客户群体，也需要有针对性的营销策略。通过与高级会所、婚庆影楼、电影院及美容院等合作，既打造了互利共赢的模式也提高了小店的知名度。“我们冠名了一家影院的 VIP 厅，而与婚庆影楼的合作，也是通过拉拢客户提成的方式进行的。”陆玲玲说道。

人物背景：珠宝店主曾经是“石油工人”

陆玲玲是一位“80后”，进入珠宝定制这一行业也已经有好多年了。“我以前是做石油的，因为当时将妈妈的戒指弄丢了，经一个姐姐介绍，才接触到珠宝定制这个行业”，对于自己这样机缘巧合地进入珠宝定制行业，陆玲玲现在仍旧忍不住笑。“认识了在北京开珠宝定制店的李姐，然后我们开始聊起来，感觉这个行业很好，李姐也让我过来，然后就进来了。”

转行之后，陆玲玲开始深入地了解这个行业，也通过在北京的工作积累了客源、人脉、渠道、专业知识等资源，这为后来在成都开店打下了良好的基础。陆玲玲说：“我喜欢这件事，也喜欢这样的发展模式。之后在与成都的朋友聊天的时候，我们都感觉成都的市场前景很好，于是合作在成都开了这家店。”

北京积累下来的资源为成都小店的开张提供了保证。同时，家人的支持也让陆玲玲消除了后顾之忧，“爸爸当时说，趁年轻，想做什么就做吧。”

探索活动

创业资源知多少

活动目的：

让学生熟悉创业需要的各种资源，掌握获取创业资源的途径和方法。

活动过程：

假设你是一名即将毕业的学生，准备毕业后自主创业。请根据你选择的创业机会，分析以下问题：

（1）写出创业所需要的资源和需要继续获取的资源。

（2）写出你准备获取资源的途径和方法。

（3）估算创业所需要的资金。

活动检测：

活动结束后，教师可根据表3-5-1给学生进行评分。

表3-5-1　探索活动评价表

单位：分

评分标准	满分	实际得分	备注
能否列出企业所需要的资源	30		
能否列出获取资源的途径和方法	30		
列出的途径和方法是否具有可行性	40		
总分	100		

拓展延伸

了解一个创业失败的案例，分析创业者失败的原因，重点分析在创业资源和创业模式方面导致其失败的因素。

课后练习

1. 影响创业资源获取的因素有哪些？
2. 创业资源的分类有哪些？

模块六

创业计划书

引导案例

一份创业计划书引来 500 万元投资

不用戴眼镜也可以看 3D 视频。29 岁的小伙子孙学才在重庆打拼 9 年，创业几经挫折。在涉足裸眼 3D 领域后，他凭借着一份创业计划书获得了 500 万元的风投资金。

曾创业失败血本无归

孙学才是海口某学院摄影专业的一名学生，大学毕业以后，他曾有过一份不错的工作和收入。但当他看到一则关于重庆要举办市长峰会的新闻后，他决定辞去已有的工作，去重庆发展。因为他觉得重庆的发展前景将会非常好，并且可能有许多创业机会，于是就毫不犹豫地去了重庆。孙学才来到重庆后，先后做过推销员、电视编导及摄影等工作。工作期间，他偶然发现了一个做打折机项目的商机。因为当年这种打折机比较少，很多市民常常在自助打折机前排队打印出自己需要的商家优惠券。所以他立即行动，从商家那里进了 200 多台打折机，并将其布置到了主城区的各大商圈内。但由于各种原因，打折机项目没运作多久便举步维艰，最终以失败告终。

一份计划书成功引资

从打折机项目退出后，孙学才并没有气馁，而是不断地寻找其他商机，后来他发现 3D 行业充满了商机。孙学才说："有一天，我和朋友一起去电影院看 3D 电影，但觉得戴着眼镜看太不方便了。我当时就想，能不能不戴眼镜看裸眼 3D？能不能把裸眼 3D 屏幕安装在主城区商圈内做户外节目呢？"有了这个想法以后，他立即着手技术方面的调研，调研后他发现自己的想法完全可以实现，于是写了一份详细的创业计划书。由于开展这个项目仅前期的投资就需要 100 万元，而孙学才没有足够的资金，于是他带着自己的创业计划书去寻找投资人。

后来他找到了天使投资。当孙学才与天使投资的董事长见面后，便向对方详细介绍了自己的创业计划，没想到董事长对这个创业项目非常感兴趣，而且非常看好这个项目的前景。在孙学才讲完后，他很快就决定给孙学才提供资金帮助。没过多久，第一期 100 万元资金就到位了。之后，天使投资又陆续为孙学才的项目投资了 400 万元。不仅如此，天使投资还给孙学才提供了很多资源上的帮助，让他的实力迅速增强。这让孙学才对自己的创业项目充满了信心。

孙学才打动投资方之道

孙学才说，创业者在向他人阐述自己的产品或个人想法时，即使再深奥的东西，也要用最简练、通俗的语言去表达，精准而高效的表述是制胜的法宝。同时，他还说，在创业过程中，失败一次并不可怕，可怕的是还没做出尝试就自我否定。做一个能静下心来深度思考的思想者，对于创业者来说是非常必要的。

教学目标

知识目标：了解创业计划书的概念和作用；掌握创业计划书的具体内容。
能力目标：能够在创业意识的基础上完成创业计划书的编写。

知识链接

一、创业计划书的概念

创业计划书又称商业计划书，是指创业者就某一具有市场前景的新产品或服务向风险投资者游说，以取得风险投资的商业可行性报告。

创业计划书是创业者叩响投资者大门的“敲门砖”，是创业者计划创立业务的书面摘要，一份优秀的创业计划书往往会使创业者达到事半功倍的效果。

二、创业计划书的作用

一份优秀的创业计划书不仅能够吸引投资者的眼球，更能够有效地指导企业经营，帮助创业者理清未来的发展思路。因此，在具体的创业实践中，创业者一定要重视创业计划书的价值与作用。具体来讲，创业计划书具有以下作用。

（一）创业计划书是创业者把握企业发展的总纲领

创业者通过编写创业计划书，能够明确创业方向、理清创业思路。创业计划书的编写是一个长期的过程，创业者需要根据企业的实际情况不断地调整和完善。在这一过程中，创业者或者改变销售策略，或者更新经营思路，或者认识到某一方面的错误与不足，甚至改变了总目标下的某一分目标，这些改变都有利于企业的良性发展。总之，对创业者来说，创业计划书无异于总纲领和总路线。

（二）创业计划书是创业团队及合作者共同奋斗的动力和期望

创业计划书是创业者对理想的现实阐述，是理想与现实的连接桥梁。创业计划书中所包含的创业企业的预期目标、战略、进度安排、团队管理等方面都是创业者理想的具体化图景，是创业团队奋斗的动力。详细的创业计划有助于统一思想和路线，有助于创业团队成员步调一致、有的放矢。创业计划书是合作者的“兴奋剂”，能让创业者及其合作者紧密团结在一起，同甘共苦，打拼未来；创业计划书还是亲缘纽带的“黏合剂”，因为优秀的创业计划书可以让创业者赢得亲友的信任与支持，坚定创业者在艰难的创业路上的信心和勇气。

（三）创业计划书是投资者决定是否投资的重要参考

从融资角度看，创业计划书通常被喻为"敲门砖"。在一份详细完备的创业计划书中，往往包含了投资者所需要的信息：创业企业的现实业绩和发展愿景，市场竞争力和优劣势，企业资金需求现状和偿还能力，以及创业者及其团队的能力和阵容等。这些都是投资者关心的重点，是他们衡量创业企业实力和潜力的依据，并以此作为是否对创业企业投资的重要参考。

（四）创业计划书为企业经营活动提供依据与支撑

创业计划书是为企业发展所作的规划，企业创立与成长的过程由创业计划书引领。创业计划书的主要构思围绕企业，主要内容更是离不开企业，诸如资金规划、财务预算、产品开发、投资回收、风险评估等，步步都与实现目标及企业发展休戚相关。因此，创业计划书是企业经营活动的有力依据和有效支撑，对创业行动具有指导意义。

三、创业计划书的基本结构

一份完整的创业计划书由封面、目录、正文和附录四部分组成。

（一）封面

封面也称标题页，可以放一张彩图展示企业的项目、产品或标志，但需留出足够的版面排列以下内容：创业计划书编号、标题、企业名称、项目名称、联系人及联系方式、公司主页、日期等。其中，标题明确了创业项目的名称，体现了创业企业的经营范围，标题一般在封面以醒目的字体标示出来，如《××创业计划书》。

（二）目录

目录是正文的索引，需要按照章节顺序逐一排列每章大标题、每节小标题及章节对应的页码。初步编写完创业计划书后，要注意确认目录页码与内容的一致性。例如，下面是《多味蛋糕店创业计划书》目录的部分内容：

目　录

（三）正文

正文是创业计划书的主要内容，包括摘要、主体和结论三大部分。

1. 摘要

摘要是对企业的基本情况、竞争能力、市场地位、营销战略、管理策略，以及创业项目的投资前景及风险预测等方面的综合概述。摘要既是创业计划书的引文，引起读者的阅读兴趣；又是创业计划书的总纲，提纲挈领，让读者对创业计划书的内容有一个整体的认知。因此，摘要是整个计划书的精华和亮点，也是整个计划书的灵魂。

摘要是对整个创业计划书做出的精华式的总结，所以通常在计划书的主体完成后编写。一份出色的摘要需要简短而精练，1～2 页纸即可。

2. 主体

主体是对摘要的具体展开。为了让读者一目了然，一般采取章节式、标题式的方式逐一描述。主体的内容具体包括企业介绍、市场分析、产品（服务）介绍、组织结构介绍、前景预测、营销策略描述、生产计划展示、财务规划和风险分析等。只要执笔者能够条分缕析，可以自行调整各章节的具体顺序。

扫一扫

如何写好一份创业计划书

3. 结论

结论是整个创业计划书内容的总结式概括。它和摘要首尾呼应，体现了文本的完整性。

（四）附录

附录是对主体部分的补充。受篇幅限制，不宜在主体部分过多描述的，不能在一个层面详细展示的，或需要提供参考资料、数据的内容，一般放在附录部分，以供参考。

创业计划书的附录一般包括以下内容：企业营业执照，审计报告，相关数据统计，财务报表，新产品鉴定，商业信函、合同，相关荣誉证书等。

四、创业计划书具体内容的编写

（一）封面设计

封面是创业计划书的脸面，如同大学生的求职简历，它首先呈现在读者面前，因此一定要有独特的风格。创业计划书的封面重在设计，要求设计者要有一定的审美能力和艺术天赋。有人认为别人看不懂的一定是独特的，其实这是错误的认知。封面一般以简约、明确为主，忌晦涩怪异。例如，下图所示的封面既突出了创业项目，又具有一定的艺术性，能使阅读者产生最初的好感，形成良好的第一印象。

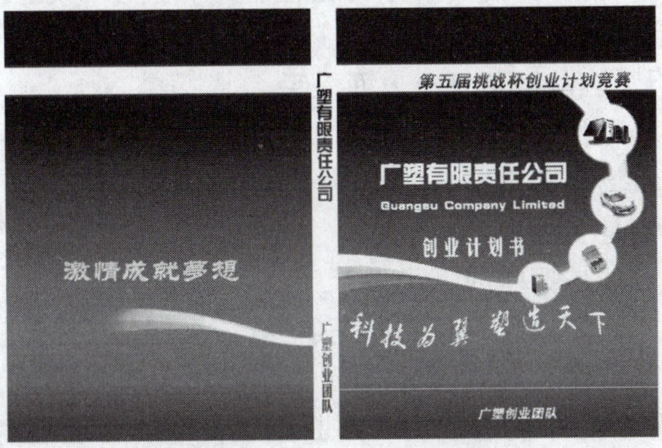

（二）企业介绍

企业介绍如同自我介绍，目的就是让投资者认识该企业。企业介绍中会涉及企业的基本概况（名称、组织形式、注册地址、联系方式等），发展历史与现状，所提供的产品或服务的竞争力，未来的发展规划和目标等。其中，企业目标是企业要达到的效果，是企业发展的动力，在创业计划书中是亮点所在，因此必须下功夫写好。

提 示

商业计划书“企业介绍”模块常见的问题有以下几个。

（1）叙事宏大，不切实际。一些项目的标题和定位明显过于宏大而不切实际，例如“弘扬×××精神”“面向未来，走向世界”等。这些标题缺乏实际内容，让人看完之后完全不知道这个项目是做什么的。在一些创新创业路演或比赛中，还会出现“×××研究”“×××调查”之类的标题，像是做课题汇报而显得很不专业。

（2）事无巨细，重点不明。企业介绍的表述不清晰，内容过于冗长，细枝末节太多，特色亮点不突出，让人不知所云。

（3）诗意有余，内核不足。一些商业计划书会起一个很文艺的名字，用很诗意的语言，让人感觉虚无缥缈，不知所云。即便是“浪漫”的项目也需要有实实在在的可行的商业逻辑，这是商业计划书需要重点展现的。

（三）市场分析

市场分析在整个创业计划书中起着举足轻重的作用，主要包括目标市场分析、行业分析、竞争对手分析等内容。

1. 目标市场分析

目标市场由著名的市场营销学者麦卡锡提出。他认为应当按消费者的特征把整个潜在市场分成若干部分，根据产品本身的特性选定部分消费者作为一个特定的群体，这一群体称为目标市场。例如，对手机消费群体的分析如下：手机更新换代异常频繁，早已进入了寻常百姓家。因此，手机有诸多消费群体，高端人士青睐外观精巧、质量上乘、功能先进的手机，商务人士喜欢具备多样化的商务功能的手机，学生一族追求时尚型手机，而普通百姓则以结实耐用的手机为首选。

对目标市场的分析，应从以下几个方面入手。

（1）你的细分市场是什么？

（2）你所拥有的市场有多大？

（3）你的市场份额是多少？

（4）你的目标顾客群是哪些或哪类人？

（5）你的五年生产计划、收入和利润是多少？

（6）你的营销策略是什么？

详细的目标市场分析能够促进投资者判断企业目标的合理程度及其所承担的风险的大小。在对目标市场的分析中，创业者需要阐明这样的观点：企业处在一个足够大、发展前景非常广阔的市场中，并有足够的能力应对来自各方面的竞争。

2. 行业分析

行业是企业要进入的市场。在创业计划书中，创业者要分析所入行业的市场全貌及关键性的影响因素。行业分析需要从以下几个方面来进行。

（1）该行业现状：处于萌芽期还是成熟期？发展到了何种程度？总销售额是多少？总收益如何？

（2）该行业的发展趋势：未来走向如何？

（3）该行业的影响因素：国家的政策导向、社会文化环境、竞争者的现状、行业壁垒等。

（4）该行业市场上的所有经济主体概况：竞争者、消费者、供应商、销售渠道等。

在进行行业分析时，应该对所选行业的基本特点、竞争状况及未来趋势有准确的把握，这些是建立在对所选行业充分了解的基础之上的。创业者只有做到这一点，才能了解行业发展规律，认清行业发展方向，确立企业发展目标。

3. 竞争对手分析

竞争对手是这样一类企业：它们在市场上和你的企业提供着相同或类似的产品或服务，并且在配置和使用市场资源过程中与你的企业具有一定的竞争性。如何打败竞争对手，如何在竞争中胜出是每个企业家都需要考虑的问题。图 3-6-1 为竞争对手分析示例。

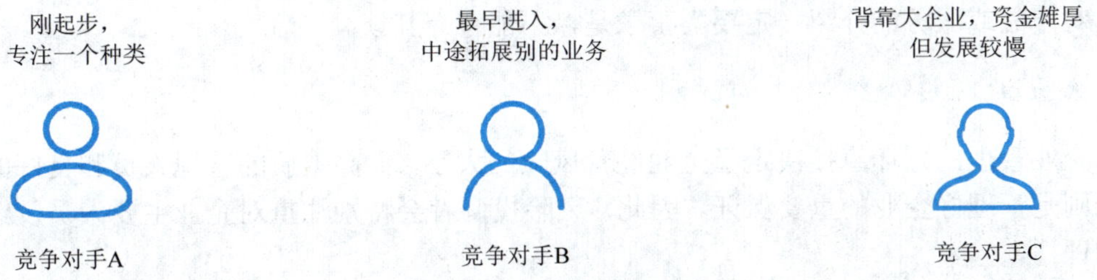

图 3-6-1　竞争对手分析示例

信息搜集是进行竞争对手分析的前提。企业内部信息库、传统媒体、互联网、商业数据库、咨询机构、服务机构、人际关系网络等都是搜集竞争对手信息的重要途径。当你获得了竞争对手们的基本情况、产品情况、营销策略、技术含量、商界信誉等信息后，做好了相关准备工作，你的创业计划书就会有据可循、表述充分。进行竞争对手分析时，应从以下几个方面入手。

（1）你的竞争对手有哪些？你的主要竞争对手有哪些？你最大的竞争对手是谁？

（2）你的竞争对手的优势在哪里？有什么新动向？

（3）竞争中你具备哪些优势和劣势？优势如何发扬，劣势如何消除？

（4）你能否承受竞争所带来的压力？

（5）你将采取什么策略战胜竞争对手？

（四）产品（服务）介绍

在进行投资项目评估时，投资人最关心的问题之一就是：企业的产品（服务）能否及可以在多大程度上解决现实生活中的问题，或者企业的产品（服务）能否帮助顾客节约开支、增加收入。因此，产品（服务）介绍是创业计划书中必不可少的一项内容。

产品（服务）介绍包括产品（服务）的名称、特性、市场竞争力、研发过程、品牌、专利、市场前景等。其中，产品（服务）的特性是不同产品（服务）之间或同类产品（服务）之间相互区别的标志，所以一定要详实且通俗易懂地表述出你提供的产品或服务与同类产品或服务相比有哪些独特之处。如果产品还在设计之中，最好提供相应的设计方案并证明自己的生产能力；如果产品已经生产出来了，就要附上图片及原型介绍。

在产品（服务）介绍部分，通常要回答以下几个问题。

（1）顾客希望从企业的产品或服务中得到什么？

（2）与竞争对手相比，企业提供的产品或服务有哪些优势与劣势？企业采取何种办法取长补短？

（3）企业拥有哪些专利与许可？企业为自己的产品采取了哪些保护措施？

（4）企业对产品或服务有何规划？

（5）企业的产品或服务定价为何能给企业带来长期利润？

（6）该产品或服务如何拥有稳定的顾客群？顾客群一旦缺失，企业该如何应对？

需要注意的是，任何一个创业者在创业之初都会对自己提供的产品或服务充满信心，因此在创业计划书中难免会有许多赞美之词。但是，企业的种种承诺都是应该兑现的。因此，对产品或服务的介绍一定要实事求是，不能夸夸其谈。

（五）人员及组织结构说明

企业管理的好坏直接决定了企业经营风险的大小，而高素质的管理人员和良好的组织结构则是管理好企业的重要保证。因此，风险投资者会特别注重对企业主要人员及组织结构的评估。

1. 主要人员介绍

主要人员一般是董事会成员及主要营销人员。董事会成员决定企业的发展，营销人员关乎企业的效益，因此，有必要介绍他们的详细经历和背景，以及他们的职责和能力。具体来讲，主要管理人员介绍包括个人基本信息（姓名、年龄、政治面貌等），工作履历，受教育程度，主要经历，道德素养和综合素质。

在介绍过程中，要重点描述关键管理人员的才能和职责。这些人员如同领头奔跑的骏马，起着带队引领、示范表率的作用。创业管理团队的高效率能激发投资者的信心。因此，一方面，创业者需要建立起一个团结向上、责权明晰的团队；另一方面，在创业计划书的编写中要凸显团队风采。

2. 组织结构介绍

组织结构即企业管理架构，图 3-6-2 为某企业的组织结构图。组织结构类型很多，但初创企业组织结构相对比较简单。组织结构的关键是分工明确，各司其职。此部分内容具体包括：企业的组织结构图；各部门的功能与责任；各部门的负责人及主要成员；企业的薪酬体系；企业的股东名单，包括认股权、比例和特权；企业的董事会成员；各位董事的背景资料等。

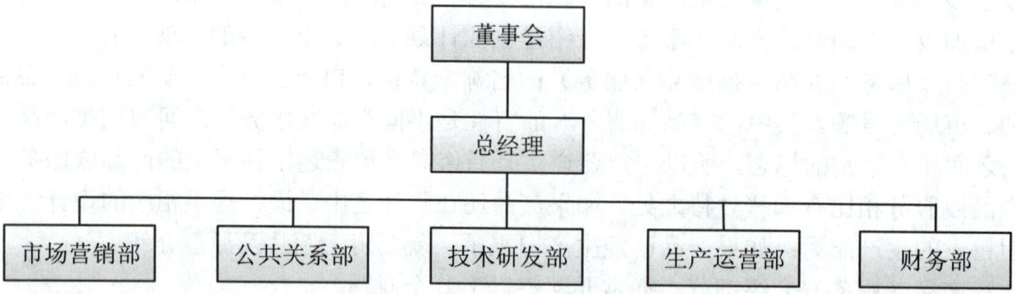

图 3-6-2　某企业的组织结构图

（六）市场预测

市场预测就是运用科学的方法，对影响市场供求变化的诸多因素进行调查研究，分析和预见其发展趋势，掌握市场供求变化的规律，为经营决策提供可靠的基础。当企业要开发一种新产品或向新的市场扩展时，首先就要进行市场预测。如果预测的结果并不乐观，或者预测的可信度让人怀疑，那么投资者就要承担更大的风险，这对多数风险投资者来说都是不可接受的。

首先，市场预测要对需求进行预测。例如，市场是否存在对这种产品的需求？需求程度是否可以给企业带来所期望的利益？新的市场规模有多大？需求发展的未来趋势及其状态如何？有哪些因素会影响需求？

其次，市场预测还要包括对市场竞争情况——企业所面对的竞争格局进行分析。例如，市场中主要的竞争者有哪些？是否存在有利于本企业产品的市场空间？本企业预计的市场占有率是多少？本企业进入市场会引起竞争者怎样的反应，这些反应对企业会有什么影响？

在创业计划书中，市场预测应包括：市场现状综述、市场需求预测、竞争厂商概览、目标顾客、目标市场、本企业产品的市场地位等。

创业者对市场的预测应建立在严密、科学的市场调查基础上。企业所面对的市场本来就有变幻不定、难以捉摸的特点，因此，创业者应尽量扩大搜集信息的范围，重视对环境的预测并采用科学的预测手段和方法。创业者应牢记的是，市场预测不是凭空想象，对市场错误的认识是企业经营失败的最主要原因之一。

（七）营销策略叙述

营销是企业经营中最富挑战性的环节。影响营销策略的主要因素有消费者的特点、产品的特性、企业自身的状况、市场环境，而最终影响营销策略的则是营销成本和营销效益。

在创业计划书中，营销策略应包括：市场机构和营销渠道的选择、营销队伍建设和管理、促销计划和广告策略、价格决策等。

对于处于不同发展阶段的企业来说，其营销策略是不同的。对于初创企业来说，由于产品和企业的知名度低，很难进入其他企业已经稳定的销售渠道中去。因此，企业不得不暂时采取高成本、低效益的营销战略，如上门推销、大打商品广告、向批发商和零售商让利，或交给任何愿意经销的企业销售等；而对发展中的企业来说，一方面可以利用原来的销售渠道，另一方面也可以开发新的销售渠道以适应企业的发展。

（八）生产计划说明

生产计划作为创业计划书的重要组成部分，其作用在于使投资者了解企业的研究进度和所需资金。在这一部分，创业者应该明确业务流程。在业务流程中，创业者一定要明确其中的关键环节，要写明企业的基本运营周期及间隔时间，更要将季节性生产任务和生产中会遇到的问题及解决方案解释清楚。

具体来说，创业计划书中的生产计划应包括以下内容：厂房基本情况，包括地址、基础设施和基本配置情况；产品制造和技术设备现状；生产流程及关键环节介绍；新产品投产计划；生产经营成本分析；质量控制和改进计划及能力。

（九）财务规划描述

一份好的财务规划可以帮助企业降低经营风险，增强风险企业的评估价值，提高企业获取资金的可能性。如果说创业计划书是创业者在筹资过程中所做事情的整体概括，那么财务规划则是创业计划书的臂膀，为创业计划书提供有力的支撑。财务规划一般包括以下内容。

1. 历史经营状况数据

这里针对的是既有企业，初创企业不会涉及此类问题。企业在过去几年的经营状况是未来发展的重要参考，投资者会以此作为抉择的重要依据。创业者应提供过去3年的现金流量表、资产负债表和损益表。其中，现金流量表是企业的生命线，企业无论在初创期还是扩张期都要对流动资金有预先的计划并在使用中进行严格控制；资产负债表表现企业在某一时刻的财务状况，是投资者用来衡量企业的经营状况及投资回报率的依据；损益表是企业盈利状况的写照，它反映了企业在运作一段时间后的经营成果。

2. 未来财务整体规划

未来财务整体规划是建立在生产计划和营销计划基础之上的。严格来说，创业计划书中的前述内容都可作为企业制订未来财务规划的依据。有理有据及有适当的假设，是做好财务规划的前提。创业者要做的工作是论述未来 3～5 年内的生产运营费用和收入状况，将具体财务状况以财务报表的形式展示出来。

要写好财务规划，创业者必须要回答以下几个问题。

（1）单件产品的生产成本是多少？利润是多少？

（2）产品定价是多少？在固定时间段内产品的销售量是多少？

（3）雇用哪些人生产、加工、销售产品？工资预算是多少？

（十）风险分析

没有风险分析的创业计划书是不完美的，因为创业本身就带有一定的风险性，创业过程中的风险也通常会让人始料不及。风险分析不仅能减轻投资者的疑虑，让他们对企业有全方位的了解，更能体现管理团队对市场的洞察力和解决问题的能力。在这一部分，创业者可以从以下几个方面进行阐述。

1. 市场风险

市场风险包括生产中可能遇到的问题，销售者未知的因素，竞争中难以预料的方面，顾客的不同需求与反馈等。

扫一扫

如何看待创业风险

2. 技术风险

技术风险主要是技术研发中的困境，如技术力量不够强大、研发不到位、员工熟练程度不高、经验不足、研发资金短缺等。

3. 资金风险

创业者需要阐明可能出现的资金周转不畅和资金断流等问题，也要讲明万一企业遭遇清算的后果及遭遇清算后有无偿还资金的能力。

4. 管理风险

创业者要实事求是，不能刻意隐瞒管理方面的缺陷和漏洞，而要如实反映情况，如人手不足、经验欠缺、资源匮乏等。

5. 其他风险

企业的其他风险有很多，如政策的不确定性、经营中的突发状况、财务上的不确定因素等，都可以归入此类。

创业者的任务是在对市场、技术、资金、管理等各方面风险进行分析之后，将这些风险及相应的解决方案用清晰的文字在创业计划书中反映出来。风险并不可怕，可怕的是没有应对风险的能力与对策。主动识别和讨论风险会极大地增加企业的信誉，使投资者更有信心。

案　例

完善的创业计划书让他获得了风险投资

王梦杰毕业后经过多年研究，在利用水杨酸方面取得了一项重大突破。如果这项技术在实际中应用的话，前景会非常广阔。于是，王梦杰辞掉了原来的工作，准备创业。注册公司后，所有资金全部用尽，他已经无力再招聘职工、准备实验材料了，于是他想到了风险投资，希望通过引入合作伙伴来解决资金困难。为此，他多次与一些风险投资机构或者个人投资者洽谈。虽然王梦杰反复强调他的技术先进、应用前景光明，并保证投资他的公司将会获得很大的回报，但总是难以让对方相信。他对于投资人询问的重要数据（如市场需求量具体是多少，一年可以有多高的回报率等）也没有办法提供具体说明。

后来，一位做咨询管理的朋友提醒王梦杰，由于他的技术很少有人懂，而且没有创业计划书，所以没有人相信他。于是，在向相关专家咨询又查阅大量资料后，王梦杰开始从公司的经营宗旨、战略目标出发，对公司的技术、产品、市场销售、资金需求、财务指标、投资收益、投资者退出等方面进行分析和论证。在这个过程中，他还经常通过市场调查来获取资料。一个多月后他拿出了一份创业计划书初稿，经过几位专家的指点后，他又对创业计划书进行了完善。凭着这份创业计划书，他很快与一家风险投资公司达成了投资协议，获得了资金支持，员工招聘问题也迎刃而解。如今，他的公司已经经营得红红火火。谈到经验，他说创业计划书不仅仅是写一篇文章，其编写的过程就是不断理清创业思路的过程，只有创业者自己的思路清楚了，才能让投资者、员工相信你。

【案例点评】

王梦杰拥有技术，其创业优势非常明显。但是，当他希望获得他人的风险投资时，由于没有一份像样的创业计划书，投资者无法了解其创业项目的前景和可行性如何，因而拒绝投资。对于很多创业者来说，一份具有可行性的创业计划书是融资最起码的条件。所以，创业者应重视创业计划书的编写。

探索活动

起草你的《创业计划书》

活动目的：

为学生的创业计划奠定理论基础。

活动准备：

以五个同学为一个创业团队，进行市场分析，确定创业目标。创业团队要对创业构思进行积极的讨论，并对其中存在的薄弱环节进行改进。

活动过程：

依据创业目标及对该行业的分析，编写创业计划书，其内容可以包括项目概况、市场定位、营销策略、人员配备、财务计划、风险及对策等。

讨论：

创业计划完成后，创业团队之间进行交换阅读，指出对方的优点及不足之处，相互促进。

拓展延伸

在网上搜集各类创新创业大赛中的创业计划书，拓宽自己的思路。

课后练习

1. 创业计划书的结构包括哪几个方面？
2. 创业计划书的主要内容有哪些？

先锋人物

顾方舟：一颗糖丸护佑亿万儿童健康

顾方舟，曾任中国医学科学院北京协和医学院原院校长，著名的医学科学家、病毒学家、医学教育家。他在中国首次分离出脊髓灰质炎病毒，成功研制出首批脊髓灰质炎活疫苗和脊髓灰质炎糖丸疫苗，为我国消灭脊髓灰质炎做出巨大贡献，被誉为“中国脊髓灰质炎疫苗之父”。

走活疫苗技术路线

脊髓灰质炎又称小儿麻痹症，是一种严重威胁儿童健康的急性传染病。20 世纪 50 年代，脊髓灰质炎在我国多地流行。

1957 年，31 岁的顾方舟临危受命，带领研究小组调查了部分地区脊髓灰质炎患者的粪便标本后，从中分离出脊髓灰质炎病毒且成功定型。这是我国首次用猴肾组织培养技术分离出病毒，用病原学和血清学方法证明了Ⅰ型为主的脊灰流行，为控制脊髓灰质炎传播提供了流行病学资料。

1959 年，顾方舟在国外考察脊灰疫苗情况时发现，“死”“活”疫苗两派各持己见，争执不下。死疫苗安全，但低效且价格昂贵；活疫苗便宜、高效，但安全性还需要研究。中国究竟选择哪一条技术路线，没有人能解答。

顾方舟充分考虑国情国力，果断提出建议：我国要走活疫苗路线。1959 年 12 月经原卫生部批准，我国成立脊灰活疫苗研究协作组，顾方舟担任组长，进行脊髓灰质炎疫苗的研究工作。

早在 1958 年，我国就决定在云南昆明郊区建立猿猴实验站。1959 年 1 月，正在筹建的猿猴实验站改名为中国医学科学院医学生物学研究所，以此作为我国脊灰疫苗生产基地。

1964 年，顾方舟举家迁居昆明。他下定决心，就在昆明扎下去，为这个事业干一辈子。顾方舟曾回忆：“那时候我们没有房子，住都没地方住，真是太艰苦了，可是大家在那个时候确实是勒紧了裤带，咬紧了牙关干。”

自己先试用疫苗

顾方舟制订了两步研究计划：动物试验和临床试验。在动物试验通过后，进入了更为关键的临床试验阶段。然而，谁来第一个做人体试验呢？

顾方舟决定，自己先试用疫苗。冒着可能瘫痪的风险，他喝下了一小瓶疫苗溶液。一周过后，生命体征平稳，没有出现任何异常。然而，顾方舟面临着一个更大的难题：大多数成人本身就对脊灰病毒有免疫力，必须证明疫苗对小孩也安全才行。那么，到哪里寻找学龄前儿童呢？谁愿意拿自己的孩子做试验呢？

“我是组长，我带头。”顾方舟抱来他当时唯一的孩子。“我们家小东不到 1 岁，符合条件算一个，你们还有谁愿意参加？”后来，实验室同事的五六个孩子都参加了这个试验，人数很快就凑齐了。

经历了漫长的一个月，孩子们生命体征正常，Ⅰ期临床试验顺利通过。1960 年，2 000 人份疫苗在北京投放。Ⅱ期临床试验结果表明，疫苗安全有效。随后，顾方舟将受测人群从 2 000 人扩大到 450 万人，在北京、天津、上海、青岛、沈阳等大城市展开了Ⅲ期临床试验，获得成功。

1960 年 12 月，首批 500 万人份疫苗在全国 11 个城市推广，很快遏制了疾病蔓延的趋势。投放疫苗的城市，流行高峰纷纷削减。

从液体疫苗到糖丸

面对逐渐好转的疫情，顾方舟丝毫没有松懈。当时，液体减毒活疫苗需要低温保存运输，不利于大规模推广。服用时，小孩还不愿意吃。

怎样才能制造出既方便运输、又让小孩爱吃的疫苗呢？顾方舟突发灵感：为什么不能把疫苗做成固体糖丸呢？经过一年多的研究测试，顾方舟终于成功研制出了糖丸疫苗。糖丸疫苗是液体疫苗的升级版：在保存了活疫苗效力的前提下，大大延长了保存期。

随着糖丸疫苗大规模生产，我国进入全面控制脊髓灰质炎流行的历史阶段。1975 年，顾方舟团队又开始研制三价混合型糖丸疫苗，1985 年研制成功。1986 年，三价糖丸疫苗在全国推广使用，为彻底消灭脊髓灰质炎提供了有力武器。

1990 年，全国消灭脊髓灰质炎规划开始实施，此后几年病例数逐年快速下降。2000 年，“中国消灭脊髓灰质炎证实报告签字仪式”在原卫生部举行，74 岁的顾方舟作为代表郑重签名，标志着我国成为无脊髓灰质炎国家。

点拨

顾方舟穷毕生之力，为我国消灭脊髓灰质炎工作画上了一个圆满的句号，也在我国公共卫生史上树立了一座永恒的丰碑。我们要以顾方舟为榜样，学习他心有大我、至诚报国的爱国情怀，学习他勇于创新、敢于实践的创新精神，学习他淡泊名利、甘于奉献的高尚情操，把爱国之情、报国之志融入祖国改革发展的伟大事业之中、融入人民创造历史的伟大奋斗之中，从自己做起，从本职岗位做起，为实现中华民族伟大复兴的中国梦贡献智慧和力量。

参考文献

[1] 李国庆，孙金一，张源峰．大学生职业生涯规划与就业指导［M］．上海：上海交通大学出版社，2019．

[2] 王宝平，冯晓明．大学生职业生涯规划与就业创业指导［M］．北京：航空工业出版社，2018．

[3] 李业明．职业生涯规划［M］．上海：上海交通大学出版社，2018．

[4] 张普权．大学生职业生涯规划与就业指导［M］．上海：上海交通大学出版社，2015．

[5] 钟思嘉，金树人．大学生职业生涯规划：自主与自助手册［M］．北京：高等教育出版社，2017．

[6] 王占军．大学生职业生涯规划咨询案例精编［M］．上海：华东师范大学出版社，2017．

[7] 邱仲潘，叶文强，傅剑波．大学生职业生涯规划［M］．北京：清华大学出版社，2017．

[8] 张玉利．创新与创业基础［M］．北京：高等教育出版社，2016．

[9] 孙洪义．创新创业基础［M］．北京：机械工业出版社，2016．